# COLLATIO CODICUM
# LEWISIANI ET CURETONIANI

# COLLATIO

# CODICIS LEWISIANI RESCRIPTI

## EVANGELIORUM SACRORUM SYRIACORUM

CUM

## CODICE CURETONIANO

(MUS. BRIT. ADD. 14,451)

CUI ADIECTAE SUNT

LECTIONES E *PESHITTO* DESUMPTAE


AUCTORE

ALBERTO BONUS, A.M.

E COLL. PEMB. OXON.



WIPF & STOCK · Eugene, Oregon

Wipf and Stock Publishers
199 W 8th Ave, Suite 3
Eugene, OR 97401

Collatio Codicis Lewisiani Rescripti Evangeloriorum Sacrorum
Syriacorum cum Condice Curetoniano (Mus. Brit. Add. 14451)
cui Adiectae Sunt Lectiones E Peshitto Desumptae
By Bonus, Alberto
ISBN 13: 978-1-60608-925-5
Publication date 11/19/2009
Previously published by E Prelo Clarendoniano, 1896

# PRAEFATIO

OMNIBUS qui litteris sacris, praecipue syriacis, student notum est, codicem syriacum palimpsestum maximam partem quattuor Evangeliorum continentem in monasterio Sanctae Catharinae apud montem Sinai a sororibus doctis, Agnete Smith Lewis et Margareta Dunlop Gibson, A. D. MDCCCXCII inventum esse.

Rem enarrare non huius loci est, praesertim cum omnia narraverint satis feliciter inventrices in libello, cui titulus est, *How the Codex was found*[1].

Codex ipse, magno labore tum sororum praedictarum tum virorum doctorum R. L. Bensly, J. R. Harris, F. C. Burkitt, qui eas adiuverunt, transscriptus, dein typis expressus, iam omnium criticorum qui litteras syriacas curant prae manibus est[2].

Nemo qui hunc codicem diligenter legat exploretque dubitare potest quin exemplar sit alterum versionis sive recensionis quae vulgo Curetoniana nuncupatur; quamquam haud paucis in locis magnopere a textu Curetoniano distet. Favent certe huic sententiae viri docti quotquot adhuc de hoc codice scripserunt, nec videtur esse ulla ratio gravis quae contra pugnet.

Hunc scilicet palimpsestum (qui in sequentibus Lewisianus appellabitur, seu compendio Lp.) veram cognationem cum textu Syriaco Curetoniano (Sc.) habere, rationibus permultis probari potest; e quibus hic sex visum est quam brevissime notare.

i. Versus plurimos ambo codices habent in quibus ad verbum immo ad litteram concinunt, ubi versio quae nuncupatur Peshitto longe discrepat. ii. Cola sunt permulta in quibus Sc. et Lp., Peshitto dissentiente, eundem ordinem verborum habent, licet in reliqua parte versus non consentiant, ita ut legenti vix dubium sit quin codices ambo ex uno aliquo textu syriaco originem deducant. iii. Sc. et Lp. haud raro in versuum ordine congruunt ubi Peshitto alium habet ordinem. iv. Sc. et Lp. in versibus omittendis contra Peshitto saepe conspirant. v. Sc. et Lp. in usu vocabulorum consentiunt quae a sermone versionis Peshitto prorsus sunt aliena. vi. Sc.

[1] *How the Codex was found.* Cambridge. Macmillan and Bowes. 1893.

[2] *The Four Gospels in Syriac,* transcribed from the Sinaitic Palimpsest. Camb. University Press. 1894.

et Lp. quibusdam in locis uno eodemque vocabulo utuntur, ubi Peshitto aliud exhibet vocabulum. Sunt insuper alia argumenta, et ea non levis ponderis, quibus demonstrari potest codices Sc. et Lp. unam eandemque versionem, vel saltem recensionem, exhibere: quae tamen non operae mihi est hac in praefatione tractare.

Maximas gratias agere debent critici tum sororibus tum viris doctis, quorum labore, cura, studio codex tam pretiosus, per tot saecula ignotus, nunc demum typis nitidissime impressus in lucem prodiit. Agnoscunt certe omnes uno consensu qui in arte critica versantur hunc codicem maximi esse momenti ad textum Evangeliorum syriacum immo etiam ad textum graecum investigandum.

Quaestiones criticae quas hic codex in mentibus virorum doctorum movebit haud paucae sunt, quae nonnisi longo tempore et summa et diuturna diligentia criticorum solvi possint. Liceat mihi pauca notare. Quaeri potest exempli gratia, (*a*) Quae sit aetas textus syriaci quem codex Lp. conservat: sitne antiquior textu quem codex Sc. exhibet an posterior? (*b*) Quorumnam in usum scriptus sit codex, orthodoxorum an heterodoxorum? (*c*) Quae sit affinitas textus Lp. cum Tatiani harmonia, cum textu Curetoniano, cum textu versionis Peshitto? (*d*) Exhibeatne Lp. textum illi similem quo utebantur Aphraates et alii patres syriaci? (*e*) Quemnam textum graecum habeat Lp. pro fonte? (*f*) Quatenus faveat Lp. horum vel illorum sententiis qui de vero textu disputavere? Haec et quae sunt generis eiusdem non mihi est in votis ut nunc temporis discutiam: viris doctis relinquo expendenda et caute pedetentimque solvenda.

II. In hoc meo opere unum illud in me suscepi, quod in primis utile futurum spero, nempe, ut discrepantias omnes inter codices Sc. et Lp. luculenter exhibeam. Collationem igitur institui codicis Curetoniani cum codice Lewisiano ea lege ut omnes lectiones dissentientes, quantulumcunque esset discrimen, necnon paragraphorum seu pericoparum discrepantias accurate notarem; quas omnes lector studiosus sine ulla, ut spero, omissione descriptas inveniet.

Quamquam vero, ut supra dixi, non mihi in animo est eas quaestiones discutere quas collatio mea movere possit, visum est tamen de iis pauca dicere quae collatio ipsa ponat ante oculos.

i. Extra omnem dubitationem textus syriacus quem exhibet Lp. brevior est et contractior quam textus Curetonianus. Cuius rei quaenam sit ratio non est temere statuendum. Adfirmabunt alii, ut opinor, textum Curetonianum interpolatum esse, Lewisianum magis integrum et ab eo unde ambo fluxerint propius abesse: alii textum Curetonianum antiquiorem esse contendent, Lewisianum, quocunque sit scriptus tempore, textum reformatum et quasi castigatum exhibere. Ego hac de re nihil statuo. Illud vero criticis notandum est, versionem Peshitto, cum textum ut omnes sciunt paulo breviorem quam Curetonianus habeat, longiorem quam Lewisianus exhibere. Huius rei nemo oblivisci debebit qui qualem inter se nexum habeant tres hi textus, Sc., Lp., P., quaerere voluerit.

ii. Diversitatum multitudo inter lectiones codicum Sc. et Lp. quaestiones multas graves immo difficiles movebit. Etsi enim, ut supra dixi, cognationem veram habet Lp. cum Sc., sexcenties tamen, ut ita dicam, inter se discrepant, tum in rebus minutis tum etiam in magnis. Cuius diversitatis quae sit ratio docti viderint: codices certe Sc. et Lp. multo magis quam codices versionis Peshitto, quod sciam, inter se discrepant.

iii. Illud, fateor, nonnullis palimpsesti fidem in suspicionem vocare potest, quod non solum multa omittit quae Curetonianus exhibet, sed etiam multa quae perpauci codices, versiones, patres omittunt, immo multa quae nusquam fere alibi desunt. Plurimis certe in locis ea absunt palimpsesto quae textus Curetonianus, quae Peshitto, quae textus Graeci editores recentissimi (Tischendorfium, Westcottum Hortiumque, dico) summo consensu exhibent. Sint sane qui eo meliores esse codices putent quo breviorem textum habeant: non omnibus tamen placet haec sententia. Mihi quidem multum diuque considerandum esse videtur, annon brevitas paene singularis huius textus de fide libri aliquid detrahat. Memoria certe tenenda erit haec palimpsesti nostri consuetudo cum de locis celeberrimis agetur, quales sunt S. Mc. xvi. 9–20, S. Luc. xxii. 43, 44, xxiii. 34, quas omnes Lewisianus omittit, paucis codicibus Graecis, sed antiquis, adstipulantibus.

iv. Lectiones quae peculiare aliquid habent multas exhibet Lewisianus, tum alibi, tum in iis partibus codicis ubi textus Curetonianus non deficit. Eas dico lectiones peculiare aliquid habere quae nusquam alibi inveniuntur.

v. Non abs re hic est notare Lewisianum ܡܢ pro ܡܛܠ persaepe legere, et hoc quidem plurimis in locis contra alios testes omnes. Quanam de causa hoc factum sit viderint eruditi. Certe res huiusmodi, quamvis parva, minime, ut censeo, praetermittenda erit si quaeretur utrum textus verus alibi (e.g. S. Mat. i. 16, 25) perverse vel saltem mera voluntate scribae immutatus sit.

vi. Concedent ii libenter qui sese conferendis et perscrutandis libris manu scriptis addixerint, necesse esse observare paragraphos seu pericopas, item interpunctiones maiores, librorum qui investigentur. Quamobrem in mea collatione loca illa omnia fideliter notavi ubi his in rebus dissentiunt Lewisianus et Curetonianus. Adposui quoque paragraphos et interpunctiones versionis Peshitto, editione Widmanstadii usus. Videbit lector studiosus Peshitto modo cum Lewisiano modo cum Curetoniano congruere[1].

vii. Codex Lp., ut libris fere omnibus manu scriptis contigit, erroribus librarii maculatus est: quos tamen omnes accurate describere curavi, cum nullam inter hos codices discrepantiam praeterire voluerim.

viii. Sunt quaedam ὀρθογραφίας varietates tum in Curetoniano tum in Lewisiano, quas omnes descripsi, quamquam lectionibus variis vix adnumerari possint.

ix. Alia insuper res est quam collatio plane demonstrat, nimirum, multis in locis Lewisianum cum Peshitto contra Curetonianum congruere. Haec res, ni fallor, maximi est momenti si quis inquirere velit quae sit trium horum

[1] Suspicor tamen Widmanstadium sectionum intervalla non semper expressisse.

cognatio—Curetoniani, Lewisiani, Peshitto. Eruditi omnes qui Tetraevangelii syriaci originem investigabunt, consensionem, quam monstraturus sum, inter Lewisianum et Peshitto debebunt ponderare. Sunt qui adfirmant versionem Peshitto pro fonte sive origine habere versionem Curetonianam, illud argumenti loco, qualecunque sit, inter alia proferentes, quod cognatio indubitata Vulgatae Latinae cum Veteris Latinae relliquiis cognationi cuidam haud dissimili Peshitto cum Curetoniano fidem adstruat. Hac de quaestione quae viros doctos in castra hostilia, ut ita dicam, divisit, nihil hic dicere visum est. Attamen minime est praetermittendum, multis in locis in quibus critici quidam censuerunt textum Peshitto reformatum esse, et pro recensione Curetoniani habendum, Lewisianum cum Peshitto contra Curetonianum manifesto consentire. Crediderunt nonnulli qui de Lewisiano scripserunt, textum quem conservet Lewisianus eundem esse ac textum illum Evangeliorum syriacum, qualiscunque fuerit, qui A.D. CL, ut volunt, vulgo legeretur. Quid veri in hac insit sententia tempus forsitan monstrabit: nihil certe in re tam difficili temere adfirmandum est.

Hae res omnes, quas supra memoravi, quomodocumque se habere videantur, critici, ut opinor, libenter consentient, quaestiones quas codex Lp. moveat difficiles esse et multiplices, nec nisi cautissime atque lentissime, omnibus subsidiis undecumque adhibitis, tractari debere.

III. *De operis ratione et subsidiis.* Imprimis sollicite enixeque rogo lectores qui hac collatione utantur ut operis mei consilium semper habeant in memoria, nempe ut discrepantiae quotcunque sint inter codices Sc. et Lp. demonstrentur: lectiones e Peshitto desumptas ideo solum adieci ut has discrepantias illustrarent: hoc dico ne quis credat significari versionem Peshitto quod ad cetera aut cum Sc. aut cum Lp. congruere. Sed de hac re plura sunt infra dicenda.

Discrepantias omnes[1] in columnis disposui, quam rationem valde commodam esse arbitror, quippe quae lectiones quae conferri debeant quasi uno conspectu legenti ostendat. Hic notandum est me loca ubi Sc. et Lp. conspirant non descripsisse, praeter vocabula pauca quae in locis quibusdam necessaria iudicaveram ut sensus luculentius exprimeretur. Asterisci inter vocabula dispositi vel cola indicant vel verba quae cum in iis Sc. et Lp. consentirent non opus erat ut exscriberentur. Exempli gratia: descripsi S. Mat. xvii. 25, Lp. ܐܡܪ ** ܥܠ ܠܒܝܬܗ ** ܡܣܬܒܪ ܠܟ | Sc. ܘܐܡܪ ܫܡܥܘܢ ** ܥܠܘ ܠܒܝܬܐ ** ܡܬܚܙܐ pro: Lp. ܐܡܪ ܐܝܢ ܘܟܕ ܥܠ ܠܒܝܬܗ ܩܕܡܗ ܝܫܘܥ ܘܐܡܪ ܠܗ ܡܢܐ ܡܣܬܒܪ ܠܟ | Sc. ܘܐܡܪ ܫܡܥܘܢ ܐܝܢ. ܘܟܕ ܥܠܘ ܠܒܝܬܐ ܩܕܡܗ ܝܫܘܥ. ܘܐܡܪ ܠܗ ܡܢܐ ܡܬܚܙܐ. Lacunas notavi ne lector, quibuscunque in locis nullas varietates notatas invenerit, ibi omnino congruere Sc. et Lp. arbitretur. Quoties ergo repererit lector talia verba qualia sunt 'lacunae,' 'lacuna,' vel 'nonnullae lacunae,' in columnis scripta, incertum esse velim intelligat utrum necne, si loca illa integra essent, lectiones variae oculis occurrissent.

In columna prima lectiones et paragraphos notavi e codice Lewisiano

[1] Sed vide infra de codice '40.'

ubi a lectionibus et paragraphis Curetonianis discrepant. In lectionibus citandis editione usus sum quam supra memoravi, a viris doctis Cantabrigiensibus edita, cui praefata est Agnes Smith Lewis[1]. Paucis in locis videbit lector adnotatiunculas ad calcem paginae, quibus adiectae sunt litterae J. R. H. vel F. C. B. His litteris indicantur duo editores palimpsesti, J. Rendel Harris et F. C. Burkitt, quorum adnotationes, quotiescunque ad rem meam faciebant, referre visum est. In columna secunda omnes lectiones, et omnes paragraphos, quibus Curetonianus a Lewisiano discrepat, descripsi. In his describendis editione usus sum quam clarus vir Willelmus Cureton A. D. MDCCCLVIII in lucem protulit. Memoria tenendum est Curetono fragmenta tantum codicis antiqui ad manum fuisse, non integrum codicem. Tria alia folia eiusdem codicis clarus vir Henricus Brugsch ex Oriente Berolinum attulit, edidit Aemilius Roediger A. D. MDCCCLXXII in '*Monatsberichte*' Academiae Regiae Scientiarum Berolini: eadem parvula editione typis mandavit W. Wright[2], cuius editione usus sum: nunc in Bibliotheca Regia Berolini asservantur: continent S. Luc. xv. 22–xvi. 12; xvii. 1–23; S. Ioh. vii. 37–viii. 19: ea in sequentibus compendio ScB. signantur. In columna tertia lectiones e Peshitto desumptas quae lectionibus Sc. et Lp. respondent collocavi. Hic revocandum est id quod supra indicavi, lectiones versionis Peshitto non eo animo adhiberi ut significetur versionem illam quod ad cetera aut cum Curetoniano aut cum Lewisiano omnino congruere. Saepe enim in iis locis in quibus vel P. et Sc. vel P. et Lp. in verbis quibusdam consentiunt iidem quod ad cetera dissentiunt: haud raro etiam ubi in vocabulis utendis congruunt in ordine vocabulorum discrepant. Monitum velim idcirco lectiones e Peshitto allatas esse: (i) quia, ut omnes facile agnoscent, cognationem plurimis in locis inter Sc. et Lp. illustrant; (ii) quia lectori magno usui fore arbitror lectiones versionis Peshitto lectionibus Sc. et Lp. respondentes ante oculos semper habere; (iii) quia magni est momenti loca omnia in quibus P. aut cum Sc. aut cum Lp. consentit sedulo perscrutari: quam consensionem, qualiscunque sit, columna tertia demonstrabit. Constat enim, etsi non in omnibus tamen plurimis in locis P. modo eandem ac Sc. modo eandem ac Lp. exhibere lectionem. In citandis lectionibus versionis Peshitto editione principe usus sum quam edidit Albertus Widmanstadius, Viennae Austriacae, A. D. MDLV. De editionibus Novi Foederis syriaci non est ad rem nunc scribere; illud unum dixerim in editione satis vulgata, quae a Leusdeno et Schaafio curata est, tum epistolas S. Petri ii, S. Iohannis ii et iii, S. Iudae, et Apocalypsin, comprehensas esse quas ecclesia Syriaca antiqua nunquam in canonem recepit, tum ut alia mittam S. Lucae xxii. 17, 18, S. Iohannis i. v. 7 legi, quae loca versio Peshitto vera non exhibet. Insuper editio a Lee A. D. MDCCCXVI curata, etsi textum (canonem non item) fidelius quam editio Schaafiana conservat, non nisi cautissime citanda est,

[1] Contuli etiam lectiones additionales quas edidit A. S. Lewis, 1896. [Some pages of the Four Gospels retranscribed from the Sinaitic palimpsest. Camb.]

[2] *Fragments of the Curetonian Gospels*, edited by W. Wright, LL. D. Gilbert and Rivington, London, 1872. [Only one hundred copies printed for private circulation.]

quia non satis liquet quibus libris manu scriptis in textu constituendo usus sit editor nec quas rationes criticas secutus[1]. De editione Alberti Widmanstadii consulat lector, inter alia alibi testimonia, ea quae disseruit vir Reverendus G. H. Gwilliam (*Studia Biblica*, voll. i, ii, iii), cuius editionem criticam Tetraevangelii versionis Peshitto omnes sollicite exspectant.

Ad calcem quarundam paginarum reperiet lector adnotatiunculas et lectiones quibus adiectus est numerus '40,' de cuius significatione pauca dicenda sunt.

Codex pretiosus Tetraevangelii secundum versionem Peshitto, anno Graecorum DCCCLIX qui anno Domini DXLVIII respondet exaratus, in Bibliotheca Vaticana asservatur. Hunc codicem, cuius una pagina in vol. ii operis supra memorati efficta est, numero '40' signavit G. H. Gwilliam (*The Materials for the Criticism of the Peshitto New Testament*, *Stud. Bib.* vol. iii); quo signo libenter utor. Huius codicis collationem, a Doctoribus Guidi et Ugolini factam, a Delegatis Preli Clarendoniani impensis suis comparatam, benigne mihi communicavit G. H. Gwilliam. Omnes lectiones huius codicis diligenter contuli cum lectionibus e Widmanstadii editione citatis, et ubicunque dissentirent, lectionem codicis Vaticani ad calcem paginae, signo '40' adiecto, posui. De praestantia et indole huius codicis dicant ii qui de versione Peshitto scribent: mihi satis est tria verba proferre. (i) Suspicati sunt non pauci qui de editionibus versionis Peshitto impressis disseruere non fideliter conservare eas antiquum textum versionis, sed multimodis mutatum exhibere. De editionibus Plantiniana Trostiana Guthberiana aliisque nihil hic definio: quod vero ad Widmanstadianam attinet, collatio codicis '40' procul dubio demonstrat eam mira fidelitate, saltem in iis locis quos citavi, textum illum exhibere qui saeculo sexto legebatur; rarissime enim cod. '40' a textu Widmanstadiano discrepat. (ii) Quae cum ita sint, lector in tertia columna huius operis non solum textum Widmanstadianum A. D. MDLV impressum habet ante oculos, sed perpaucis lectionibus exceptis textum A. D. DXLVIII exscriptum, quocum conferre possit lectiones Curetoniani Lewisianique codicum. (iii) Non dubito quin eo tempore quo exaratus est codex Curetonianus, et eo quo Lewisianus, textus quem ostendit Widmanstadius, paucis lectionibus exceptis, iam exstaret.

Restat ut grates persolvam iis qui me in hoc opere absolvendo adiuverunt. Imprimis Delegatorum Preli Clarendoniani benevolentiam agnosco, qui libentissime hoc opus typis mandandum curaverunt. Dubito equidem an tali auxilio destitutus libellum hunc in lucem prodere unquam ausus essem. Gratias ago viro reverendo Bartolomaeo Price, S.T.P., Collegii Pembrochiensis apud Oxonienses Magistro et Ecclesiae Cathedralis Gloucestriensis Canonico, cuius consilium non paucis in rebus mihi fuit utilissimum: viro reverendo G. H. Gwilliam, S.T.B., Collegii Hertfordensis apud Oxonienses socio, qui comiter mihi collationem codicis '40' communicavit, nec gravatus

[1] Vide Scrivener, *Introduction*, ed. 4, vol. ii. p. 12; etiam, *A Supplement to the Authorized English Version of the New Testament*, p. 66. William Pickering, 1845.

unquam est, si quid ab eo quaererem, respondere: viro reverendo Edwardo Gilliat, A. M., in Schola Harroviana Magistro, qui huius praefationis schedas benigne perlegit.

Denique hanc collationem theologorum manibus commendo, quibus non solum ad textus syriacos investigandos, sed etiam, id quod maius est, ad Evangelia sacra exploranda, aliquantulo subsidio fore speraverim.

A. BONUS

ALPHINGTONIAE PROPE ISCAM DAMNONIORUM
A. D. MDCCCXCVI

# SIGLORUM EXPLICATIO

Lp. = Codex Lewisianus palimpsestus
Sc. = Codex Curetonianus, Mus. Brit. Add. 14.451
ScB. = Fragmenta Berolinensia codicis Sc., secundum editionem Wrightianam
P. = Peshitto, secundum textum Widmanstadii A.D. MDLV impressum
40 = Codex Vaticanus Tetraevangelii A.D. DXLVIII scriptus
J. R. H. = J. Rendel Harris, unus ex editoribus codicis Lewisiani
F. C. B. = F. C. Burkitt, unus ex editoribus codicis Lewisiani
lin. interr., lin. non interr. = lineam interrumpit, lineam non interrumpit

---

# CORRIGENDA

Editio cod. Sc. Curetoniana, qua usus sum, S. Luc. vii. 34 ܘܕܫ̈ܬܝܐ et xxi. 21 ܘܕܩ̈ܘܪܝܐ habet. Codex autem ipse, quem, paginis meis impressis, inspexi, ܘܕܫ̈ܬܐ et ܕܩ̈ܘܪܝܐ legit.

# COLLATIO

## CODICIS LEWISIANI PALIMPSESTI

## EVANGELIORUM SACRORUM SYRIACORUM

CUM

## CODICE CURETONIANO.

S. Mat. I. 1.

| | Lewisianus | Curetonianus | Peshitto |
|---|---|---|---|
| I. 1 | ܕܬܘ̈ܠܕܬܐ | ܕܬܘ̈ܠܕܬܗ | ܕܝܠܝܕܘܬܗ |
| 2 | ܘܐܚܘܗܝ | ܘܠܐܚ̈ܘܗܝ | ܘܠܐܚ̈ܘܗܝ. |
| 5 | ܠܒܥܘܙ ܡܢ ܪܚܒ ܒܥܘܙ | ܠܒܥܘܙ ܡܢ ܐܪܚܒ ܒܥܘܙ | ܠܒܥܘܙ ܡܢ ܪܚܒ. ܒܥܘܙ |
| 6 | ܠܫܠܝܡܘܢ | ܠܫܠܝܡܘܢ | ܠܫܠܝܡܘܢ |
| 7 | ܫܠܝܡܘܢ | ܫܠܝܡܘܢ | ܫܠܝܡܘܢ |
| 8 | ܠܝܘܫܦܛ ܝܘܫܦܛ | ܠܝܗܘܫܦܛ ܝܗܘܫܦܛ | ܠܝܗܘܫܦܛ. ܝܗܘܫܦܛ |
| | ܠܝܘܪܡ ܝܘܪܡ ܐܘܠܕ | ܠܝܗܘܪܡ ܝܗܘܪܡ ܐܘܠܕ | ܠܝܘܪܡ. ܝܘܪܡ ܐܘܠܕ |
| | om. | ܠܐܚܙܝܐ ܐܚܙܝܐ ܐܘܠܕ ܠܝܘܐܫ ܝܘܐܫ ܐܘܠܕ ܠܐܡܘܨܝܐ ܐܡܘܨܝܐ ܐܘܠܕ | om. |
| 11 | ·ܘ̇· lin. interr. | lin. non interr. | :: lin. non interr. |
| 14, 15 | ܠܐܠܝܘܕ܂ ܐܠܝܘܕ | ܠܐܠܝܘܙ ܐܠܝܘܙ | ܠܐܠܝܘܕ܁ ܐܠܝܘܕ |
| 16 | ܝܘܣܦ ܕܡܟܝܪܐ ܗܘܬ ܠܗ ܡܪܝܡ ܒܬܘܠܬܐ. | ܗܘ ܕܡܟܝܪܐ ܗܘܬ ܠܗ ܡܪܝܡ ܒܬܘܠܬܐ | ܓܒܪܗ ܕܡܪܝܡ. |
| | ܐܘܠܕ ܠܝܫܘܥ ܕܡܬܩܪܐ ܡܫܝܚܐ | ܗܝ ܕܝܠܕܬ ܠܝܫܘܥ ܡܫܝܚܐ | ܕܡܢܗ ܐܬܝܠܕ ܝܫܘܥ ܕܡܬܩܪܐ ܡܫܝܚܐ |

---

Incipit 40 post voc. ܕܒܒܠ vs. 12 : versus priores manu recentiori suppleti sunt.

| | LEWISIANUS | CURETONIANUS | PESHITTO |
|---|---|---|---|
| I. 17 | ܗܟܝܢ | ܗܟܝܠ | ܗܟܝܠ |
| | ܫܪܒܬܐ ** ܫܒܝܬܐ ** ܫܪܒܬܐ | ܘܫܪܒܬܐ ** ܗܘܝ ܫܒܝܬܐ ** ܘܫܪܒܬܐ | ܫܪܒܬܐ ** ܫܒܝܬܐ ** ܫܪܒܬܐ |
| 19 | ܒܥܠܗ | om. | ܒܥܠܗ |
| | ܡܛܠ ܕܟܐܢ ܗܘܐ ** ܘܐܬܪܥܝ | ܡܛܠ ܕܓܒܪܐ ܗܘܐ ܟܐܢܐ ** ܘܐܬܪܥܝ ܗܘܐ | ܟܐܢ ܗܘܐ. ** ܘܐܬܪܥܝ[1] |
| 20 | om. | ܠܝܘܣܦ ** ܕܒܚܠܡܐ | om. |
| | ܠܡܣܒ ܠܡܪܝܡ ܐܢܬܬܟ | ܠܡܣܒ ܠܡܪܝܡ ܡܟܝܪܬܟ ܕܝܠܟ | ܠܡܣܒ ܠܡܪܝܡ ܐܢܬܬܟ. |
| | om. | | om. |
| 21 | ܘܬܐܠܕ ** ܠܫܡܗ | ܘܝܠܕܐ ** ܠܒܠܒܐ | ܘܬܐܠܕ ** ܠܫܡܗ |
| 22 | ܕܐܬܡܠܠ ** ܒܐܫܥܝܐ | ܕܐܬܐܡܪ ** ܒܦܘܡ ܐܫܥܝܐ | ܕܐܬܐܡܪ ** ܡܢ ܡܪܝܐ. |
| 23 | ܘܢܩܪܘܢ ** ܕܡܬܬܪܓܡ | ܘܢܐܡܪܘܢ ** ܕܡܬܬܪܓܡ | ܘܢܩܪܘܢ ** ܕܡܬܬܪܓܡ |
| | lin. non interr. | ⊙ ○ ⊙ lin. interr. | ⸭ lin. non interr. |
| 24 | ܐܝܟ ** ܘܕܒܪ ܠܐܢܬܬܗ | ܐܝܟܢܐ ** ܘܕܒܪܗ ܠܡܪܝܡ | ܐܝܟܢܐ ** ܘܕܒܪܗ ܠܐܢܬܬܗ |
| 25 | ܘܝܠܕܬ ܠܗ ܒܪܐ ܘܩܪܐ | ܘܕܟܝܐܝܬ ܥܡܪ ܗܘܐ ܥܡܗ ܥܕܡܐ ܕܝܠܕܬܗ ܠܒܪܐ ܘܩܪܬ | ܘܠܐ ܚܟܡܗ ܥܕܡܐ ܕܝܠܕܬܗ ܠܒܪܗ ܒܘܟܪܐ ܘܩܪܬ |
| II. 2 | ܘܐܡܪܘ ܐܝܟܢܐ ** ܠܟܘܟܒܗ ܡܢ ܡܕܢܚܐ | ܘܐܡܪܝܢ ܐܝܟܐ ** ܟܘܟܒܗ ܒܡܕܢܚܐ. | ܘܐܡܪܝܢ ܐܝܟܘ ** ܟܘܟܒܗ ܒܡܕܢܚܐ |
| | lin. non interr. | ⊙ ⊙ lin. interr. | punctum, lin. non interr. |
| 3 | ܐܬܕܠܚ | ܐܬܬܙܝܥ. | ܘܐܬܬܙܝܥ. |
| 4 | ܡܢܗܘܢ ** ܕܐܝܟܐ | ܠܡܢܗܘܢ ** ܐܝܟܐ | ܡܢܗܘܢ ** ܕܐܝܟܐ |
| 6 | ܘܐܦ ** ܗܘܝܬ ** ܒܡܠܟܐ | ܐܦ ** ܗܘܝܬܝ ** ܡܠܟܘܬܐ | ܐܦ ** ܗܘܝܬܝ ** ܒܡ̈ܠܟܐ |
| 8 | om. | ܚܦܝܛܐܝܬ. | ܚܦܝܛܐܝܬ |
| | ܚܘܘܢܝ | ܚܘܐܘܢܝ. | ܚܘܐܘܢܝ. |
| 9 | ܕܡܕܢܚܐ ** ܡܢ ܐܬܪ ܕܝܠܕ | ܡܢ ܡܕܢܚܐ ** ܘܩܡ ܠܥܠ ܡܢ ܒܪ ܕܝܠܕ | ܡܢ ܡܕܢܚܐ ** ܩܡ ܠܥܠ ܡܢ ܐܝܟܐ |
| 11 | ܘܢܦܠܘ ܘܣܓܕܘ ܠܗ. | ܘܢܦܠܘ ܣܓܕܘ ܠܗ. | ܘܢܦܠܘ ܣܓܕܘ ܠܗ. |
| 12 | ܠܗ ** ܐܙܠܘ | ܠܗܝ ** ܐܙܠܘ ܗܘܘ | ܠܗܝ ** ܐܙܠܘ |
| 13 | ܡܛܠ | ܡܛܘܠ | ܩܘܡ |
| | lin. non interr. | ⊙ ○ ⊙ lin. interr. | punctum, lin. non interr. |
| 14 | ܩܡ ܢܣܒܗ | ܩܡ ܘܢܣܒܗ | ܩܡ ܢܣܒܗ |

[1] 40 post ܘܐܬܪܥܝ addit ܗܘܐ.

| | LEWISIANUS | CURETONIANUS | PESHITTO |
|---|---|---|---|
| II. 15 | ܘܬܡܢ ܗܘܐ ** ܕܢܬܡܠܐ ** | ܘܗܘܐ ܬܡܢ ** ܕܢܬܡܠܐ ** | ܘܗܘܐ ܬܡܢ ** ܕܢܬܡܠܐ ** |
| | ܡܕܡ ܕܐܡܝܪ ܒܢܒܝܐ. ** ܡܢ | ܡܢ ܢܒܝܐ ** ܕܐܡܪ | ܒܢܒܝܐ ** ܕܐܡܪ |
| | lin. non interr. | ⊙ ○ ⊙ lin. interr. | punctum[1], lin. non interr. |
| 16 | ܡܬܒܙܚܐ ** ܡܢ ܡܓܘܫܐ ܛܒ | ܗܝܕܝܢ ܗܪܘܕܣ. ** ܠܟܠܗܘܢ | ܡܓܘܫܐ: ** ܛܠܝܐ ܟܠܗܘܢ |
| | ܕܐܬܚܡܬ ** ܘܫܕܪ ܩܛܠ | ܛܠܝܐ ܕܐܝܬ ܗܘܘ ** | ** ܘܒܟܠܗܘܢ ܬܚܘܡܝܗ. |
| | | ܘܒܟܠܗܘܢ ܬܚܘܡܝܗ. | |
| | om. | ܗܠܝܢ | om. |
| 17 | ܕܐܡܪ ܗܘܐ | ܗܘ ܕܐܡܪ | ܡܕܡ ܕܐܬܐܡܪ |
| 18 | ܕܒܟܝܐ ܗܘܬ ** ܪܚܝܠ ܗܘܬ ** | ܕܒܟܝܐ ** ܪܚܝܠ ** ܐܠܐ ܐܝܬ ܐܢܘܢ. | ܕܒܟܝܐ ** ܪܚܝܠ ** ܐܠܝܬܝܗܘܢ :: |
| | ܐܠܝܬܝܗܘܢ lin. interr. | lin. non interr. | [2] lin. interr. |
| 19, 20 | ܘܐܡܪ ܠܗ ܒܚܠܡܐ ܩܘܡ | ܒܚܠܡܐ ܘܐܡܪ ܠܗ. ܩܘܡ | ܒܚܠܡܐ ܠܝܘܣܦ ܒܡܨܪܝܢ |
| | ܫܩܘܠ ** ܘܐܙܠ | ܕܒܪ ** ܘܐܙܠ | ܘܐܡܪ ܠܗ. ܩܘܡ ܕܒܪ ** ܘܐܙܠ |
| | om. | ܠܡܥܒܪܗ. | om. |
| 21 | ܘܐܬܐ | ܘܐܬܐ ܠܗ | ܘܐܬܐ |
| | lin. non interr. | ⊙ lin. interr. | :: lin. non interr. |
| 22 | om. | ܒܝܗܘܕ. | ܒܝܗܘܕ: |
| | ܠܡܐܙܠ ** ܘܐܬܚܙܝܐ (sic) ܒܚܠܡܐ | ܕܢܐܙܠ ** ܘܐܬܚܙܝ ܠܗ ܒܚܙܘܐ | ܕܢܐܙܠ ** ܘܐܬܚܙܝ ܠܗ ܒܚܠܡܐ |
| 23 | om. | ܚܝܐ | om. |
| | punctum, lin. non interr. | ⊙ ○ ⊙ lin. interr. | :: lin. interr. |
| III. 1 | ܒܗܢܘܢ ** ܕܝܗܘܕܐ. | ܘܒܗܢܘܢ ** ܕܝܗܘܕ | ܒܗܘܢ ** ܕܝܗܘܕ |
| 3 | ܗܢܐ | ܗܢܘ ܓܝܪ | ܗܢܘ ܓܝܪ |
| | om. | ܩܠܐ ܕܩܪܐ ܒܡܕܒܪܐ. | ܩܠܐ ܕܩܪܐ ܒܚܘܪܒܐ: |
| | ܕܛܝܒܘ | ܛܝܒܘ | ܛܝܒܘ |
| | om. | ܘܐܪܘܨܘ ܡܫܒܠܘܗܝ ܕܐܠܗܢ | ܘܐܫܘܘ ܫܒܝܠܘܗܝ. |
| 4 | ܚܨܘܗܝ ܒܣܥܪܐ ܘܡܐܟܘܠܬܗ | ܒܣܥܪܐ ܚܙܩܘܗܝ. ܘܡܐܟܘܠܬܗ | ܐܣܪܐ ܕܡܫܟܐ ܥܠ ܚܨܘܗܝ. |
| | ** ܘܕܒܫܐ ܕܛܘܪܐ. | ܐܣܝܪܐ ܗܘܬ ** ܘܕܒܫܐ | ܘܡܐܟܘܠܬܗ ** ܘܕܒܫܐ |
| | lin. non interr. | ܕܒܪܐ. lin. non interr. | ܕܒܪܐ ::[3] lin. non interr. |
| 5 | ܝܗܘܕ ** ܟܪܟܐ ܕܝܘܪܕܢ | ܝܗܘܕ. ** ܟܪܟܐ ܕܥܒܪ ܝܘܪܕܢ | ܝܗܘܕ. ** ܐܬܪܐ ܕܚܕܪܝ ܝܘܪܕܢ. |
| 6 | ܡܥܡܕ ܗܘܐ | ܡܥܡܕ ܗܘܐ | ܡܥܡܕܝܢ |
| 7 | ܣܓܝܐܐ ܕܐܬܝܢ ܠܡܥܡܕܘܬܗ | ܦܪܝܫܐ ܘܙܕܘܩܝܐ ܕܐܬܝܢ | ܣܓܝܐܐ ܡܢ ܦܪܝܫܐ ܘܡܢ |

[1] 40 lin. interr.  [2] 40 lin. non interr.  [3] 40 lin. interr.

| | Lewisianus | Curetonianus | Peshitto |
|---|---|---|---|
| III. 7 | ܡܢ ܦܪ̈ܝܫܐ ܘܙܕܘܩܝܐ * * ܕܐܬܝܢ ܠܡܥܡܕܝܬܐ | ܕܐܬܝܢ ܠܡܥܡܕܘ ܡܢܗ. * * ܕܐܬܐ. | ܘܙܕܘܩܝܐ ܕܐܬܝܢ ܠܡܥܡܕ. * * ܕܐܬܐ. |
| 9 | om. | ܒܢܦܫܟܘܢ | ܒܢܦܫܟܘܢ܆ |
| | ܐܡܪ ܐܢܐ * * ܟܐܦܐ | ܐܡܪܢܐ * * ܟܐܦ̈ܐ | ܐܡܪ ܐܢܐ * * ܟܐܦ̈ܐ |
| 10 | ܠܥܩܪ̈ܝܗܘܢ * * ܘܟܠ | ܠܥܩܪܘܗܝ * * ܟܠ | ܠܥܩܪܐ * * ܟܠ |
| | om. | ܗܟܝܠ * * ܛܒ̈ܐ | ܗܟܝܠ * * ܛܒ̈ܐ |
| | ܘܒܢܘܪܐ ܢܦܠ | ܘܠܢܘܪܐ ܐܙܠ. | ܘܢܦܠ ܒܢܘܪܐ. |
| 11 | om. | ܗܐ | om. |
| | ܡܥܡܕܢܐ * * ܗܘ * * ܐܚܪܢܐ ܕܠܐ ܫܘܐ * * ܒܢܘܪܐ ܘܒܪܘܚܐ ܕܩܘܕܫܐ | ܡܥܡܕ ܐܢܐ * * ܚܣܝܢ * * ܘܠܐ ܫܘܐ ܐܢܐ * * ܒܪܘܚܐ ܕܩܘܕܫܐ ܘܒܢܘܪܐ. | ܡܥܡܕ ܐܢܐ * * ܚܣܝܢ * * ܗܘ ܕܠܐ ܫܘܐ ܐܢܐ * * ܒܪܘܚܐ ܕܩܘܕܫܐ ܘܒܢܘܪܐ. |
| 12 | ܒܐܕܪܗ | ܒܐܕܪܘܗܝ. | ܠܐܕܪܘܗܝ܆ |
| 13 | ܠܘܬ ܝܘܚܢܢ ܕܢܥܡܕܝܘܗܝ ܒܝܘܪܕܢܢ | ܠܝܘܪܕܢܢ. ܠܘܬ ܝܘܚܢܢ ܕܢܥܡܕܝܘܗܝ. | ܠܝܘܪܕܢܢ ܠܘܬ ܝܘܚܢܢ ܕܢܥܡܕ |
| 14 | ܣܢܝܩܐ * * ܠܘܬܝ | ܣܢܝܩ ܐܢܐ * * ܠܘܬܟ | ܣܢܝܩ ܐܢܐ * * ܠܘܬܝ |
| 15 | ܥܢܐ ܝܫܘܥ ܘܐܡܪ ܠܗ * * ܗܫܐ ܕܢܫܠܡ * * ܟܘܠܗ * * | ܐܡܪ ܠܗ ܝܫܘܥ * * ܘܠܐ * * ܟܠܗ * * ܠܡܥܡܕ. | ܗܘ ܕܝܢ ܝܫܘܥ ܥܢܐ ܘܐܡܪ ܠܗ. * * ܗܫܐ * * ܟܠܗ |
| 16 | ܘܟܕ ܥܡܕ ܘܣܠܩ ܡܢ ܡܝܐ * * ܒܪܡܘܬܐ ܕܝܘܢܐ | ܘܥܡܕܗ ܗܘܐ ܝܫܘܥ. ܘܟܕ ܥܡܕ. ܒܪ ܫܥܬܐ ܕܣܠܩ ܝܫܘܥ ܡܢ ܡܝܐ. * * ܐܝܟ ܝܘܢܐ | ܟܕ ܥܡܕ ܕܝܢ ܝܫܘܥ܆ ܡܚܕܐ ܣܠܩ ܡܢ ܡܝܐ܆ * * ܐܝܟ ܝܘܢܐ |
| 17 | ܘ ܘ lin. interr. | punctum, lin. non interr. | ܀ lin. interr. |
| IV. 1 | om. | ܕܩܘܕܫܐ | ܕܩܘܕܫܐ |
| | ܐܟܠ ܩܪܨܐ. | ܣܛܢܐ. | ܐܟܠܩܪܨܐ.[1] |
| 2 | ܘܐܪܒܥܝܢ ܠܠܝܘܢ | om. | ܘܐܪܒܥܝܢ ܠܠܝ̈ܐ. |
| 3 | ܡܢܣܝܢܐ * * ܠܘܬܗ * * ܕܢܗܘܘܢ | ܗܘ ܕܡܢܣܐ * * ܘܐܡܪ * * ܢܗܘܘܢ | ܗܘ ܕܡܢܣܐ * * ܘܐܡܪ * * ܢܗܘ̈ܘܢ |
| 4 | om. | ܗܘܐ | ܗܘܐ |
| | ܚܝܐ ܒܪ ܐܢܫܐ | ܚܝܐ ܒܪܢܫܐ. | ܚܝܐ ܒܪܢܫܐ. |
| 5 | ܒܢܟܐ | ܡܪܝܐ | ܒܢܟܐ |
| 6 | ܟܠ ܡܢ ܗܘܟܢܐ ܟܬܝܒ ܗܘ ܕܡܠܐܟܘܗܝ | ܐܪܡܐ ܢܦܫܟ ܠܬܚܬ. ܟܬܝܒ | ܫܕܐ ܢܦܫܟ ܠܬܚܬ. ܟܬܝܒ |
| | ܕܡܠܐܟܘܗܝ | om. | om. |
| | ܘܥܠ ܕܪ̈ܥܝܗܘܢ ܢܫܩܠܘܢܟ | ܕܥܠ ܕܪ̈ܥܝܗܘܢ ܢܫܩܠܘܢܟ. | ܘܥܠ ܐܝܕ̈ܝܗܘܢ[2] ܢܫܩܠܘܢܟ܆ |
| | om. | ܡܥܟܠܘܡ | om. |

[1] 40. ܐܟܠ ܩܪܨܐ.

[2] 40. ܕܪ̈ܥܝܗܘܢ.

| | Lewisianus | Curetonianus | Peshitto |
|---|---|---|---|
| IV. 7 | om. | ܠܘܬ | ܠܘܬ |
| | ܠܡܪܝܐ ܐܠܗܟ. | ܠܡܪܟ ܘܐܠܗܟ. | ܠܡܪܝܐ ܐܠܗܟ.. |
| 8 | ܗܦܟܐ ܘܐܣܩܗ ܐܟܠܩܪܨܐ ܥܠ | ܐܟܠ ܩܪܨܐ ܠܛܘܪܐ * * ܘܚܘܝܗܝ | ܐܟܠܩܪܨܐ[1] ܠܛܘܪܐ * * ܘܚܘܝܗܝ |
| | ܛܘܪܐ * * ܘܚܘܝܗܝ | | |
| | ܗܘ | om. | om. |
| | om. | ܘܫܘܒܚܗܘܢ. | ܘܫܘܒܚܗܘܢ. |
| 9 | ܗܠܝܢ ܡܠܟܘܬܐ ܘܫܘܒܚܗܘܢ | ܗܠܝܢ ܟܠܗܝܢ ܐܬܠ ܠܟ ܐܢ | ܗܠܝܢ ܟܠܗܝܢ ܠܟ ܐܬܠ ܐܢ |
| | ܟܠܗܝܢ ܠܟ ܐܬܠ ܐܝܢ ܐܢ | ܗܘ ܕܬܦܠ ܘܬܣܓܘܕ | ܬܦܠ ܬܣܓܘܕ |
| | ܬܦܠ ܬܣܓܘܕ | | |
| 10 | ܐܙܠ ܠܒܣܬܪܝ * * ܟܬܝܒ | ܐܙܠ ܠܟ ܠܒܣܬܪܝ * * ܟܬܝܒ | ܐܙܠ ܠܟ * ܟܬܝܒ * * |
| | * * ܠܡܪܝܐ | ܗܘ * * ܕܠܡܪܟ | ܕܠܡܪܝܐ |
| 11 | ܫܠܡ ܡܢ ܟܘܠܗ ܢܣܝܘܢܐ * * | ܫܒܩܗ ܐܟܠ ܩܪܨܐ * * ܘܗܐ | ܫܒܩܗ ܐܟܠܩܪܨܐ:[1] ܘܗܐ ܡܠܐܟܐ |
| | ܘܩܪܒܘ ܡܠܐܟܐ | ܡܠܐܟܐ ܩܪܒܘ | ܩܪܒܘ |
| | lin. interr. | ⊙ ⊙ ○ ⊙ lin. interr. | :: lin. interr. |
| 12 | ܘܟܕ | ܟܕ | ܟܕ |
| | om. | ܫܡܥ | ܫܡܥ |
| | ܐܬܬܚܕ ܫܢܝ | ܐܫܬܠܡ. ܐܙܠ | ܐܫܬܠܡ: ܫܢܝ |
| 13 | ܘܐܬܐ ܠܗ ܠܟܦܪܢܚܘܡ ܗܝ | ܘܐܬܐ ܥܡܪ ܒܟܦܪܢܚܘܡ. | ܘܐܬܐ ܥܡܪ ܒܟܦܪܢܚܘܡ. ܥܠ |
| | ܕܐܝܬܝܗ ܥܠ ܓܢܒ ܝܡܐ | ܕܥܠ ܝܕ ܝܡܐ. ܒܬܚܘܡܐ | ܝܕ ܝܡܐ. ܒܬܚܘܡܐ |
| | ܒܬܚܘܡܝ ܘܢܦܬܠܝ | ܕܬܚܘܡܝ ܘܕܢܦܬܠܝ. | ܕܬܚܘܡܝ ܘܕܢܦܬܠܝ. |
| 14 | ܕܢܬܡܠܐ ܡܕܡ ܕܐܡܝܪܐ ܒܐܫܥܝܐ | ܕܢܬܡܠܐ ܡܕܡ ܕܐܬܐܡܪ ܒܝܕ | ܕܢܬܡܠܐ ܡܕܡ ܕܐܬܐܡܪ ܒܝܕ |
| | ܢܒܝܐ[2] ܕܐܡܪ | ܐܫܥܝܐ ܢܒܝܐ ܕܐܡܪ ܗܘܐ. | ܐܫܥܝܐ ܢܒܝܐ ܕܐܡܪ: |
| 15 | ܕܬܚܘܡܝ * * ܘܙܒܘܠܘܢ | ܕܬܚܘܡܝ * * ܙܒܘܠܘܢ | ܕܬܚܘܡܝ * * ܙܒܘܠܘܢ |
| 16 | ܕܥܡܐ * * ܢܘܗܪܐ ܚܙܐ ܘܕܝܬܒܝܢ | ܕܥܡܐ ܗܘ * * ܚܙܐ ܢܘܗܪܐ | ܕܥܡܐ * * ܢܘܗܪܐ ܪܒܐ ܚܙܐ |
| | ܒܐܘܪܚܐ ܘܒܛܠܠܐ ܕܡܘܬܐ | ܪܒܐ. ܘܐܝܠܝܢ ܕܝܬܒܝܢ ܗܘܘ | ܘܐܝܠܝܢ[3] ܕܝܬܒܝܢ ܒܐܬܪܐ |
| | | ܒܛܠܠܐ ܕܡܘܬܐ. | ܘܒܛܠܠܐ ܕܡܘܬܐ: |
| | om. | ܪܒܐ | om. |
| | lin. non interr. | ⊙ ○ ⊙ lin. interr. | :: lin. non interr.[4] |
| 17 | ܡܢ ܗܘܐ * * ܘܐܡܪ ܕܩܪܒܬ | ܡܢ * * ܘܠܡܐܡܪ. ܩܪܒܬ | ܡܢ * * ܘܠܡܐܡܪ. ܬܘܒܘ |
| | | | ܩܪܒܬ |
| 18 | ܘܐܝܟ ܕܗܘ ܗܘܐ ܥܠ ܓܢܒ | ܘܟܕ ܡܗܠܟ ܗܘܐ ܡܪܢ ܥܠ | ܘܟܕ ܡܗܠܟ ܥܠ ܝܕ ܝܡܐ |

[1] 40. ܐܟܠ ܩܪܨܐ.

[2] Punctum forsitan post ܢܒܝܐ ponendum: ut J. R. H. monet.

[3] 40. ܘܐܝܠܝܢ.

[4] 40 lin. interr.

| | LEWISIANUS | CURETONIANUS | PESHITTO |
|---|---|---|---|
| IV. 18 | ܣܦܬܗ ܕܝܡܐ * * ܫܡܥܘܢ<br>ܘܐܢܕܪܐܘܣ * * ܡܫܠܡܝܢ<br>ܡܨܝܕܬܗܘܢ ܘܪܡܝܢ ܗܘܘ<br>ܒܝܡܐ ܡܛܠ ܕܨܝܕܐ ܗܘܘ<br>ܕܢܘܢܐ | ܣܦ ܝܡܐ ܕܓܠܝܠܐ. * *<br>ܠܫܡܥܘܢ ܕܡܬܩܪܐ ܟܐܦܐ.<br>ܘܠܐܢܕܪܐܘܣ * * ܪܡܝܢ ܗܘܘ<br>ܡܨܝܕܬܗܘܢ ܒܝܡܐ ܡܛܠ<br>ܕܨܝܕܐ ܗܘܘ. | ܕܓܠܝܠܐ. * * ܫܡܥܘܢ<br>ܕܡܬܩܪܐ ܟܐܦܐ. ܘܐܢܕܪܐܘܣ[1]<br>* * ܕܪܡܝܢ ܡܨܝܕܬܐ ܒܝܡܐ.<br>ܐܝܬܝܗܘܢ ܗܘܘ ܓܝܪ ܨܝܕܐ. |
| 19 | om. | ܝܫܘܥ | ܝܫܘܥ. |
| 20 | ܗܢܘܢ ܕܝܢ * * ܘܐܬܘ<br>punctum, lin. non interr. | ܘܗܢܘܢ * * ܘܐܙܠܘ<br>⊙ ○ ⊙ lin. interr. | ܗܢܘܢ ܕܝܢ * * ܘܐܙܠܘ<br>punctum[2], lin. non interr. |
| 21 | ܘܥܒܪ ܠܗܠ ܘܚܙܐ ܠܐܚܝܢ<br>om.<br>ܡܬܩܢܝܢ<br>om. | ܘܟܕ ܥܒܪ ܡܢ ܬܡܢ. ܚܙܐ ܠܐܚܝܢ<br>ܐܚܘܗܝ ܒ̈ܢܝ ܐܒܐ.<br>ܡܬܩܢܝܢ ܗܘܘ<br>ܝܫܘܥ. | ܘܟܕ ܥܒܪ ܡܢ ܬܡܢ. aliter.<br>aliter.<br>aliter.<br>ܝܫܘܥ.[3] |
| 22 | ܗܢܘܢ ܕܝܢ ܫܒܩܘ ܠܐܒܘܗܘܢ<br>ܒܣܦܝܢܬܐ | ܘܗܢܘܢ ܒܗ ܒܫܥܬܐ ܫܒܩܘ<br>ܡܨܝܕܬܗܘܢ | ܗܢܘܢ ܕܝܢ ܡܚܕܐ ܫܒܩܘ<br>ܠܐܠܦܐ |
| 23 | ܘܡܟܪܙ ܗܘܐ<br>ܝܫܘܥ<br>ܒܟܢܘܫܬܗܘܢ * * ܟܠ ܟܐܒ<br>ܘܟܠ ܟܘܪܗܢ ܕܒܥܡܐ | ܘܗܘ ܡܟܪܙ ܗܘܐ<br>om.<br>ܒܟܢܘܫܬܐ. * * ܟܠ ܠܟܐܒܝܢ<br>ܘܟܠ ܟܘܪܗܢܝܢ ܒܥܡܐ | ܘܡܟܪܙ ܗܘܐ<br>ܝܫܘܥ<br>ܒܟܢܘܫܬܗܘܢ. * * ܟܠ ܟܐܒ<br>ܘܟܘܪܗܢ ܒܥܡܐ. |
| 24 | ܘܩܪܒܘ ܗܘܘ ܠܗ ܟܪܝܗܐ<br>ܘܡܫܬܢܩܝܢ ܗܘܘ ܒܬܫܢܝܩܐ<br>ܫܢܝܐ ܘܒܟܐܒܐ ܒܟܠ<br>ܘܟܠ<br>·ܘ̇. lin. interr. | ܘܐܫܬܡܥ ܛܒܗ ܒܟܠܗ<br>ܣܘܪܝܐ. ܘܐܝܬܝܘ ܠܗ<br>ܟܠܗܘܢ ܐܝܠܝܢ ܕܒܝܫ ܒܝܫ<br>ܥܒܝܕܝܢ. ܘܐܝܠܝܢ ܕܫܢܝܩܝܢ<br>ܒܟܘܪܗܢܐ ܣܓܝܐܐ. ܘܒܬܫܢܝܩܐ<br>ܫܢܝܐ. ܘܟܐܒܐ ܕܦܠܓܐ<br>ܢܦܠܝܢ ܗܘܘ ܒܗܘܢ. ܘܕܒܪ<br>ܐܓܪܐ. ܘܗܘ ܟܠ<br>punctum, lin. non interr. | ܘܐܫܬܡܥ ܛܒܗ ܒܟܠܗ<br>ܣܘܪܝܐ. ܘܩܪܒܘ ܠܗ<br>ܟܠܗܘܢ ܐܝܠܝܢ ܕܒܝܫ ܒܝܫ<br>ܥܒܝܕܝܢ ܒܟܘܪܗܢܐ<br>ܡܫܚܠܦܐ. ܘܐܝܠܝܢ<br>ܕܐܚܝܕܝܢ ܒܬܫܢܝܩܐ. ܘܕܝܘܢܐ<br>ܘܕܒܪ ܐܓܪܐ. ܘܡܫܪܝܐ<br>ܘܐܣܝ<br>punctum, lin. non interr. |
| 25 | ܘܟܕ ܗܘܐ ܟܢܫܐ ܣܓܝܐܐ. ܕܡܢ<br>* * ܝܗܘܕ * * ܠܥܒܪܗ | ܘܐܙܠܘ ܒܬܪܗ ܟܢܫܐ ܣܓܝܐܐ.<br>ܡܢ * * ܝܗܘܕ. * * ܠܥܒܪܐ | ܘܐܙܠܘ ܒܬܪܗ ܟܢܫܐ ܣܓܝܐܐ.<br>ܡܢ * * ܝܗܘܕ. * * ܠܥܒܪܐ |
| V. 1 | ܟܕ ܚܙܐ ܠܟܢܫܐ ܣܓܝܐܐ ܣܠܩ<br>ܠܗ ܠܛܘܪܐ ܘܟܕ ܝܬܒ<br>ܩܪܒܘ | ܟܕ ܚܙܐ ܕܝܢ ܠܟܢܫܐ. ܣܠܩ<br>ܝܬܒ ܠܗ ܒܛܘܪܐ. ܘܩܪܒܘ | ܟܕ ܚܙܐ ܕܝܢ ܝܫܘܥ ܠܟܢܫܐ.<br>ܣܠܩ ܠܛܘܪܐ. ܘܟܕ ܝܬܒ.<br>ܩܪܒܘ |

[1] 40. ܘܐܢܕܪܐܘܣ.   [2] 40 lin. interr.   [3] 40 om. ܝܫܘܥ.

| | LEWISIANUS | CURETONIANUS | PESHITTO |
|---|---|---|---|
| V. 2 | ܘܡܠܦ ܠܡܐܡܪ ܠܗܘܢ ܀<br>lin. interr. | ܘܦܬܚ ܦܘܡܗ ܘܡܠܦ ܗܘܐ<br>ܠܗܘܢ ܘܐܡܪ ․܀․ lin. interr. | ܘܦܬܚ ܦܘܡܗ ܘܡܠܦ ܗܘܐ<br>ܠܗܘܢ ܘܐܡܪ ::<br>lin. non interr. |
| 4 | ܛܘܒܝܗܘܢ ܠܐܒܝܠܐ ܕܗܢܘܢ<br>ܢܬܒܝܐܘܢ ܀ lin. interr. | ܛܘܒܝܗܘܢ ܠܡܟܝܟܐ ܕܗܢܘܢ<br>ܢܐܪܬܘܢ ܠܐܪܥܐ ․․܀․․<br>lin. interr. | ܛܘܒܝܗܘܢ ܠܐܒܝܠܐ. ܕܗܢܘܢ<br>ܢܬܒܝܐܘܢ :: lin. non interr.[1] |
| 5 | ܛܘܒܝܗܘܢ ܠܡܟܝܟܐ ܕܗܢܘܢ<br>ܢܐܪܬܘܢܗ ܐܪܥܐ.<br>lin. non interr. | ܛܘܒܝܗܘܢ ܠܐܒܝܠܐ ܕܗܢܘܢ<br>ܢܬܒܝܐܘܢ ◉․܀․◉ lin. interr. | ܛܘܒܝܗܘܢ ܠܡܟܝܟܐ ܕܗܢܘܢ<br>ܢܐܪܬܘܢ ܐܪܥܐ[2] ::<br>[3] lin. non interr. |
| 6 | ܠܟܝܢܘܬܐ | ܠܙܕܝܩܘܬܐ | ܠܟܐܢܘܬܐ |
| 8 | ܢܚܙܘܢܗ | ܢܚܙܘܢܝܗ | ܢܚܙܘܢ |
| 11 | ܟܕ [4] ܢܚܣܕܘܢ ܥܠܝܟܘܢ ** ܘܪܕܦܝܢ<br>ܠܟܘܢ ܘܟܠ ܕܐܡܪܝܢ<br>ܥܠܝܟܘܢ ܕܒܝܫ ܡܛܠܬܝ<br>ܫܡܝ ܕܝܠܝ. | ܟܕ ܕܪܕܦܝܢ ** ܘܡܚܣܕܝܢ<br>ܠܟܘܢ. ܘܐܡܪܝܢ ܥܠܝܟܘܢ<br>ܟܠ ܡܕܡ ܕܒܝܫ ܒܕܓܠܘܬܐ<br>ܡܛܠ ܫܡܝ. | ܐܡܬܝ ܕܡܚܣܕܝܢ ** ܘܪܕܦܝܢ<br>ܠܟܘܢ. ܘܐܡܪܝܢ ܥܠܝܟܘܢ<br>ܟܠ ܡܠܐ ܒܝܫܐ ܡܛܠܬܝ[5]<br>ܒܕܓܠܘܬܐ. |
| 12 | ܚܕܘ ܗܘܘ ** ܐܬܦܨܚܘ<br>om.<br>܀ lin. interr. | ܚܕܘ ** ܐܬܒܣܡܘ<br>ܐܟܢܐ ܕܩܕܡܝܟܘܢ ܗܘܘ.<br>punctum, lin. non interr. | ܚܕܘ ** om.<br>ܕܩܕܡ ܩܕܡܝܟܘܢ.<br>punctum [6], lin. non interr. |
| 13 | ܡܠܚܗ | ܡܠܚܐ | ܡܠܚܗ |
| | om. | ܕܝܢ | ܕܝܢ |
| | om. | ܘܬܦܠܐ | om. |
| | ܕܬܬܡܠܚ | ܕܢܬܩܢ | ܕܬܬܡܠܚ |
| 15 | ܫܪܓܐ ** ܠܬܚܬ ܡܢ ܡܢܪܬܐ<br>ܘܠܟܠ ܕܐܝܬ ܒܒܝܬܐ<br>ܡܢܗܪ. | ܡܢܘܪܬܐ. ** ܥܠ ܡܢܪܬܐ.<br>ܘܡܢܗܪ ܠܟܠܗܘܢ ܐܝܠܝܢ<br>ܕܒܒܝܬܐ ܐܢܘܢ. | ܫܪܓܐ. ** ܥܠ ܡܢܪܬܐ. ܘܡܢܗܪ<br>ܠܟܠ ܐܝܠܝܢ ܕܒܒܝܬܐ<br>ܐܢܘܢ. |
| 16 | ܠܩܕܡ<br>․܀․ lin. interr. | ܩܕܡ<br>◉ lin. non interr. | ܩܕܡ<br>:: lin. non interr. |
| 17 | ܠܡܫܪܐ<br>om. | ܕܐܫܪܐ<br>ܐܢܐ (a) | ܕܐܫܪܐ<br>om. |
| 18 | ܚܕܐ<br>om. | ܘܚܕܐ<br>ܐܘ ܣܪܛܐ ܚܕܐ | ܘܚܕܐ<br>ܐܘ ܚܕ ܣܪܛܐ. |

[1] 40 lin. interr. [2] 40. ܠܐܪܥܐ. [3] 40 lin. interr. [4] De vocabulo dubitat F. C. B., conjicit ܢܣܘܢ. [5] 40. ܡܛܠܬܟܝ. [6] 40 lin. interr.

| | Lewisianus | Curetonianus | Peshitto |
|---|---|---|---|
| V. 18 | ܕܟܘܠ | ܕܟܠ ܡܕܡ | ܕܟܠ |
| 19 | ܘܡܢ ܕܢܫܪܐ ** ܚܕ ܐܢܫܐ ** ܟܘܠ | ܟܠ ܕܢܫܪܐ ܗܟܝܠ ** ܠܒܢܝ ܐܢܫܐ. ** ܟܠ | ܟܠ ܡܢ ܕܢܫܪܐ [1] ܗܟܝܠ * * ܠܒܢܝܢܫܐ܆[2] * * ܟܠ |
| | ܗܟܢܐ (b) | om. | om. |
| 20 | ܟܐܢܘܬܟܘܢ ܡܢ ܟܐܢܘܬܐ ܕܣܦܪܐ ** ܠܡܠܟܘܬܐ | ܙܕܝܩܘܬܟܘܢ ܝܬܝܪ ܡܢ ܣܦܪܐ ܘܦܪܝܫܐ. * * ܠܡܠܟܘܬܐ ܕܫܡܝܐ. | ܟܐܢܘܬܟܘܢ ܝܬܝܪ ܡܢ ܕܣܦܪܐ ܘܦܪܝܫܐ * * ܠܡܠܟܘܬܐ ܕܫܡܝܐ. |
| 21 | ܠܐ | ܕܠܐ | ܠܐ |
| 22 | ܐܡܪܢܐ * * ܕܟܘܠ ܡܢ ܕܪܓܙ * * ܠܕܝܢܐ ܘܟܘܠ * * ܡܚܝܒ ܗܘ ܠܟܢܘܫܬܐ. ܘܡܢ * * ܡܚܝܒ ܗܘ | ܐܡܪ ܐܢܐ * * ܕܟܠ ܡܢ ܕܢܪܓܙ * * ܠܕܝܢܐ. ܘܡܢ * * ܢܗܘܐ ܡܚܝܒ ܠܟܢܘܫܬܐ. ܘܟܠ ܡܢ * * ܢܗܘܐ ܡܚܝܒ | ܐܡܪ ܐܢܐ * * ܕܟܠ ܡܢ ܕܢܪܓܙ * * ܠܕܝܢܐ. ܘܟܠ * * ܡܚܝܒ ܗܘ ܠܟܢܘܫܬܐ.[3] ܘܟܠ ܡܢ * * ܡܚܝܒ ܗܘ |
| | lin. interr. | ⊙ lin. non interr. | :: lin. non interr. |
| 23 | ܐܢ * * ܡܩܪܒ * * ܥܠ * * ܕܐܚܘܟ ܐܚܝܕ ܥܠܝܟ ܐܟܠܐ | ܐܢܬ * * ܕܡܩܪܒ * * ܡܕܡ * * ܕܡܕܡ ܐܚܝܕ ܐܚܘܟ ܥܠܝܟ ܐܟܠܐ. | ܐܢ ܗܘ[4] * * ܕܡܩܪܒ * * ܥܠ ** ܕܐܚܝܕ ܥܠܝܟ ܐܚܘܟ ܐܟܠܐ ܡܕܡ: |
| 24 | ܥܠ ܡܕܒܚܐ * * ܩܪܒ | ܩܘܪܒܢܟ ܕܡܕܒܚܐ. * * ܘܩܪܒ | ܥܠ[5] ܡܕܒܚܐ: * * ܩܪܒ |
| | lin. non interr. | ⊙ ○ ⊙ lin. interr. | punctum, lin. non interr. |
| 25 | om. | ܘܕܝܢܐ ܢܫܠܡܟ ܠܫܘܛܪܐ. | ܘܕܝܢܐ ܢܫܠܡܟ ܠܫܘܛܪܐ. |
| 27 | om. | ܠܩܕܡܝܐ | om. |
| | ܠܐ | ܕܠܐ | ܕܠܐ[6] |
| 28 | ܐܡܪܢܐ | ܐܡܪ ܐܢܐ | ܐܡܪ ܐܢܐ |
| 29 | ܚܨܝܗ ܫܕܝܗ | ܚܨܝ ܘܫܕܝܗ | ܚܨܝܗ̇ ܘܫܕܝܗ̇ |
| | .ọ̇ lin. interr. | punctum, lin. non interr. | punctum, lin. non interr. |
| 30 | om. | ܘܐܢ ܐܝܕܟ ܕܝܡܝܢܐ ܡܟܫܠܐ ܠܟ ܦܣܘܩ ܫܕܝܗ ܡܢܟ. ܦܩܚ ܠܟ ܓܝܪ ܕܢܐܒܕ ܚܕ ܡܢ ܗܕܡܝܟ. ܘܠܐ ܟܠܗ ܦܓܪܟ ܢܐܙܠ ܠܓܗܢܐ. | ܘܐܢ ܐܝܕܟ ܕܝܡܝܢܐ ܡܟܫܠܐ ܠܟ܆ ܦܣܘܩ ܫܕܝܗ̇ ܡܢܟ. ܦܩܚ ܠܟ ܓܝܪ ܕܢܐܒܕ ܚܕ ܡܢ ܗܕܡܝܟ܆ ܘܠܐ ܟܠܗ ܦܓܪܟ ܢܦܠ ܠܓܗܢܐ. |

[1] 40. ܗܟܝܠ ܕܢܫܪܐ. [2] 40. ܠܒܢܝ ܐܢܫܐ. [3] 40 post ܠܟܢܘܫܬܐ habet ܘܡܢ pro ܘܟܠ ܡܢ.
[4] 40. ܐܢ ܗܘ. [5] 40. ܩܕܡ. [6] 40. ܠܐ.

| | LEWISIANUS | CURETONIANUS | PESHITTO |
|---|---|---|---|
| V. 31 | ܕܢܫܒܘܩ * * ܕܕܘܠܐ | ܕܢܫܪܐ * * ܕܕܘܟܠܐ. | ܕܢܫܪܐ * * ܕܕܘܟܠܐ. |
| 32 | ܐܡܪܢܐ * * ܕܢܫܒܘܩ | ܐܡܪ ܐܢܐ * * ܕܟܠ | ܐܡܪ ܐܢܐ * * ܕܟܠ |
| | .ܘ. lin. interr. | ⊙ lin. non interr. | :: lin. non interr. |
| 33 | om. | ܠܘܬ * * ܠܡܪܝܐ. | ܠܘܬ * * ܠܡܪ̈ܝܐ. |
| | ܕܠܐ ܠܐܡܐ ܡܘܡܬܟ ܡܘܡܪܐ * * ܡܘܡܬܐ | ܠܐ ܠܐܡܐ ܡܘܡܬܐ ܕܡܘܡܪܐ. * * ܡܘܡܬܝ. | ܕܠܐ ܬܕܓܠ ܒܡܘ̈ܡܬܟ. * * ܡܘ̈ܡܬܟ |
| 35 | ܘܠܐ ܒܐܪܥܐ ܕܟܘܒܫܐ ܗܝ ܠܪܓܠܘܗܝ * * ܘܠܐ * * ܡܛܠ | ܐܦ ܠܐ ܒܐܪܥܐ ܡܛܠ ܕܟܘܒܫܐ ܗܝ ܕܪܓܠܘܗܝ * * ܐܦ ܠܐ * * ܡܛܘܠ | ܘܠܐ ܒܐܪܥܐ ܕܟܘܒܫܐ ܗܝ ܕܪܓܠܘܗܝ * * ܐܦܠܐ * * ܡܛܠ om. |
| 36 | ܘܠܐ ܒܪܝܫܟ | ܘܐܦܠܐ ܒܪܝܫܟ | ܐܦܠܐ ܒܪܫܟ[1] |
| 37 | om. | ܕܝܢ | om. |
| 39 | ܐܡܪܢܐ * * ܠܩܘܒܠ * * ܒܝܫ | ܐܡܪ ܐܢܐ * * ܠܘܩܒܠ * * [ܐܦܐ][2] | ܐܡܪ ܐܢܐ * * ܠܘܩܒܠ * * ܐܦܐ |
| 40 | ܘܫܒܘܩ | ܘܫܒܘܩܠ | ܘܫܒܘܩܠ |
| | om. | ܗܡܠ | om. |
| 41 | ܡܢ ܕܡܫܚܪ ܠܟ * * ܐܙܠ ܠܘܬ | ܡܢ ܕܐܡܪ ܠܟ * * ܐܙܠ om. | ܡܢ ܕܡܫܚܪ ܠܟ * * ܐܙܠ om. |
| 42 | ܠܡܙܦ * * ܬܟܠܝܘܗܝ | ܕܢܙܦ * * ܬܟܠܝܘܗܝ. | ܕܢܙܦ * * ܬܟܠܝܘܗܝ. |
| | ○ ⁘ ⁘ ○ lin. interr. | punctum, lin. non interr. | punctum[3], lin. non interr. |
| 43 | om. | ܠܩܪܝܒܟ. | om. |
| | ܕܠܪܚܡ * * ܘܠܣܢܐ | ܕܬܪܚܡ * * ܘܬܣܢܐ | ܕܬܪܚܡ * * ܘܬܣܢܐ |
| 44 | ܕܬܚܒܘ | ܕܐܚܒܘ | ܐܚܒܘ |
| 46 | ܠܡܚܒܝܟܘܢ ܐܚܒܬܘܢ | ܡܚܒܝܢ ܐܢܬܘܢ ܠܐܝܠܝܢ | ܡܚܒܝܢ ܐܢܬܘܢ ܠܐܝܠܝܢ |
| | ܐܦ ܡܟ̈ܣܐ ܗܟܢܐ ܥܒܕܝܢ. | ܗܟܢܐ ܥܒܕ ܐܦ ܡ̈ܟܣܐ ܥܒܕܝܢ. | ܠܐ ܗܐ ܐܦ ܡ̈ܟܣܐ ܗܢܘܢ ܗܕܐ ܥܒܕܝܢ: |
| 47 | om. | ܘܐܢ ܡܫܐܠܝܢ ܐܢܬܘܢ ܒܫܠܡܐ ܕܐܚ̈ܝܟܘܢ ܒܠܚܘܕ. ܡܢܐ ܗܘ ܝܬܝܪܘܬܟܘܢ. ܠܐ ܗܐ ܐܦ ܚ̈ܢܦܐ ܗܟܢܐ ܥܒܕܝܢ ○○○ | ܘܐܢ ܡܫܐܠܝܬܘܢ[4] ܒܫܠܡܐ ܕܐܚ̈ܝܟܘܢ ܒܠܚܘܕ: ܡܢܐ ܝܬܝܪ ܥܒܕܝܢ ܐܢܬܘܢ. ܠܐ ܗܐ ܐܦ ܡ̈ܟܣܐ ܗܢܘܢ ܗܕܐ ܥܒܕܝܢ: |

[1] 40. ܐܦ ܠܐ ܒܪܫܟ.

[2] Sic Cureton. In cod. vocabulum manu recentiori scriptum est, super vocabulo, nescio quo, deleto.

[3] 40 lin. interr.

[4] 40. ܡܫܐܠܝܢ ܐܢܬܘܢ.

| | Lewisianus | Curetonianus | Peshitto |
|---|---|---|---|
| V. 48 | ܐܒܘܟܘܢ | om. | ܐܒܘܟܘܢ |
| VI. 1 | ܘܠܐ ܠܥܒܕܘܢ ܙܕܩܘܬܟܘܢ * * ܐܝܟ | ܐܙܕܗܪܘ ܕܠܐ ܠܥܒܕܘܢ ܡܘܗܒܬܟܘܢ * * ܐܝܟܢܐ | ܚܘܪܘ ܕܝܢ ܒܙܕܩܬܟܘܢ: ܕܠܐ ܠܥܒܕܘܢܗ̇ * * ܐܝܟ |
| 2 | ܡܐ ܕܥܒܕ * * ܐܝܟ * * ܥܒܕܝܢ * * ܘܒܫܘܩܐ. (sic) | ܐܡܬܝ ܗܟܝܠ ܕܥܒܕ * * ܐܝܟܢܐ * * ܥܒܕܝܢ * * ܘܒܫܘ̈ܩܐ. | ܐܡܬܝ ܗܟܝܠ ܕܥܒܕ * * ܐܝܟ * * ܥܒܕܝܢ * * ܘܒܫܘ̈ܩܐ. |
| | om. | ܐܝܟܢܐ | ܐܝܟ |
| 3 | ܣܡܠܟ ܠܐ ܬܕܥ | ܠܐ ܬܕܥ ܣܡܠܟ | ܠܐ ܬܕܥ[1] ܣܡܠܟ |
| 4 | ܘܐܒܐ | ܘܐܒܘܟ | ܘܐܒܘܟ |
| | ܒܓܠܝܐ. | om. | ܒܓܠܝܐ. |
| 5 | om. | ܘܡܐ ܕܡܨܠܐ ܐܢܬ. ܠܐ ܬܗܘܐ ܐܝܟ ܗܢܘܢ ܢܣܒܝ ܒܐܦܐ. ܕܪܚܡܝܢ ܕܢܩܘܡܘܢ ܒܟܢܘܫܬܐ ܘܒܙܘ̈ܝܬܐ ܕܫܘܩܐ ܠܡܨܠܝܘ. ܕܢܬܚܙܘܢ ܠܒܢܝ ܐܢܫܐ. ܐܡܝܢ ܐܡܪ ܐܢܐ ܠܟܘܢ ܕܩܒܠܘ ܐܓܪܗܘܢ. | ܘܡܐ ܕܡܨܠܐ ܐܢܬ. ܠܐ ܬܗܘܐ ܐܝܟ ܢܣܒܝ ܒܐܦܐ ܕܪܚܡܝܢ ܠܡܩܡ ܒܟܢܘܫܬܐ ܘܒܙܘ̈ܝܬܐ ܕܫܘ̈ܩܐ ܠܡܨܠܝܘ: ܕܢܬܚܙܘܢ[2] ܠܒܢܝ ܐܢܫܐ. ܘܐܡܝܢ ܐܡܪ ܐܢܐ ܠܟܘܢ: ܕܩܒܠܘ ܐܓܪܗܘܢ. |
| 6 | ܡܐ | ܐܡܬܝ | ܐܡܬܝ |
| | om. | ܒܐܩܝܟ. | om. |
| | ܗܘ | om. | om. |
| | lin. non interr. | ◎ ○ ◎ lin. interr. | punctum, lin. non interr. |
| 7 | ܘܡܐ * * ܡܨܠܝܢ ܐܢܬܘܢ ܐܡܬܝܢ ܒܦܬܓܡܐ. ܐܝܟ ܕܚܢܦܐ | ܘܐܡܬܝ ** ܕܡܨܠܝܢ ܐܢܬܘܢ ܡܦܩܩܝܢ ܐܝܟ ܢܣܒܝ ܒܐܦܐ. | ܘܡܐ * * ܕܡܨܠܝܢ ܐܢܬܘܢ ܡܦܩܩܝܢ ܐܝܟ ܚܢܦܐ. |
| | om. | ܓܝܪ | ܓܝܪ |
| | ܗܘ | om. | om. |
| 8 | ܠܐ ܬܕܡܘܢ * * ܕܝܕܥ ܐܒܘܟܘܢ ܠܐ ܬܫܐܠܘܢܗܝ ܡܢܐ ܡܬܒܥܐ ܠܟܘܢ | ܬܕܡܘܢ * * ܡܢܐ ܡܬܒܥܐ ܠܟܘܢ ܥܕܠܐ ܬܫܐܠܘܢܗܝ. | ܬܕܡܘܢ * * ܡܢܐ ܡܬܒܥܐ ܠܟܘܢ: ܥܕܠܐ ܬܫܐܠܘܢܗܝ. |
| 9 | ܐܒܘܢ ܗܟܝܠ ܗܟܢܐ ܗܘܝܬܘܢ ܡܨܠܝܢ .ܘ̇. lin. interr. | ܗܟܢܐ ܕܝܢ ܗܘܝܬܘܢ ܡܨܠܝܢ. lin. non interr. | ܗܟܢܐ ܨܠܘ ܐܢܬܘܢ.[3] lin. non interr. |
| 10 | ܘܬܐܬܐ | ܬܐܬܐ | ܬܐܬܐ |

[1] 40. ܬܕܥ. [2] 40. ܐܝܟ ܕܢܬܚܙܘܢ. [3] 40. ܗܟܢܐ ܗܟܝܠ ܨܠܘ ܐܢܬܘܢ.

| | Lewisianus | Curetonianus | Peshitto |
|---|---|---|---|
| | deest usque ad viii. 3 | | |
| VIII. 3 | ܡܪܢ | ܝܫܘܥ | ܝܫܘܥ |
| 4 | ܐܡܪ ܠܗ ܡܪܢ * * ܐܠܐ * * | ܘܐܡܪ ܠܗ ܝܫܘܥ. * * ܐܠܐ * * | ܘܐܡܪ ܠܗ ܝܫܘܥ. * * ܐܠܐ |
| | ܣܗܕܘܬܐ lin. interr. | ܠܣܗܕܘܬܐ lin. interr. ◎ ○ ◎ | * * ܠܣܗܕܘܬܗܘܢ |
| | | | ◆[1] lin. non interr. |
| 5 | om. | ܟܕ ܥܠ ܠܟܦܪܢܚܘܡ. | ܟܕ ܥܠ ܕܝܢ ܝܫܘܥ ܠܟܦܪܢܚܘܡ: |
| | ܩܢܛܪܘܢܐ | ܩܢܛܪܘܢܐ ܚܕ. | ܩܢܛܪܘܢܐ ܚܕ. |
| 6 | om. | ܘܡܬܟܫܦ ܠܗ | om. |
| | ܘܪܡܐ | ܘܐܪܡܐ | ܪܡܐ |
| 7 | om. | ܝܫܘܥ | ܝܫܘܥ. |
| 8 | ܟܠܝܪܟܐ * * ܫܘܝܐ | ܩܢܛܪܘܢܐ * * ܫܘܐ ܐܢܐ | ܩܢܛܪܘܢܐ * * ܫܘܐ ܐܢܐ |
| | om. | ܕܬܥܘܠ | ܕܬܥܘܠ |
| 9 | om. | ܕܐܝܬ ܫܘܠܛܢܐ. | ܕܐܝܬ ܫܘܠܛܢܐ |
| | ܕܐܝܬ * * ܘܐܣܛܪܛܝܘܛܐ * * ܕܐܙܠ | ܘܐܝܬ ** ܐܦ ܠܝ. ܘܐܣܛܪܛܝܘܛܐ * * ܕܐܙܠ | ܘܐܝܬ * * ܐܣܛܪܛܝܘܛܐ.[2] * * ܕܐܙܠ |
| | ܐܡܪܬ (b) | om. | om. |
| 10 | ܡܪܢ * * ܠܐܝܠܝܢ ܕܐܬܝܢ * * ܐܝܟ ܗܕܐ ܗܝܡܢܘܬܐ ܐܫܟܚܬ ܒܟܠܗ ܐܝܣܪܝܠ | ܝܫܘܥ * * ܠܐܢܫܐ ܕܐܬܝܢ ** ܒܬܪܗ ܒܟܠܗ ܐܝܣܪܝܠ ܐܫܟܚܬ ܐܝܟ ܗܕܐ ܗܝܡܢܘܬܐ. | ܝܫܘܥ. * * ܠܕܐܬܝܢ * * ܒܐܝܣܪܝܠ[3] ܐܫܟܚܬ ܐܝܟ ܗܕܐ ܗܝܡܢܘܬܐ. |
| 11 | ܐܡܪܬ | ܐܡܪ ܐܢܐ | ܐܡܪ ܐܢܐ |
| | om. | ܕܝܢ. | ܕܝܢ: |
| 12 | ܘܒܢܘܗ | ܘܒܢܘܗ | ܘܒܢܘܗ |
| 13 | ܡܪܢ ܠܟܠܝܪܟܐ * * ܐܙܠܟ | ܝܫܘܥ ܠܩܢܛܪܘܢܐ * * ܐܙܠ | ܝܫܘܥ ܠܩܢܛܪܘܢܐ * * ܘܙܠ |
| 14 | ܡܪܢ | ܝܫܘܥ | ܝܫܘܥ |
| 15 | punctum, lin. non interr. | ○○ ○○ ○○ lin. interr. | punctum, lin. non interr. |
| 16 | ܠܗ * * ܒܡܠܬܗ * * ܠܟܪܝܗܝܢ | ܩܪܒܘܗ * * ܒܡܠܬܗ. * * ܠܟܪܝܗܝܢ ܗܘܘ | ܩܪܒܘܗ * * ܒܡܠܬܗ. * * ܠܟܪܝܗܝܢ ܗܘܘ |
| 17 | ܕܐܬܡܠܐ * * ܡܪܥܝܢ | ܟܐܒܝܢ ܢܣܒ ** ܟܘܪܗܢܝܢ. | ܗܘ ܟܐܒܝܢ ܢܣܒ * * ܟܘܪܗܢܝܢ |
| | lin. non interr. | ◎ ○ ◎ lin. interr. | punctum [4], lin. non interr. |
| 18 | ܡܪܢ ܟܢܫܐ | ܝܫܘܥ ܠܟܢܫܐ | ܝܫܘܥ ܟܢܫܐ |

[1] 40 lin. interr. [2] 40. ܐܣܛܪܛܝܘܛܐ. [3] 40. ܒܟܠܗ ܐܝܣܪܝܠ. [4] 40 lin. interr.

| | Lewisianus | Curetonianus | Peshitto |
|---|---|---|---|
| VIII. 18 | om. | ܠܬܠܡܝܕܘܗܝ | om. |
| | ܠܗܘܢ | om. | om. |
| 19 | ܪܒܝ | ܡܠܦܢܐ | ܪܒܝ܆ |
| 20 | ܐܡܪ ܡܪܢ * * ܘܠܒܪܗ * * ܪܫܗ | ܐܡܪ ܠܗ ܝܫܘܥ. * * ܠܒܪܗ ܕܢܣ * * ܪܫܗ. | ܐܡܪ ܠܗ ܝܫܘܥ. * * ܠܒܪܗ ܕܢܣ * * ܪܫܗ.[1] |
| 21 | om. | ܡܪܝ | ܡܪܝ܆ |
| 22 | om. | ܝܫܘܥ | ܝܫܘܥ |
| | | post ܠܥܒܪ deest usque ad X. 32 | |
| X. 32 | om. | ܘܟܠ * * ܩܕܡ ܒܢܝ ܐܢܫܐ. | ܘܟܠ * * ܩܕܡ ܒܢܝܢܫܐ܆ |
| | ܐܦ ܐܢܐ ܐܘܕܐ ܒܗ ܩܕܡ ܐܒܝ | ܘܐܦ ܐܢܐ ܐܘܕܐ ܒܗ ܩܕܡ ܐܒܐ | ܐܘܕܐ ܒܗ ܐܦ ܐܢܐ ܩܕܡ ܐܒܝ |
| 33 | om. | ܘܩܕܡ ܡܠܐܟܘܗܝ. | om. |
| 34 | ܠܐ ܬܣܒܪܘܢ ܕܫܝܢܐ ܐܬܝܬ ܕܐܪܡܐ ܒܐܪܥܐ | om. | ܠܐ ܬܣܒܪܘܢ ܕܐܬܝܬ ܕܐܪܡܐ ܫܝܢܐ ܒܐܪܥܐ. |
| | om. | ܒܐܪܥܐ. (b) | om. |
| | ܚܪܒܐ | ܦܠܓܘܬܐ ܕܪ̈ܥܝܢܐ ܘܚܪܒܐ. | ܣܝܦܐ. |
| 35 | ܕܐܦܠܓ | ܕܐܦܠܓ | ܕܐܦܠܓ |
| 36 | punctum, lin. non interr. | ⊙ ○ ⊙ lin. interr. | punctum, lin. non interr. |
| 37 | ܘܠܐܡܗ | ܐܘ ܠܐܡܗ | ܐܘ ܐܡܐ |
| 38 | ܙܩܝܦܗ | ܨܠܝܒܗ | ܙܩܝܦܗ |
| 39 | ܟܠ ܕܢܫܟܚ * * ܘܟܠ | ܡܢ ܕܡܫܟܚ * * ܘܡܢ | ܡܢ ܕܐܫܟܚ * * ܘܡܢ |
| 40 | ܡܩܒܠ ܠܡܢ ܕܫܕܪܢܝ. | ܠܡܢ ܕܫܕܪܢܝ ܡܩܒܠ. | ܠܡܢ ܕܫܠܚܢܝ ܡܩܒܠ |
| 41 | ܠܢܙ | om. | om. |
| | ܡܩܒܠ | ܢܣܒ. | ܢܣܒ. |
| 42 | ܟܣܐ ܕܡܝܐ ܩܪܝܪܐ ܠܚܕ ܡܢ ܗܠܝܢ ܙܥܘܪܐ | ܠܚܕ ܡܢ ܗܠܝܢ ܙܥܘܪܐ ܟܣܐ ܕܡܝܐ ܩܪܝܪܐ | ܘܟܠ ܕܢܫܩܐ ܠܚܕ ܡܢ ܗܠܝܢ ܙܥܘܪܐ ܟܣܐ ܕܩܪܝܪܐ |
| XI. 1 | ܕܟܕ ܫܠܡ ܡܪܢ | ܟܕ ܫܠܡ ܝܫܘܥ | ܕܟܕ ܫܠܡ ܝܫܘܥ |
| 2 | ܕܡܪܢ | ܕܝܫܘܥ. | ܕܡܫܝܚܐ܆ |
| 3 | ܠܐܚܪܝܢ | ܠܐܚܪܝܢ ܗܘ | ܠܐܚܪܝܢ ܗܘ |
| 5 | lacuna | | |
| | om. | ܘܡܓܪ̈ܒܐ ܡܬܕܟܝܢ. | ܘܡܓܪ̈ܒܐ[2] ܡܬܕܟܝܢ܆ |

[1] 40. ܪܫܗ.

[2] 40. ܘܓܪ̈ܒܐ.

| | LEWISIANUS | CURETONIANUS | PESHITTO |
|---|---|---|---|
| XI. 6 | ܠܡܢ ܕܠܐ | ܐܠܐ | ܠܐܝܢܐ ܕܠܐ |
| | lin. non interr. | ⊙ ○ ⊙ lin. interr. | ⬩ lin. non interr. |
| 7 | ܘܡܢ ܒܬܪ ܗܠܝܢ ܫܪܝ ܡܪܢ | ܡܢ ܒܬܪ ܕܐܙܠܘ ܕܝܢ ܗܠܝܢ. | ܟܕ ܕܝܢ ܐܙܠܘ : ܫܪܝ ܝܫܘܥ |
| | ** ܩܢܐ ** ܕܒܪܘܚܐ ܡܬܬܙܝܥܐ | ܫܪܝ ܗܘܐ ܝܫܘܥ ** ܩܢܝܐ | ** ܩܢܝܐ ** ܕܡܢ ܪܘܚܐ |
| | | ** ܕܡܢ ܪܘܚܐ ܡܬܬܙܝܥ· | ܡܬܬܙܝܥ : |
| 8 | ܡܐ | ܡܢܐ | ܡܢܐ |
| 9 | ܕܡܝܬܪ ** ܢܒܝܐ | ܕܝܬܝܪ ** ܢܒܝܐ. | ܘܝܬܝܪ ** ܢܒܝܐ. |
| 10 | ܕܥܠܘܗܝ ܟܬܝܒ ** ܡܫܕܪܢܐ | ܕܟܬܝܒ ܥܠܘܗܝ. ** ܡܫܕܪ | ܕܥܠܘܗܝ ܟܬܝܒ: ** ܡܫܕܪ |
| | ** ܐܦܝܟ | ܐܢܐ ** ܦܪܨܘܦܟ. | ܐܢܐ ** ܦܪܨܘܦܟ: |
| 12 | om. | ܕܝܢ | ܕܝܢ[1] |
| | ܥܕܡܐ | ܘܥܕܡܐ | ܘܥܕܡܐ |
| | lacuna | | |
| 13 | om. | ܘܐܘܪܝܬܐ | ܘܐܘܪܝܬܐ: |
| 15 | om. | ܠܡܫܡܥ | ܕܢܫܡܥ |
| 16 | ܫܪܒܬܐ | ܠܫܪܒܬܐ | ܠܫܪܒܬܐ |
| 17 | om. | ܘܐܡܪܝܢ. | ܘܐܡܪܝܢ. |
| 18 | ܐܬܐ ܓܝܪ ܠܗ ܝܘܚܢܢ ܠܐ ܐܟܠ | ܐܬܐ ܓܝܪ ܠܘܬܟܘܢ ܝܘܚܢܢ ܟܕ | ܐܬܐ ܓܝܪ ܝܘܚܢܢ ܕܠܐ ܐܟܠ ܘܠܐ |
| | ܘܠܐ ܫܬܐ ܘܐܡܪܝܢ ܫܐܕܐ | ܠܐ ܐܟܠ ܘܐܦܠܐ ܫܬܐ. ܘܐܡܪܝܢ | ܫܬܐ: ܘܐܡܪܝܢ ܕܝܘܐ ܐܝܬ |
| | ܒܗ | ܐܢܬܘܢ ܫܐܕܐ ܒܗ. | ܒܗ.[2] |
| 19 | ܘܐܡܪܝܢ ** ܘܫܬܐ | ܘܐܡܪܝܢ ܐܢܬܘܢ ** ܫܬܝܐ | ܘܐܡܪܝܢ |
| 20 | ܬܒܘ | ܬܒ. | ܬܒܘ. |
| 21 | ܒܨܝܕܘܢ | ܘܒܨܝܕܢ | ܘܒܨܝܕܢ |
| 22 | ܘܠܨܝܕܘܢ ܢܗܘܐ ܦܫܝܩ | ܘܠܨܝܕܢ ܢܗܘܐ ܢܝܚ | ܘܠܨܝܕܢ ܢܗܘܐ ܢܝܚ |
| 23 | lacunae | | |
| | ܕܐܬܬܪܝܡܬܝ ** ܫܝܘܠ ܕܒܟܝ | ܬܬܪܝܡܝܢ. ** ܫܝܘܠ ܐܚܘܬܝܢ | ܐܬܬܪܝܡܬܝ: ** ܫܝܘܠ ܐܚܘܬܝܢ |
| | ܐܬܚܙܝܘ ܩܝܡܐ ܗܘܬ ܠܝܘܡܢܐ | ܕܗܘܘ ܒܟܝ. ܩܝܡܐ ܗܘܬ | ܕܗܘܘ ܒܟܝ: ܩܝܡܐ ܗܘܬ |
| | | ܥܕܡܐ ܠܝܘܡܢܐ. | ܥܕܡܐ ܠܝܘܡܢܐ. |
| 24 | om. | ܡܛܠ ܗܢܐ | ܒܪܡ |
| | ܕܒܟܝܢ | ܕܒܟܝ | ܒܟܝ |
| 25 | om. | ܕܝܢ | om. |
| 27 | ܟܠ ** ܘܠܐ | ܟܘܠ ** ܘܐܦ ܠܐ | ܟܠ ** ܘܠܐ |

[1] 40 habet in alio loco quam Widmanstadius.

[2] 40. ܒܗ.

| | LEWISIANUS | CURETONIANUS | PESHITTO |
|---|---|---|---|
| XI. 27 | ܐܝܢ ܡܢܗ (b) | om. | ܐܝܢ ܡܢܗ (b) |
| | ܕܢܓܠܐ | ܕܢܓܠܐ | ܕܢܓܠܐ |
| | lin. non interr. | ◉ ○ ◉ lin. interr. | punctum[1], lin. non interr. |
| 28 | ܐܬܘ * * om. | ܬܘ * * ܡܫܬܢܐ | ܬܘ * * om. |
| 29 | ܡܢܝ | ܘܡܢܝ | ܘܡܢܝ |
| 30 | punctum, lin. interr. | ◉ ○ ◉ lin. interr. | ⁘ [2]lin. non interr. |
| XII. 1 | ܒܗܘ * * ܒܫܒܬܐ ܕܫܒܬܐ | ܘܒܗܘ * * ܒܫܒܬܐ * * | ܒܗܘ * * ܒܫܒܬܐ * * |
| | * * ܘܟܦܢܘ ܠܬܠܡܝܕܘܗܝ | ܘܬܠܡܝܕܘܗܝ ܟܦܢܘ. | ܘܬܠܡܝܕܘܗܝ ܟܦܢܘ : |
| | om. | ܘܦܪܟܝܢ ܒܐܝܕܝܗܘܢ | om. |
| 2 | ܚܙܐ ܬܠܡܝܕܝܟ ܥܒܕܝܢ | ܚܙܐ ܥܒܕܝܢ ܬܠܡܝܕܝܟ | ܗܐ ܬܠܡܝܕܝܟ ܥܒܕܝܢ |
| 3 | lacuna | | |
| | 4–6 lacunae | | |
| 6 | ܪܒ | ܕܪܒ | ܕܪܒ |
| 7 | lacuna unius voc. | | |
| 8 | lin. non interr. | ◉ ○ ◉ lin. interr. | ⁘ lin. interr. |
| 9 | ܐܬܐ | ܘܐܬܐ | ܘܐܬܐ |
| 10 | ܘܐܝܕܗ * * ܗܘ ܝܒܝܫܐ | ܕܐܝܕܗ * * ܗܘ ܕܝܒܝܫܐ | ܐܝܕܗ. * * ܝܒܝܫܐ |
| | om. | ܒܝܘܡܐ ܕܫܒܬܐ ܠܡܐܣܝܘ. | ܒܫܒܬܐ ܠܡܐܣܝܘ. |
| 11 | ܒ . . ܐ | ܒܫܒܪܐ | ܒܫܒܪܐ |
| 13 | lin. non interr. | ○○ ○○ ○○ lin. interr. | punctum[3], lin. non interr. |
| 14 | ܢܘܒܕܘܢܝܗܝ | ܕܢܘܒܕܘܢܝܗܝ. | ܕܢܘܒܕܘܢܝܗܝ. |
| 15 | ܘܫܢܝ * * ܘܠܟܠܗܘܢ ܐܣܝ | ܘܫܢܝ ܡܢ**ܘܐܣܝ ܠܟܠܗܘܢ. | ܘܫܢܝ ܡܢ * * ܘܐܣܝ ܠܟܠܗܘܢ.[4] |
| 16 | ܘܟܐܐ ܗܘܐ ܒܗܘܢ ܕܗܢܘܢ ܘܠܐܢܫ ܠܐ ܢܐܡܪܘܢ | ܘܟܐܐ ܒܗܘܢ ܕܗܢܘܢ ܠܐܢܫ ܠܐ ܢܓܠܘܢܝܗܝ. | ܘܟܐܐ ܒܗܘܢ ܕܠܐ ܢܓܠܘܢܝܗܝ. |
| 17 | ܒܐܫܥܝܐ | ܒܦܘܡ ܐܫܥܝܐ | ܒܝܕ ܐܫܥܝܐ |
| 18 | ܗܐ * * ܐܬܪܥܝܬ | ܕܗܐ * * ܕܐܬܪܥܝܬ | ܗܐ * * ܕܐܬܪܥܝܬ |
| | lacunae | | |
| 19 | om. | ܒܫܘܩܐ. | ܒܫܘܩܐ. |
| 20 | ܢܬܒܪ | ܢܬܐܒܪ. | ܢܬܒܪ. |
| 21 | ܘܒܫܡܗ ܢܣܒܪܘܢ ܥܡܡܐ | ܘܠܫܡܗ ܥܡܡܐ ܢܣܒܪܘܢ | ܘܒܫܡܗ ܥܡܡܐ ܢܣܒܪܘܢ |

---

[1] 40 lin. interr. [2] 40 lin. interr. [3] 40 lin. interr. [4] 40. ܐܢܘܢ.

| XII. | Lewisianus | Curetonianus | Peshitto |
|---|---|---|---|
| 21 | lin. non interr. | ⊙ ○ ⊙ lin. interr. | ✧ lin. interr. |
| 22 | ܒܗ * * ܟܕ | ܡܬܚܫܒܝܢ * * ܒܠܒܗܘܢ | ܒܗ * * aliter |
| | lacunae | | |
| | ܘܡܡܠܠ post ܗܘ | ܘܡܡܠܠ ܘܚܙܐ post ܗܘ. | aliter ; om. ܡܡܠܠ |
| 23 | ܡܬܕܡܪܝܢ | ܘܡܬܕܡܪܝܢ | ܘܡܬܕܡܪܝܢ[1] |
| | om. | ܟܠܗܘܢ ܥܡܐ. | ܟܠܗܘܢ (sic) ܟܢܫܐ |
| | ܘܐܡܪܝܢ ܕܠܡܐ | ܘܐܡܪܝܢ ܗܘܘ ܕܕܠܡܐ | ܘܐܡܪܝܢ. ܕܠܡܐ |
| 24 | ܗܢܐ ܠܐ ܡܦܩ | ܠܐ ܡܦܩ ܗܢܐ | ܠܐ ܡܦܩ ܗܢܐ: |
| 25 | ܬܪܥܝܬܗܘܢ | ܪܥܝܢܗܘܢ | ܡܚܫܒܬܗܘܢ |
| | 25–30 multae lacunae | | |
| 30 | ܠܐ | ܕܠܐ | ܕܠܐ |
| 31 | ܡܓܕܦܢܘܬܐ ܗܝ ܐܡܪܬܐ * * ܕܥܠ | ܡܓܕܦܢܘܬܐ ܐܡܪ ܐܢܐ * * ܕܥܠ | ܡܓܕܦܢܘܬܐ ܗܝ ܐܡܪ ܐܢܐ * * ܕܥܠ |
| | ܡܢ | om. | aliter |
| | om. | ܕܩܘܕܫܐ | om. |
| 33 | ܥܒܕ (bis) * * ܐܝܟ[2] ܢܬܝܕܥ | ܥܒܕܘ (bis) * * ܕܡܢ ܡܬܝܕܥ | ܥܒܕܘ (bis) * * ܐܝܟ ܡܬܝܕܥ |
| 34 | ܕܬܘܬܐ * * ܠܬܪܬܐ ܗܘ | ܕܐܝܟܢܐ. * * ܠܬܪܥܝܬܗܘܢ | ܕܐܝܟܢܐ: * * ܠܬܪܥܘܬܗ |
| 36 | ܥܠ ܡܠܬܐ ܕܢܡܠܠܘܢ * * ܦܬܓܡܐ ܢܬܠܘܢ | ܥܠ ܕܢܐܡܪܘܢ * * ܢܬܠܘܢ ܥܠܝܗ ܦܬܓܡܐ | ܥܠ ܕܢܐܡܪܘܢ * * ܢܬܠܘܢ ܦܬܓܡܗ̇ |
| 38 | ܐܡܪܝܢ ܠܗ ܐܢܫܐ ܡܢ ܣܦܪܐ ܘܦܪܝܫܐ | ܥܢܘ ܠܗ ܐܢܫܐ ܡܢ ܣܦܪܐ ܘܦܪܝܫܐ ܘܐܡܪܝܢ ܠܗ. | ܥܢܘ ܐܢܫܐ ܡܢ ܣܦܪܐ ܘܡܢ ܦܪܝܫܐ ܘܐܡܪܝܢ ܠܗ. |
| 39 | om. | ܗܕܐ | om. |
| | ܒܥܝܐ ܐܬܐ ܐܬܐ ܠܐ ܬܬܝܗܒ | ܐܬܐ ܒܥܝܐ ܘܐܬܐ ܠܐ ܬܬܝܗܒ | ܐܬܐ ܒܥܝܐ. ܘܐܬܐ ܠܐ ܬܬܝܗܒ |
| 40 | ܘܐܝܟܢܐ ܕܗܘܐ | ܐܝܟܢܐ ܓܝܪ ܕܗܘܐ | ܐܝܟܢܐ ܓܝܪ ܕܗܘܐ |
| | ܢܒܝܐ | om. | om. |
| | ܐܝܡܡܐ ܬܠܬܐ ܘܠܠܘܬܐ ܬܠܬܐ ܗܟܢܐ ܢܗܘܐ ܒܪܗ ܕܐܢܫܐ | ܬܠܬܐ ܝܘܡܝܢ ܘܬܠܬܐ ܠܠܘܬܐ. ܗܟܢܐ ܐܦ ܒܪܗ ܕܐܢܫܐ ܢܗܘܐ | ܬܠܬܐ ܐܝܡܡܝܢ[3] ܘܬܠܬܐ ܠܠܘܬܐ: ܗܟܢܐ ܢܗܘܐ ܒܪܗ ܕܐܢܫܐ |
| 41 | ܝܘܢܢ * * ܒܟܪܘܙܬܗ | ܘܝܘܢܢ. * * ܒܟܪܘܙܘܬܗ | ܘܝܘܢܢ: * * ܒܟܪܘܙܘܬܗ |
| 42 | ܣܘܦܐ * * ܚܟܡܬܐ | ܥܒܪܝܗ * * ܚܟܡܬܗ | ܥܒܪܝܗ̇ * * ܚܟܡܬܗ |
| 43 | om. | ܕܝܢ | ܕܝܢ |
| | ܕܛܢܦܘܬܐ | ܛܢܦܬܐ | ܛܢܦܬܐ |

[1] 40. ܡܬܕܡܪܝܢ.

[2] Sic in editione 1894. ܐܝܟ procul dubio legendum est, ut monet A. S. Lewis.

[3] 40. ܝܘܡܝܢ.

| | Lewisianus | Curetonianus | Peshitto |
|---|---|---|---|
| XII. 43 | om. | ܠܗ̇ | om. |
| 44 | om. | ܗܝܕܝܢ | ܗܝܕܝܢ |
| | ܟܕ ܣܪܝܩ ܘܡܟܢܫ | ܕܣܪܝܩ ܘܟܢܝܫ | ܕܣܪܝܩ ܘܡܟܢܫ |
| 45 | om. | ܥܡܗ | ܥܡܗ |
| | ܫܒܥ ܪܘܚܐ ܕܡܢܗ ܒܝܫܢ | ܫܒܥ ܪܘܚܝܢ ܐܚܪܢܝܢ ܕܒܝܫܢ<br>ܡܢܗ. | ܫܒܥ ܪܘܚܐ[1] ܐܚܪܢܝܢ ܕܒܝܫܢ<br>ܡܢܗ: |
| | om. | ܗܘ | ܗܘ |
| 46 | ܡܡܠܠ * * ܗܐ * * ܩܝܡܝܢ<br>ܠܒܪ ܘܒܥܝܢ | ܡܡܠܠ ܗܘܐ * * ܘܗܐ * *<br>ܩܝܡܝܢ ܗܘܘ ܠܒܪ. ܘܒܥܝܢ<br>ܗܘܘ | ܡܡܠܠ * * ܩܝܡܝܢ ܠܒܪ<br>ܘܒܥܝܢ |
| 48 | ܕܐܡܪ ܠܗ. ܡܢܘ * * ܐܘ<br>ܐܢܘܢ | ܡܢ ܕܐܡܪ ܠܗ. ܡܢ ܗܝ * *<br>ܘܡܢ ܐܢܘܢ | ܠܡܢ ܕܐܡܪ ܠܗ. ܡܢ ܗܝ * *<br>ܘܡܢ ܐܢܘܢ |
| 49 | ܗܠܝܢ ܐܢܘܢ ܐܡܝ ܘܐܚܝ. | ܗܐ ܐܡܝ ܘܗܐ ܐܚܝ. | ܗܐ ܐܡܝ ܘܗܐ ܐܚܝ. |
| 50 | ܟܠ * * ܗܘܝܘ | ܟܠ * * ܗܘ ܗܘܐ ܗܘ | ܟܠܢܫ[2] * * ܗܘܝܘ |
| XIII. 1 | ܒܗܘ * * ܢܦܩ * * ܗܘܐ * *<br>ܝܬܒ ܥܠ ܝܕ ܝܡܐ | ܘܒܗܘ * * ܢܦܩ * * ܡܢ<br>ܒܝܬܐ. ܘܝܬܒ ܠܗ ܥܠ<br>ܓܢܒ ܝܡܬܐ. | ܒܗܘ̇ * * ܢܦܩ * * ܡܢ ܒܝܬܐ<br>ܘܝܬܒ ܥܠ ܝܕ ܝܡܐ. |
| 2 | ܘܟܘܠܗ | ܘܟܠܗ | ܘܟܠܗ |
| 3 | ܘܡܡܠܠ * * ܘܐܡܪ ܗܘܐ<br>ܙܪܘܥܐ. | ܘܡܠܠ * * ܘܐܡܪ. | ܡܡܠܠ * * ܘܐܡܪ. |
| | | om. | om. |
| 4 | ܘܐܬܐ ܥܘܦܐ ܦܪܚܐ ܠܡܐܟܠܗ | ܘܐܬܐ ܦܪܚܬܐ ܕܫܡܝܐ ܘܐܟܠܬܗ. | ܘܐܬܐ ܦܪܚܬܐ ܘܐܟܠܬܗ. |
| 5 | ܘܐܚܪܢ ܕܢܦܠ * * ܘܡܛܠ<br>ܕܠܝܬ ܗܘܐ ܥܘܡܩܐ ܠܐܪܥܐ<br>ܡܚܕܐ ܒܪ ܫܥܬܗ ܝܥܐ | ܐܚܪܢܐ ܕܝܢ ܢܦܠ * * ܕܠܝܬ ܗܘܐ<br>ܠܐܪܥܐ ܣܓܝܐܐ. ܘܒܪ ܫܥܬܗ<br>ܝܥܐ. ܡܛܠ ܕܠܝܬ<br>ܥܘܡܩܐ ܕܐܪܥܐ ܣܓܝܐܐ. | ܘܐܚܪܢܐ ܢܦܠ * * ܐܝܟܐ ܕܠܝܬ<br>ܗܘܐ ܐܪܥܐ ܣܓܝܐܐ. ܘܒܪ<br>ܫܥܬܗ ܝܥܐ. |
| 6 | ܚܡ ܘܡܛܠ ܕܠܐ ܐܝܬ ܠܗ ܥܩܪܐ<br>ܝܒܫ | ܚܡܬܗ. ܘܡܛܠ ܕܠܐ ܐܝܬܘܗܝ<br>ܥܩܪܐ ܒܐܪܥܐ ܝܒܫܬ. | ܚܡ. ܘܡܛܠ ܕܠܝܬ ܗܘܐ<br>ܠܗ ܥܩܪܐ ܝܒܫ. |
| 7 | ܘܐܚܪܢ ܢܦܠ * * ܘܣܠܩ * *<br>ܘܚܢܩܘܗܝ | ܐܚܪܢܐ ܢܦܠܬ * * ܘܣܠܩܘ * *<br>ܘܚܢܩܘܗ. | ܘܐܚܪܢܐ ܢܦܠ * * ܘܣܠܩܘ * *<br>ܘܚܢܩܘܗܝ. |
| 8 | ܘܐܚܪܢ ܕܝܢ ܢܦܠ * * ܘܝܗܒ | ܘܐܚܪܢܐ ܕܝܢ ܢܦܠܬ * * ܘܝܗܒܬ | ܘܐܚܪܢܐ ܢܦܠ * * ܘܝܗܒ |
| | om. | ܦܐܪܐ ܘܝܗܒܐ. | om. |

[1] 40. ܪ̈ܘܚܝܢ.  [2] 40. ܟܠ ܐܢܫ.

| XIII. | Lewisianus | Curetonianus | Peshitto |
|---|---|---|---|
| 9 | ܟܠ ܕܐܝܬ ܠܗ ܐܕܢܐ ܢܫܡܥ | ܟܘܠ ܕܐܝܬ ܠܗ ܐܕ̈ܢܐ ܠܡܫܡܥ ܢܫܡܥ | ܡܢ ܕܐܝܬ ܠܗ ܐܕ̈ܢܐ ܕܢܫܡܥ ܢܫܡܥ. |
| 10 | ܡܢܐ ܗܘ ܕܒܡܬܠܐ | ܠܡܢܐ ܒ̈ܡܬܠܐ | ܠܡܢܐ ܒܡܬܠܐ |
| 11 | ܗܘ ܕܝܢ * * ܥܢܐ ܘܐܡܪ | ܘܗܘ * * ܥܢܐ | ܗܘ ܕܝܢ * * ܥܢܐ om. |
| | om. | ܕܫܡܝܐ. * * ܠܗܢܘܢ. (b) | ܕܫܡܝܐ. * * ܠܗܢܘܢ om. |
| 12 | om. | ܠܗ (a) * * ܘܢܬܘܣܦ ܠܗ. | ܠܗ (a) * * ܘܢܬܝܬܪ ܠܗ. |
| | ܘܐܦ ܗܘ | ܐܦ ܗܘ | ܘܐܦ ܗܿܘ[1] |
| 14 | ܕܐܬܡܠܝ ܒܗܘܢ * * ܡܫܡܥܐ | ܘܐܬܡܠܝ * * ܕܫܡܥܝܢ * * | ܘܡܫܬܠܡܐ ܒܗܘܢ * * ܕܡܫܡܥܐ |
| | * * ܘܡܚܙܐ | ܘܚܙܘܐ | * * ܘܡܚܙܐ |
| 15 | om. | ܘܢܬܦܢܘܢ ܘܐܣܐ ܐܢܘܢ. | ܘܢܬܦܢܘܢ ܘܐܣܐ ܐܢܘܢ. |
| | ⁝ ⁝ lin. interr. | punctum, lin. non interr. | punctum, lin. non interr. |
| 16 | ܛܘܒܝܗܝܢ (b) | ܘܛܘܒ | om. |
| 17 | ܠܡܚܙܐ * * ܕܐܢܬܘܢ ܚܙܝܢ * * | ܕܚܙܘ * * ܕܚܙܝܢ ܐܢܬܘܢ | ܕܚܙܘ * * ܕܚܙܝܢ ܐܢܬܘܢ * * |
| | ܕܐܢܬܘܢ ܫܡܥܝܢ | * * ܕܫܡܥܝܢ ܐܢܬܘܢ | ܕܫܡܥܝܢ ܐܢܬܘܢ |
| 18 | ܗܟܝܠ | ܕܝܢ | ܕܝܢ |
| 19 | ܗܢܘ | ܗܢܐ ܗܘ | ܗܿܢܘ ܗܘ |
| 20 | ܗܢܘ | ܗܢܐ ܗܘ | ܗܿܘ ܗܘ |
| | om. | ܡܣܪܗܒܐܝܬ | ܘܒܪ ܫܥܬܗ |
| 21 | ܡܬܟܫܠ (a) | ܘܡܬܟܫܠ (a) | om. |
| | ܒܗ (a) | om. | ܒܗ. |
| | ܩܐܡ * * ܙܒܢܐ | ܡܩܘܐ * * ܠܙܒܢܐ | ܗܿܘ: * * ܙܒܢܐ |
| 22 | ܗܢܘ * * ܘܛܘܥܝܝ * * ܘܗܢܘܢ | ܗܢܐ ܗܘ * * ܘܛܘܥܝܝ * * | ܗܿܘ ܗܘ * * ܘܛܘܥܝ̈ܝ * * |
| | ܚܢܩܝܢ * * ܦܐܪ̈ܐ | ܘܗܢܘܢ ܚܢܩܝܢ * * ܦܐܪܐ | ܚܢܩܝܢ * * ܦܐܪܐ |
| 23 | ܘܗܘܝܢ ܗܢܘ * * ܘܥܒܕ | ܘܗܢܘ | ܘܗܢܘ * * ܘܥܒܕ. |
| 24 | ܬܘܒ ܐܘܫܛ ܘܐܡܪ ܠܗܘܢ | ܐܚܪܢܐ ܕܝܢ ܡܬܠܐ ܐܘܫܛ | ܐܚܪܢܐ ܡܬܠܐ ܐܡܬܠ ܠܗܘܢ |
| | ܡܬܠܐ ܐܚܪܢܐ | ܘܐܡܪ ܠܗܘܢ. | ܘܐܡܪ. |
| 26 | om. | ܗܝܕܝܢ | ܗܝܕܝܢ |
| 27 | ܩܪܒܘ ܥܒܕܐ ܠܘܬ ܡܪܗܘܢ | ܘܩܪܒܘ ܥܒܕ̈ܘܗܝ ܕܡܪܐ | ܘܩܪܒܘ ܥܒܕ̈ܘܗܝ ܕܡܪܐ ܒܝܬܐ |
| | * * ܠܐ * * ܡܢ ܐܝܟܐ ܒܗ | ܒܝܬܐ * * ܠܐ ܗܘܐ * * ܐܝܟܐ | * * ܠܗ * * ܡܢ ܐܝܟܐ |
| | | ܐܝܬ ܒܗ | ܐܝܬ ܒܗ |
| 28 | om. | ܗܘ ܕܝܢ | ܗܘ ܕܝܢ |

[1] 40 om. ܘܐܦ, habet ܘܗܘ.

D

| XIII. | Lewisianus | Curetonianus | Peshitto |
|---|---|---|---|
| 28 | ܢܠܩܘܛ | ܢܠܩܛ | ܢܓܒܐ |
| 30 | om. | ܕܝܢ | om. |
| 31 | ܙܪܥܗ | ܘܙܪܥܗ | ܙܪܥܗ |
| 32 | ܘܙܥܘܪܐ ܗܝ ܡܢ ܟܠܗܘܢ<br>ܙܪܥܘܢܐ. * * ܡܢ ܟܠܗܘܢ | ܘܗܝ ܙܥܘܪܐ ܗܝ ܡܢ ܟܠܗܘܢ<br>ܙܪܥܘܢܐ. * * ܡܢ ܟܠܗܘܢ | ܘܗܝ ܙܥܘܪܐ ܗܝ ܡܢ ܟܠܗܘܢ<br>ܙܪܥܘܢܐ * * ܡܢ ܟܠܗܘܢ |
| | om. | ܕܝܪܩܐ | ܕܝܪܩܐ |
| | ⁖ lin. non interr. | ⊙ ○ ⊙ lin. interr. | ◆[1] lin. non interr. |
| 33 | ܕܢܣܒܬ ܐܢܬܬܐ ܛܡܫܬ ܒܬܠܬ<br>ܣܐܝܢ ܩܡܚܐ * * ܥܕܡܐ<br>ܚܡܝܪ | ܕܢܣܒܬ ܐܢܬܬܐ ܘܛܡܫܬܗ.<br>ܘܛܡܪܬ ܒܩܡܚܐ * * ܥܕܡܐ<br>ܚܡܝܥ | ܕܢܣܒܬ ܐܢܬܬܐ ܛܡܪܬ ܒܬܠܬ<br>ܣܐܝܢ ܕܩܡܚܐ: * * ܕܟܠܗ<br>ܚܡܥ |
| | lin. non interr. | ⊙ ○ ⊙ lin. interr. | ◆[2] lin. non interr. |
| 34 | ܒܡܬܠܐ ܒܦܠܐ̈ܬܐ | ܒܦܠܐ̈ܬܐ ܒܡܬ̈ܠܐ. | ܒܦܠܐ̈ܬܐ ܒܡܬ̈ܠܐ. |
| 35 | ܕܢܬܡܠܐ ܡܕܡ ܕܐܬܐܡܠܠ * *<br>ܦܬܚ * * ܘܐܡܪ: | ܘܡܫܠܡ ܡܠܬܐ ܕܐܬܐܡܪܬ * *<br>ܦܘܡܝ * * ܘܐܡܠܠ | ܕܢܬܡܠܐ ܡܕܡ ܕܐܬܐܡܪ * *<br>ܦܘܡܝ * * ܘܐܒܥ |
| 36 | om. | ܬܠܡܝܕܘܗܝ | ܠܘܬܗ |
| 38 | ܒܥܠܡܐ ܗܘ. ܘܙܪܥܐ | ܒܥܠܡܐ ܗܘ. ܗܘ ܕܝܢ ܙܪܥܐ | ܒܥܠܡܐ. ܙܪܥܐ ܕܝܢ |
| 39 | ܘܙܪܘܥܗܘܢ | ܘܙܪܘܥܐ | ܒܥܠܕܒܒܐ ܕܝܢ ܕܙܪܥ |
| | om. | ܗܘ * * ܐܝܬܘܗܝ. | om. |
| 41 | ܡܠܐܟܘܗܝ ܘܢܠܩܛܘܢ * *<br>ܟܠܗܘܢ ܟܫܠܐ ܘܟܠܗܘܢ<br>ܥܒ̈ܕܝ | ܠܡܠܐܟܘܗܝ. ܕܢܠܩܛܘܢ * *<br>ܟܠܗܘܢ ܬܘܩܠܬܐ. ܘܟܠܗܘܢ<br>ܐܝܠܝܢ ܕܥܒܕܝܢ | ܡܠܐܟ̈ܘܗܝ: ܘܢܠܩܛܘܢ * *<br>ܟܠܗܘܢ ܡܟܫܘܠܐ ܘܟܠܗܘܢ<br>ܥܒ̈ܕܝ |
| 43 | ܘܗܝܕܝܢ * * ܢܢܗܪܘܢ | ܗܝܕܝܢ * * ܢܙܗܪܘܢ | ܗܝܕܝܢ * * ܢܢܗܪܘܢ |
| | om. | ܐܝܟ ܫܡܫܐ | ܐܝܟ ܫܡܫܐ |
| | ܒܡܠܟܘܬܐ * * ܕܐܒܘܗܘܢ | ܒܡܠܟܘܬܗ * * ܠܐܒܘܗܘܢ | ܒܡܠܟܘܬܐ[3] * * ܕܐܒܘܗܘܢ |
| 44 | ܕܟܕ ܕܐܫܟܚܗ * * ܘܒܚܕܘܬܗ.<br>* * ܟܠ ܕܐܝܬ ܠܗ ܘܙܒܢ<br>ܠܗ ܠܚܩܠܐ ܗܘ | ܘܟܕ ܐܫܟܚܗ ܓܒܪܐ * * ܘܡܢ<br>ܚܕܘܬܗ * * ܟܠ ܡܕܡ<br>ܕܐܝܬ ܠܗ. ܘܙܒܢܗ ܠܗ<br>ܚܩܠܐ ܗܘ | ܗܘ ܕܐܫܟܚܗ ܓܒܪܐ * * ܘܡܢ<br>ܚܕܘܬܗ: * * ܟܠ ܕܐܝܬ ܠܗ<br>ܘܙܒܢܗ ܠܚܩܠܐ ܗܘ |
| 45 | om. | ܬܓܪܐ. | ܬܓܪܐ. |
| 46 | ܚܕܐ | om. | ܚܕܐ |
| | ܙܒܢ ܟܠ ܡܐ | ܘܙܒܢ ܟܠ ܡܕܡ | ܙܒܢ ܟܠ |

[1] 40 lin. interr. [2] 40 lin. interr. [3] 40. ܒܡܠܟܘܬܗ.

| | Lewisianus | Curetonianus | Peshitto |
|---|---|---|---|
| XIII. 46 | om. | ܘܐܬܐ | om. |
| 48 | ܟܕ ܡܠܐܘܗ ܕܝܢ ܣܚܒܘܗ | ܘܟܕ ܕܝܢ ܡܠܝܬ ܐܣܩܘܗ ܥܠ | ܘܟܕ ܡܠܝܬ: ܐܣܩܘܗ ܠܣܦܪܝܗ |
| | ܠܣܦܪܝܗ ** ܘܓܒܘ ܕܛܒܝܢ | ܣܦܪܝܗ ** ܘܐܠܩܛܘ ܕܛܒܝܢ | ** ܘܒܝܫܐ |
| 50 | lin. non interr. | ⊙ ○ ⊙ lin. interr. | ⬥ [1] lin. non interr. |
| 51 | om. | ܐܡܪ ܠܗܘܢ ܝܫܘܥ | ܐܡܪ ܠܗܘܢ ܝܫܘܥ |
| | | ܠܬܠܡܝܕܘܗܝ | |
| 52 | ܕܡܬܬܠܡܕ ܠܡܠܟܘܬܐ ܫܡܝܐ | ܕܡܬܬܠܡܕ ܠܡܠܟܘܬܐ | ܕܡܬܬܠܡܕ ܠܡܠܟܘܬܐ |
| | ** ܡܪܒܝܬܐ | ܕܫܡܝܐ. ** ܡܪܐ ܒܝܬܐ | · ܫܡܝܐ܂ ** ܡܪܐ ܒܝܬܐ: |
| | punctum, lin. non interr. | ⊙ ○ ⊙ lin. interr. | ⬥⬥ lin. interr. |
| 54 | om. | ܝܫܘܥ | om. |
| | ܐܝܟ ** ܘܐܡܪܝܢ ** ܗܕܐ | ܐܝܟܐ ** ܘܗܘܝ ܐܡܪܝܢ ** | ܐܝܟܐ ** ܘܢܐܡܪܘܢ. ** |
| | ܚܟܡܬܐ ܠܗ ܘܚܝܠܐ | ܚܟܡܬܐ ܗܕܐ ܘܚܝܠܐ ܗܢܐ. | ܚܟܡܬܐ ܗܕܐ ܘܚܝܠܐ. |
| 55 | om. | ܢܓܪܐ. | ܕܢܓܪܐ: |
| 56 | om. | ܐܚܝ. | ܐܚܝܢ. |
| | ܡܢ | om. | om. |
| 57 | ܝܫܘܥ ܕܝܢ ** ܐܠܐ | ܗܘ ܕܝܢ ܝܫܘܥ ** ܐܠܐ ܐܢ | ܗܘ ܕܝܢ ܝܫܘܥ ** ܐܠܐ ܐܢ |
| XIV. 1 | ܒܙܒܢܐ ܕܝܢ | ܒܗܘ ܕܝܢ ܙܒܢܐ | ܒܗܘ ܕܝܢ ܙܒܢܐ܂ |
| | ܪܝܫ ܪܘܒܥܐ | ܛܛܪܪܟܐ | ܛܛܪܪܟܐ |
| | lacuna | | |
| 2 | ܠܥܒܕܘܗܝ | ܗܘ ܠܥܒܕܘܗܝ | ܠܥܒܕܘܗܝ. |
| | ܗܘܝܘ ܝܘܚܢܢ | ܗܘ ܝܘܚܢܢ ܗܘܝܘ | ܗܘ ܕܝܢ [2] ܗܘܝܘ |
| 3 | om. | ܘܐܣܪܗ. | ܘܐܣܪܗ |
| | ܦܝܠܝܦܘܣ | ܦܝܠܝܦܘܣ | ܦܝܠܝܦܘܣ |
| 4 | ܠܡܣܒܗ. | ܕܬܗܘܐ ܠܟ ܐܢܬܬܐ. | ܕܬܗܘܐ (sic) ܠܟ ܐܢܬܬܐ. |
| 5 | om. | ܠܝܘܚܢܢ. | om. |
| | lin. non interr. | ⊙ ○ ⊙ lin. interr. | punctum, lin. non interr.[3] |
| 6 | om. | ܡܪܩܕܐ ܫܦܝܪܐ. ** ܠܗ | ܡܪܩܕ ܫܦܝܪܐ܂ ** ܠܗ |
| 7 | ܘܐܡܛܘܪܝ | ܡܛܠ ܗܕܐ ܐܡܛܘܪܝ | ܡܛܠ ܗܕܐ ** ܝܡܐ |
| | 8, 9 nonnullae lacunae | | |
| 10 | ܫܕܪ ** ܦܣܩ ܪܫܗ ܐܣܝܪܐ | ܦܣܩ ** ܪܫܗ ܐܣܝܪܐ. | ܦܣܩܘ ** ܪܫܗ ܐܣܝܪܐ. |
| 11 | ܠܗ | om. | om. |

[1] 40 lin. interr.

[2] 40. ܗܢܘ.

[3] 40 lin. interr.

| XIV. | Lewisianus | Curetonianus | Peshitto |
|---|---|---|---|
| 11 | om. | ܠܐܡܗ̇ | om. |
| 12 | ܘܫܩܠܘ ܬܠܡܝܕܘܗܝ ܫܠܕܗ ܘܩܒܪܘܗܝ | ܘܐܬܘ ܬܠܡܝܕܘܗܝ ܕܝܘܚܢܢ ܘܫܩܠܘ ܫܠܕܗ ܘܩܒܪܘܗܝ. | ܘܐܬܘ ܬܠܡܝܕܘܗܝ ܫܩܠܘ ܫܠܕܗ ܩܒܪܘܗܝ. |
| | lacuna | | |
| | ܚܘܝܘ | ܘܚܘܝܘ | ܚܘܝܘ |
| 13 | ܥܠ * * ܒܠܚܘܕܘܗܝ * * | ܥܠ ܠܗ * * ܒܠܚܘܕܝܗܘܢ. | ܥܠ * * ܒܠܚܘܕܘܗܝ. * * |
| | lacunae ܐܙܠܘ * * ܐܬܪܐ | om. * * ܐܙܠܘ * * | om. * * ܐܙܠܘ |
| | lacuna usque ad 15 | | |
| 15 | ܕܢܐܙܠܘܢ | ܘܢܐܙܠܘܢ | ܘܢܐܙܠܘܢ |
| 16 | ܐܡܪ * * ܠܡܐܟܠܗܘܢ | ܘܐܡܪ * * ܠܡܐܟܠ. | ܗܘ ܕܝܢ ܐܡܪ * * ܠܡܐܟܠ. |
| | 16, 17, 18 multae lacunae | | |
| 19 | ܕܢܣܬܡܟܘܢ ܥܠ ܥܣܒܐ * * | ܠܡܣܬܡܟܘ ܥܠ ܥܣܒܐ. | ܠܡܣܬܡܟܘ ܥܠ ܐܪܥܐ. * * |
| | ܠܗܘܢ ܚܡܫܐ * * | * * ܗܠܝܢ ܚܡܫܐ * * | ܗܢܘܢ ܚܡܫܐ * * ܘܗܒ ܠܗܘܢ |
| | ܘܠܬܠܡܝܕܘܗܝ | ܗܢܘܢ ܠܬܠܡܝܕܘܗܝ | ܠܬܠܡܝܕܐ |
| 20 | lacunae | | |
| | ܡܠܝܢ ܗܘܘ | ܟܕ ܡܠܝܢ. | ܟܕ ܡܠܝܢ. |
| | lacunae usque ad 23 | | |
| 23 | ܗܪܟܐ | ܗܪܟܐ ܠܗ | ܗܪܟܐ |
| | lacuna | | |
| 24 | lacunae | | |
| | ܡܬܢܚܦܐ * * ܘܐܬܢܚܦܬ ܡܢ ܓܠܐ | ܘܡܬܢܚܦܐ** ܘܡܬܕܢܚܐ ܗܘܐ | ܘܐܠܦܐ * * ܟܕ ܡܬܢܚܦܐ |
| | | om. | om. |
| 25 | lacunae | | |
| 26 | ܟܕ ܚܙܘ ܕܡܗܠܟ * * ܘܐܡܪܝܢ | ܘܟܕ ܚܙܐܘܗܝ ܬܠܡܝܕܘܗܝ ܕܡܗܠܟ * * ܐܡܪܝܢ ܗܘܘ | ܘܚܙܐܘܗܝ ܬܠܡܝܕܘܗܝ ܕܡܗܠܟ * * ܘܐܡܪܝܢ ܗܘܘ |
| 27 | ܘܡܚܕܐ ܡܠܠ ܥܡܗܘܢ ܘܐܡܪ ܠܗܘܢ | ܘܡܚܕܐ ܡܠܠ ܥܡܗܘܢ. ܐܬܠܒܒܘ | ܗܘ ܕܝܢ ܡܚܕܐ ܡܠܠ ܥܡܗܘܢ ܘܐܡܪ. ܐܬܠܒܒܘ: |
| 28 | ܟܐܦܐ ܥܢܐ ܘܐܡܪ ܠܗ * * ܐܦܣ ܕܐܬܐ | ܐܡܪ ܠܗ ܫܡܥܘܢ ܟܐܦܐ. ܡܪܝ * * ܐܦܣ ܠܝ ܐܬܐ | ܘܥܢܐ ܟܐܦܐ ܘܐܡܪ ܠܗ. ܡܪܝ: * * ܦܩܘܕ ܠܝ ܐܬܐ |
| 29 | ܗܘ ܕܝܢ | om. | ܡܚܕܐ ܕܝܢ |
| 30 | ܟܕ * * ܕܚܠ | ܘܟܕ * * ܕܚܠ ܗܘܐ. | ܘܟܕ * * ܕܚܠ. |
| 31 | ܡܚܕܐ ܦܫܛ ܐܝܕܗ * * ܐܚܕܗ ܘܡܟܣܐ ܗܘܐ | ܘܟܕ ܦܫܛ ܐܝܕܗ ܡܚܕܐ ܐܚܕܗ * * ܡܪܢ ܘܡܟܣܐ ܗܘܐ | ܘܟܕ ܦܫܛ ܐܝܕܗ ܐܚܕܗ * * ܡܪܢ ܘܡܟܣܐ ܗܘܐ |

| | LEWISIANUS | CURETONIANUS | PESHITTO |
|---|---|---|---|
| XIV. | | | |
| 31 | lacuna unius voc. | | |
| | ܣܠܩܘ * * ܘܫܠܝܬ | ܣܠܩ * * ܫܠܝܬ | ܣܠܩܘ * * ܫܠܝܬ |
| 33 | ܐܢܬ ܗܘ ܒܪܗ ܕܐܠܗܐ | ܒܪܗ ܐܢܬ ܕܐܠܗܐ. | ܒܪܗ ܐܢܬ ܕܐܠܗܐ. |
| | lin. interr. | lin. non interr. | lin. non interr.[1] |
| 34 | ܣܠܩܘ | ܣܠܩ | aliter |
| | ܐܬܘ | ܐܬܘ ܠܗܘܢ | ܘܐܬܘ |
| 35 | ܫܕܪܘ ܠܐܬܪܘܬܗܘܢ ܘܐܝܬܝܘ ܠܗ | ܘܫܕܪܘ ܠܟܠܗ ܟܘܪ ܕܚܕܪܝܗܘܢ. | ܘܫܕܪܘ ܠܟܠܗܝܢ ܩܘܪܝܐ |
| | * * ܟܪܝܗܝܢ ܗܘܘ | ܘܩܪܒܘ ܩܕܡܘܗܝ * * | ܕܚܕܪܝܗܘܢ. ܘܩܪܒܘ ܠܗ |
| | | ܟܪܝܗܝܢ. | * * ܟܪܝܗܝܢ. |
| 36 | ܒܟܢܦܐ ܕܡܪܛܘܛܗ ܕܠܒܘܫܗ | ܕܠܒܘܫܗ ܒܠܚܘܕܝܗ ܕܢܬܩܪܒܘܢ. | ܒܟܢܦܐ ܕܠܒܘܫܗ ܕܢܬܩܪܒܘܢ. |
| | ܘܟܠ ܐܝܠܝܢ ܕܩܪܒܝܢ | ܘܐܝܠܝܢ ܕܩܪܒܘ ܗܘܘ | ܘܐܝܠܝܢ ܕܩܪܒܘ ܐܬܐܣܝܘ |
| | ܗܘܘ ܚܝܝܢ ܗܘܘ | ܐܬܐܣܝܘ ܗܘܘ | |
| XV. 1 | ܩܪܒܘ ܠܗ ܡܢ ܐܘܪܫܠܡ | ܩܪܒܘ ܠܘܬܗ ܕܝܫܘܥ ܣܦܪܐ | ܩܪܒܘ ܠܘܬ ܝܫܘܥ ܦܪܝܫܐ |
| | ܣܦܪܐ ܘܦܪܝܫܐ | ܘܦܪܝܫܐ ܕܡܢ ܐܘܪܫܠܡ | ܘܣܦܪܐ ܕܡܢ ܐܘܪܫܠܡ[2] |
| 2 | om. | ܠܗ: | om. |
| 2, 3 | ܘܐܟܠܝܢ ܠܚܡܐ * * ܐܦ * * | ܡܐ ܕܐܟܠܝܢ ܠܚܡܐ. * * ܘܐܦ | ܡܐ ܕܐܟܠܝܢ ܠܚܡܐ. * * ܐܦ |
| | ܡܛܠ ܦܘܩܕܢܝܟܘܢ | * * ܡܛܠ ܕܐܫܠܡܬܘܢ | ** ܡܛܠ ܡܫܠܡܢܘܬܟܘܢ: |
| | | ܦܘܩܕܢܝܟܘܢ. | |
| 4 | ܘܠܐܡܗ ܡܘܬܐ ܢܡܘܬ. | ܐܘ ܠܐܡܗ ܢܬܩܛܠ. | ܘܠܐܡܗ ܡܘܬܐ ܢܡܘܬ. |
| 5 | ܕܡܢ ܕܢܐܡܪ ܠܐܒܘܗܝ ܘܠܐܡܗ | ܐܢܫ ܠܐܒܘܗܝ ܘܠܐܡܗ. ܩܘܪܒܢ | ܟܠ ܡܢ ܕܢܐܡܪ ܠܐܒܐ ܐܘ ܠܐܡܐ: |
| | ܩܘܪܒܢ ܠܝ ܬܬܗܢܐ | ܬܬܗܢܐ | ܩܘܪܒܢܝ ܡܕܡ ܕܬܬܗܢܐ |
| | ܘܗܘܐ ܠܐ ܠܐܒܘܗܝ ܘܠܐ ܠܐܡܗ | ܗܘܐ ܠܐ ܡܝܩܪ ܠܐܒܘܗܝ. | ܘܠܐ ܢܝܩܪ ܠܐܒܘܗܝ ܐܘ[3] ܠܐܡܗ. |
| | ܡܝܩܪ. | | |
| 7 | om. | ܕܐܬܢܒܝ | om. |
| 9 | ܡܠܦܝܢ * * ܕܒܢܝ ܐܢܫܐ ܀ | ܘܡܠܦܝܢ * * ܕܒܢܝܢܫܐ ܀ | ܟܕ ܡܠܦܝܢ * * ܕܒܢܝܢܫܐ.[4] |
| | lin. non interr. | lin. interr. | lin. non interr. |
| 11 | ܗܘ ܡܛܢܦ ܠܗ ܠܒܪ ܐܢܫܐ (b) | ܗܘ ܗܘ ܡܛܢܦ ܠܗ | ܗܘ ܗܘ ܡܛܢܦ ܠܒܪܢܫܐ.[5] (b) |
| | | ܠܒܪܢܫܐ. (b) | |
| 12 | ܝܕܥܬ | ܝܕܥ ܐܢܬ | ܝܕܥ ܐܢܬ |
| 13 | om. | ܠܗܘܢ. | ܠܗܘܢ. |
| | ܟܠ * * ܕܐܒܐ | ܟܘܠ * * ܕܐܒܝ | ܟܠ * * ܐܒܝ |

[1] 40 lin. interr.  [2] 40. ܐܘܪܫܠܡ.  [3] 40 om. ܐܘ, habet : ܘܠܐܡܗ.
[4] 40. ܕܒܢܝ ܐܢܫܐ.  [5] 40. ܠܒܪ ܐܢܫܐ.

| XV. | Lewisianus | Curetonianus | Peshitto |
|---|---|---|---|
| 14 | ܕܣܡܝܐ. | ܣܡܝܐ. | ܕܣܡܝܐ. |
| 17 | ܕܟܘܠ | ܕܟܠ | om. |
| 18 | ܘܡܕܡ ܕܡܢ ܠܒܐ ܢܦܩ ܡܢ<br>ܦܘܡܐ ܗܘ ܢܦܩ ܘܗܘ * *<br>ܠܒܪ ܐܢܫܐ | ܡܕܡ ܕܝܢ ܕܢܦܩ ܡܢ ܦܘܡܐ<br>ܡܢ ܠܒܐ ܗܘ ܢܦܩ. ܘܗܘ<br>ܗܘ * * ܠܒܪܢܫܐ. | ܡܕܡ ܕܝܢ ܕܡܢ ܦܘܡܐ ܢܦܩ<br>ܡܢ ܠܒܐ ܢܦܩ. ܘܗܘܝܘ<br>* * ܠܒܪܢܫܐ.[1] |
| 19 | ܘܕܓܘܕܦܬܐ | ܘܓܘܕܦܬܐ | ܓܘܕܦܐ |
| 20 | ܠܗ ܠܒܪ ܐܢܫܐ | ܠܒܪܢܫܐ. | ܠܒܪܢܫܐ.[2] |
| | ܒܪ ܐܢܫܐ lin. non interr. | ⊙ lin. interr. om. | :: lin. interr. om. |
| 22 | ` om. | ܚܙܐ | om. |
| | ܗܘܬ ܘܩܥܝܐ ܘܐܡܪܐ ܚܘܣ<br>* * ܡܢ ܫܐܕܐ | ܗܠܝܢ. ܘܩܥܝܐ ܗܘܬ ܘܐܡܪܐ.<br>ܐܬܪܚܡ * * ܡܢ ܐܝܕ ܫܐܕܐ. | ܗܢܘܢ:<br>in reliquo versu aliter |
| 23 | ܗܘ ܕܝܢ * * ܘܒܥܘ ܡܢܗ<br>ܘܐܡܪܝܢ | ܘܗܘ * * ܘܒܥܝܢ ܗܘܘ ܡܢܗ<br>ܘܐܡܪܝܢ ܗܘܘ ܠܗ | ܗܘ ܕܝܢ * * ܒܥܘ ܡܢܗ<br>ܘܐܡܪܝܢ. |
| 24 | ܠܘܬ * * ܕܛܥܝܢ * * ܐܝܣܪܐܝܠ | ܠܘܬ * * ܕܛܥܝ * * ܐܝܣܪܐܝܠ | ܠܘܬ * * ܕܛܥܘ * * ܡܝܣܪܐܝܠ. |
| 25 | ܗܝ ܕܝܢ | ܗܝܕܝܢ ܗܝ | ܗܝ ܕܝܢ |
| | ܠܘܬܗ (a) | ܠܗ (a) | ܠܗ |
| 26 | ܦܪܘܫ | ܘܠܡܪܡܝܘ | ܘܠܡܪܡܝܘ |
| 27 | om. | ܡܪܝ | om. |
| | om. | ܡܢ ܦܬܘܬܐ ܕܢܦܠܢ | ܡܢ ܦܬܘܬܐ ܕܢܦܠܢ |
| 28 | ܗܝܕܝܢ ܥܢܐ ܘܐܡܪ: * * ܕܝܫܘܥ.<br>ܘܡܢ ܗܝ ܫܥܬܐ ܐܬܐܣܝܬ<br>ܒܪܬܗ | ܘܥܢܐ ܘܐܡܪ ܠܗ. * * ܕܝܫܘܥ<br>ܐܢܬܝ. ܘܐܬܐܣܝܬ ܒܪܬܗ<br>ܡܢ ܗܝ ܫܥܬܐ | ܗܝܕܝܢ ܐܡܪ ܠܗ * * ܕܝܫܘܥ<br>ܐܢܬܝ. ܘܐܬܐܣܝܬ ܒܪܬܗ<br>ܡܢ ܗܝ ܫܥܬܐ |
| | lin. non interr. | ⊙ lin. interr. | ⬩ [3] lin. non interr. |
| 29 | ܘܫܢܝ ܠܗ ܡܢ ܬܡܢ ܝܫܘܥ<br>* * ܐܬ | ܘܫܢܝ ܝܫܘܥ ܡܢ ܬܡܢ. * *<br>ܐܬܐ | ܘܫܢܝ ܡܢ ܬܡܢ ܝܫܘܥ: * *<br>ܐܬܐ |
| 30 | ܘܩܪܒܘ ܠܗ ܟܢܫܐ ܣܓܝܐܐ<br>ܘܐܝܬ ܥܡܗܘܢ ܚܓܝܪܐ<br>ܘܡܟܘܪܐ ܘܣܡܝܐ ܘܚܪܫܐ<br>ܘܟܦܝܦܐ ܐܚܪܢܐ. ܘܪܡܘ<br>ܐܢܘܢ ܠܘܬ ܪܓܠܘܗܝ | ܘܩܪܒܘ ܠܗ ܟܢܫܐ ܣܓܝܐܐ.<br>ܟܕ ܐܝܬ ܗܘܐ ܥܡܗܘܢ<br>ܚܓܝܪܐ ܘܣܡܝܐ ܘܚܪܫܐ<br>ܘܟܦܝܦܐ. ܘܣܓܝܐܐ ܕܐܟܘܬ<br>ܐܚܪܢܐ. ܘܐܪܡܝܘ ܐܢܘܢ ܠܘܬ<br>ܪܓܠܘܗܝ. | ܘܩܪܒܘ ܠܘܬܗ ܟܢܫܐ ܣܓܝܐܐ.<br>ܕܐܝܬ ܗܘܘ ܥܡܗܘܢ ܚܓܝܪܐ<br>ܘܣܡܝܐ. ܘܚܪܫܐ ܘܟܦܝܦܐ.<br>ܘܐܚܪܢܐ ܣܓܝܐܐ. ܘܐܪܡܝܘ<br>ܐܢܘܢ ܠܘܬ ܪܓܠܘܗܝ |

[1] 40. ܠܒܪ ܐܢܫܐ.   [2] 40. ܠܒܪ ܐܢܫܐ.   [3] 40 lin. interr.

| | Lewisianus | Curetonianus | Peshitto |
|---|---|---|---|
| XV. 31 | ܕܚܙܝܢ * * ܕܐܝܣܪܐܝܠ | ܗܢܘܢ. ܟܕ ܚܙܝܢ ܗܘܘ * * ܕܐܝܣܪܐܝܠ. | ܗܢܘܢ: ܕܚܙܝܢ * * ܕܐܝܣܪܝܠ |
| | ✦ lin. non interr. | punctum, lin. non interr. | [1] ✦ ✦ lin. interr. |
| 32 | ܘܩܪܐ ܝܫܘܥ | ܗܘ ܕܝܢ ܝܫܘܥ ܩܪܐ | ܗܘ ܕܝܢ ܝܫܘܥ: ܩܪܐ |
| | om. | ܠܗܘܢ. | ܠܗܘܢ. |
| | ܘܩܘܝܢ ܠܘܬܝ**ܬܠܬܐ ܕܝܘܡܝܢ * * ܟܕ ܨܝܡܝܢ ܠܐ ܨܒܐ. | ܩܘܝܢ ܠܘܬܝ. * * ܬܠܬܐ ܝܘܡܝܢ. * * ܟܕ ܠܝܬ ܠܗܘܢ ܠܐ ܨܒܐ ܐܢܐ. | ܩܘܝܢ ܠܘܬܝ: * * ܬܠܬܐ ܕܝܘܡܝܢ. * * ܟܕ ܨ̈ܝܡܝܢ ܠܐ ܨܒܐ ܐܢܐ. |
| 33 | ܠܚܡܐ ܒܚܘܪܒܐ ܠܡܣܒܥܘ | ܒܐܬܪܐ ܚܘܪܒܐ ܠܚܡܐ ܠܡܣܒܥܘ | ܒܚܘܪܒܐ ܠܚܡܐ: ܕܢܣܒܥ |
| 34 | om. | ܠܗ | ܠܗ |
| | ܫܒܥ ܓܪ̈ܝܨܢ ܘܢܘܢܐ ܩܠܝܠ | ܫܒܥܐ ܠܚܡܝܢ. ܘܢܘܢܐ ܙܥܘܪܐ. | ܫܒܥܐ. ܘܩܠܝܠ ܢܘܢܐ ܙܥܘܪܐ. |
| 36 | ܘܢܣܒ ܠܗܠܝܢ ܫܒܥ ܓܪ̈ܝܨܢ ܘܢܘ̈ܢܐ. ܘܒܪܟ * * ܘܩܨܐ | ܘܢܣܒ ܠܫܒܥܐ ܠܚܡ̈ܝܢ ܘܢܘ̈ܢܐ. ܘܒܪܟ * * ܘܩܨܐ | ܘܢܣܒ[2] ܠܗܠܝܢ ܫܒܥܐ ܠܚܡ̈ܝܢ ܘܠܢܘ̈ܢܐ. ܘܒܪܟ * * ܘܩܨܐ[3] |
| 37 | ܘܟܠܗܘܢ * * ܝܬܝܪܘܬܐ ܕܩ̈ܨܝܐ ܫܒܥܐ ܐܣ̈ܦܪܝܕܝܢ | ܟܠܗܘܢ * * ܡܘܬܪܐ ܕܩ̈ܨܝܐ ܡܠܐ ܫܒܥܐ ܐܣ̈ܦܪܝܕܝܢ | ܟܠܗܘܢ * * ܝܬܝܪܘܬܐ ܕܩ̈ܨܝܐ ܡܠܐ ܫܒܥܐ ܐܣ̈ܦܪܝܕܝܢ: |
| 38 | ܗܘܝܢ ܗܘܘ ܕܝܢ ܐܝܟ ܕܐܟܠܘ | ܘܗܘܝܢ ܗܘܘ ܐܝܟ ܐܠܦܝܢ ܕܐܟܠܘ | ܗܢܘܢ ܕܝܢ ܕܐܟܠܘ ܗܘܝܢ ܗܘܘ |
| | om. | ܓܒܪܝܢ. | ܓܒܪ̈ܐ.[4] |
| | ܢܫܐ ܘܛܠܝܐ lin. non interr. | ܛܠܝܐ ܘܢܫܐ. ⊙ ○ ⊙ lin. interr. | ܢܫܐ ܘܛܠܝ̈ܐ. lin. non interr. |
| 39 | ܕܡܓܕܘ lin. interr. | ܕܡܓܕܘ.. lin. non interr. | ܕܡܓܕܘ ✦ ✦ lin. interr. |
| XVI. 1 | ܡܢܣܝܢ | ܘܡܢܣܝܢ ܗܘܘ | ܡܢܣܝܢ |
| 2 | ܗܘ ܘܐܡܪ | ܐܡܪ ܠܗܘܢ. | ܗܘ ܘܐܡܪ ܠܗܘܢ. |
| 5 | ܕܢܣܒܘܢ ܠܚܡܗܘܢ | ܕܢܣܒܘܢ ܠܗܘܢ | ܕܢܣܒܘܢ ܠܚܡܗܘܢ |
| 7 | ܗܝܕܝܢ * * ܠܚܡܗܘܢ | ܘܗܢܘܢ * * ܠܗܘܢ | ܗܢܘܢ ܕܝܢ * * aliter |
| 8 | ܘܐܡܪ * * ܢܣܒܬܘܢ | ܘܐܡܪ ܠܗܘܢ. * * ܢܣܒܬܘܢ | ܘܐܡܪ ܠܗܘܢ. * * ܢܣܒܬܘܢ. |
| 9 | ܠܐ ܥܕܡܐ ܠܗܫܐ * * ܠܐ ܥܗܕܝܢ * * ܘܚܡܫܐ * * ܠܗܘܢ * * ܢܣܒܬܘܢ | ܥܕܡܐ ܠܗܫܐ ܠܐ * * ܘܠܐ ܥܗܕܝܢ ** ܐܦ ܠܚܡ̈ܫܐ ** ܡܢܗܘܢ * * ܢܣܒܬܘܢ | ܠܐ ܥܕܡܐ ܠܗܫܐ * * ܠܐ ܥܗܕܝܢ * * ܕܚܡܫܐ * * om. * * ܢܣܒܬܘܢ: |

---

[1] 40 lin. non interr. [2] 40. ܘܢܣܒ ܗܠܝܢ. [3] 40. ܩܨܐ. [4] 40. ܓܒܪܝܢ.

| | Lewisianus | Curetonianus | Peshitto |
|---|---|---|---|
| XVI. 10 | ܐܦܠܐ | ܘܐܦ ܠܐ | ܘܠܐ |
| | lacuna unius voc. | | |
| | ܐܪܒܥܐ * * ܕܐܠܦܝܢ * * ܘܟܡܐ ܣܦܝܪܝܢ ܢܣܒܬܘܢ ܡܢ ܦܪܣܬܘܢ | ܕܐܪܒܥܐ * * ܐܠܦܝܢ * * ܘܟܡܐ ܕܡܢ ܐܣܦܝܪܝܢ ܡܠܝܬܘܢ. | ܕܐܪܒܥܐ * * ܘܟܡܐ ܐܣܦܝܪܝܢ ܫܩܠܬܘܢ܀ |
| 11 | ܐܙܕܗܪܘ | ܕܐܙܕܗܪܘ | ܕܬܙܕܗܪܘܢ |
| 12 | ܡܢ ܚܡܝܪܐ ܐܡܪ ܠܡܙܕܗܪܘ ܐܠܐ ܡܢ ܡܘܠܦܢܗܘܢ | ܥܠ ܚܡܝܪܐ ܕܦܪ̈ܝܫܐ ܘܙܕܘܩܝܐ ܐܡܪ ܠܗܘܢ ܕܐܙܕܗܪܘ. ܐܠܐ ܡܢ ܡܘܠܦܢܗܘܢ | ܐܡܪ ܕܢܙܕܗܪܘܢ ܡܢ ܚܡܝܪܐ ܕܠܚܡܐ. ܐܠܐ ܡܢ ܡܘܠܦܢܐ |
| | punctum, lin. non interr. | ⊙ ○ ⊙ lin. interr. | ⁘ ⁘ lin. interr. |
| 13 | om. | ܕܝܢ | ܕܝܢ |
| | ܠܐܬܪܘܬܐ * * ܐܡܪܝܢ ܥܠܝ ܐܢܫܐ | ܠܐܬܪܐ * * ܐܡܪܝܢ ܐܢܫܐ ܥܠܝ ܕܐܝܬܝ. | ܠܐܬܪܐ * * ܐܡܪܝܢ ܥܠܝ ܐ̈ܢܫܐ ܕܐܝܬܝ |
| 14 | om. | ܬܠܡܝܕܘܗܝ. | om. |
| | ܘܐܚܪܢܐ * * ܕܚܕ ܡܢ ܢܒܝܐ | ܐܚܪܢܐ * * ܚܕ ܡܢ ܢܒܝܐ | ܐܚܪܢܐ. ܐܘ ܚܕ ܡܢ ܢܒܝܐ. |
| 15 | ܐܢܬܘܢ | ܘܐܢܬܘܢ | ܐܢܬܘܢ ܕܝܢ |
| | deest usque ad xvii. 11 ܡܕܡ | | |
| XVII. 12 | ܕܐܦ ܐܠܝܐ * * ܘܒܪܗ ܕܐܢܫܐ * * ܕܢܚܫ | ܕܐܠܝܐ * * ܗܟܢܐ ܐܦ ܒܪܗ ܕܐܢܫܐ * * ܕܢܚܫ܆ | ܕܗܐ ܐܠܝܐ * * ܗܟܢܐ ܐܦ ܒܪܗ ܕܐܢܫܐ * * ܕܢܚܫ |
| 13 | ܝܘܚܢܢ ܗܘ ܐܡܪ ܠܗܘܢ ܀ | ܝܘܚܢܢ ܗܘ ܡܥܡܕܢܐ ܐܡܪ ܠܗܘܢ ܗܘܐ. | ܝܘܚܢܢ ܡܥܡܕܢܐ ܐܡܪ ܠܗܘܢ |
| | lin. interr. | lin. non interr. | ⁘ ⁘ lin. interr. |
| 14 | ܢܦܠ | ܘܢܦܠ | ܘܒܪܟ |
| 15 | ܘܐܡܪ ܐܬܪܚܡ ܥܠܝ ܒܪܝ ܕܗܐ ܦܠܓܐ ܒܝܫܐ ܒܠܒܘܗܝ ܘܡܫܬܢܩ ܥܒܝܕ ܘܟܡܐ ܙܒܢܝܢ ܓܝܪ | ܘܒܥܐ ܗܘܐ ܡܢܗ ܘܐܡܪ ܠܗ. ܡܪܝ ܐܬܪܚܡ ܥܠܝ. ܒܪܝ ܒܪ ܐܓܪܐ ܐܝܬ ܠܗ. ܘܒܝܫܐܝܬ ܡܫܬܢܩ. ܟܡܐ ܓܝܪ ܙܒܢܝܢ | ܘܐܡܪ ܠܗ. ܡܪܝ܆ ܐܬܪܚܡ ܥܠܝ. ܒܪܝ ܕܐܝܬ ܠܗ ܒܪ ܐܓܪܐ ܘܒܝܫܐܝܬ ܥܒܝܕ. ܟܡܐ ܓܝܪ ܙܒܢܝܢ |
| 16 | ܐܝܬܝܬܗ | ܐܝܬܝܬ | ܐܝܬܝܬܗ |
| 17 | ܘܐܡܪ ܐܘ * * ܥܘܩܡܬܐ | ܘܐܡܪ ܠܗܘܢ. ܐܘ * * ܥܩܡܬܐ. | ܘܐܡܪ. ܐܘ * * ܥܩܡܬܐ. |
| 18 | ܘܟܐܐ * * ܗܘ ܫܐܕܐ | ܘܓܥܪ * * ܫܐܕܐ ܗܘ. | ܘܟܐܐ * * ܫܐܕܐ |
| 19 | ܩܪܒܘ ܬܠܡܝܕܘܗܝ ܒܠܚܘܕܝܗܘܢ ܠܘܬܗ. ܘܐܡܪܝܢ ܠܡܢܐ | ܩܪܒܘ ܠܘܬ ܝܫܘܥ ܬܠܡܝܕܘܗܝ ܘܐܡܪܝܢ ܠܗ | ܩܪܒܘ ܬܠܡܝܕܐ. ܠܘܬ ܝܫܘܥ ܒܠܚܘܕܝܗܘܢ ܘܐܡܪܘ ܠܗ. |

| | LEWISIANUS | CURETONIANUS | PESHITTO |
|---|---|---|---|
| XVII. 19 | ܠܐ ܐܫܟܚܢ ܐܢܚܢ | ܒܝܚܝܕܝ ܘܐܡܪܘ ܠܗ. ܠܡܢܐ ܚܢܢ | ܠܡܢܐ ܚܢܢ ܠܐ ܐܫܟܚܢ |
| | ܠܡܐܣܝܘܬܗ· | ܠܐ ܐܫܟܚܢ ܠܡܐܣܝܘܬܗ. | ܠܡܐܣܝܘܬܗ. |
| 20 | ܕܠܟܡ ܠܗܘܢ ܡܛܠ ܗܝܡܢܘܬܐ. * * | ܡܛܠ ܙܥܘܪ ܗܝܡܢܘܬܟܘܢ. * * | ܠܐ ܗܝܡܢܘܬܟܘܢ. * * ܐܢ ܬܗܘܐ |
| | ܕܐܠܘ ܐܝܬ ܗܘܬ ܒܟܘܢ * * | ܕܐܢ ܗܘ ܕܬܗܘܐ ܒܟܘܢ * * | ܒܟܘܢ * * ܬܐܡܪܘܢ * * ܕܬܫܢܐ |
| | ܐܡܪܬܘܢ ܕܝܢ * * ܕܐܫܬܢܐ * * | ܬܐܡܪܘܢ * * ܕܬܫܢܐ ܡܢ ܗܪܟܐ | ܡܟܐ * * ܠܐ ܢܫܬܟܚܟܘܢ. |
| | ܠܐ ܢܫܬܟܚܟܘܢ | * * ܠܐ ܢܫܬܟܚܟܘܢ ◎ ○ ◎ | lin. non interr. |
| | lin. non interr. | lin. interr. | |
| 22 | om. | ܕܝܢ | ܕܝܢ |
| 23 | ܘܡܢ ܒܬܪ ܬܠܬܐ ܝܘܡܝܢ | ܘܒܝܘܡܐ ܕܬܠܬܐ ܢܩܘܡ. | ܘܒܝܘܡܐ ܕܬܠܬܐ ܢܩܘܡ. |
| | ܢܩܘܡ | | |
| | lin. non interr. | ◎ ◎ lin. interr. | punctum, lin. non interr.[1] |
| 24 | ܐܬܘ ܘܐܡܪܝܢ ܠܫܡܥܘܢ | ܬܒܥܝ ܬܒܥܝ ܐܣܬܪܝܢ ܠܘܬ | ܬܒܥܝ ܬܒܥܝ ܐܣܬܪܝܢ ܕܡܟܣ ܦܫܐ[2] |
| | | ܫܡܥܘܢ. ܘܐܡܪܝܢ ܠܗ | ܠܘܬ ܟܐܦܐ ܘܐܡܪܘ ܠܗ. |
| | om. | ܬܒܥܝ | ܬܒܥܝ |
| 25 | ܐܡܪ * * ܟܠܐ ܠܫܡܥܘܢ * * | ܘܐܡܪ ܫܡܥܘܢ * * ܟܠܗ | ܐܡܪ * * ܟܠܐ ܟܐܦܐ ܠܫܡܥܘܢ: |
| | ܡܠܟܐ | ܠܫܠܡܐ * * ܡܫܬܐܠܐ | * * ܡܫܬܐܠܐ |
| 26 | om. | ܫܡܥܘܢ | ܫܡܥܘܢ. |
| 27 | ܐܠܐ ܐܙܠ ܨܢܪܐ ܒܝܡܐ * * | ܐܠܐ ܠܝܡܐ ܘܐܙܠ ܨܢܪܐ. * * | ܐܠܐ ܠܝܡܐ ܘܐܙܠ ܒܠܘܒܐ. |
| | ܗܒ ܠܗܘܢ | ܗܒܝܘ ܘܗܒܝܘ | * * ܗܒ ܘܗܒ[3] |
| | punctum, lin. non interr. | ◎ ○ ◎ lin. interr. | ✦ lin. interr. |
| XVIII. 1 | ܒܗܝ ܫܥܬܐ ܩܪܒܘ * * ܐܡܪܝܢ | ܘܒܗܝ ܫܥܬܐ ܩܪܒܘ ܗܘܘ * * | ܒܗܝ ܫܥܬܐ: ܩܪܒܘ * * ܠܘܬ |
| | | ܕܫܐܠܝܢ ܘܐܡܪܝܢ | ܝܫܘܥ ܘܐܡܪܝܢ. |
| 2 | ܩܪܐ * * ܛܠܝܐ | ܘܩܪܐ * * ܠܛܠܝܐ | ܘܩܪܐ * * ܛܠܝܐ: |
| 3 | ܕܐܠܐ * * ܬܗܘܘܢ ܐܝܟ ܛܠܝܐ. | ܕܐܢ ܠܐ * * ܘܬܗܘܘܢ ܐܝܟ ܚܕ | ܕܐܢ[4] ܠܐ * * ܘܬܗܘܘܢ ܐܝܟ |
| | | ܡܢ ܗܠܝܢ ܛܠܝܐ. | ܛܠܝܐ: |
| 4 | ܕܢܡܟ * * ܛܠܝܐ ܗܢܐ ܗܘ | ܕܢܡܟܟ * * ܗܢܐ ܛܠܝܐ ܗܘ ܪܒ | ܕܢܡܟܟ[5] * * ܗܢܐ ܛܠܝܐ: |
| | ܢܗܘܐ ܪܒ | | ܗܘ ܢܗܘܐ ܪܒ |
| 6 | ܘܟܠ | ܘܟܘܠ | ܘܟܠ |
| | om. | ܐܝܠܝܢ | om. |
| | ܙܥܘܪܐ * * ܕܒܗܝܡܢܘܬܐ ܕܡܫܝܚܐ ·ܘ· | ܠܚܕܐ * * ܕܒܗܝܡܢܘܬܗ | ܠܚܕܐ * * ܕܒܗܝܡܢܘܬܗ |
| | lin. interr. | lin. non interr. ܕܡܫܝܚܐ. | lin. non interr.[6] ✦ ܕܡܫܝܚܐ |

[1] 40 lin. interr. [2] 40. ܦܫܐ. [3] 40. ܗܒܘ. [4] 40. ܕܐܠܐ. [5] 40. ܕܢܡܟ.
[6] 40 lin. interr.

| | LEWISIANUS | CURETONIANUS | PESHITTO |
|---|---|---|---|
| XVIII. 7 | ܠܗ ܠܥܠܡܐ * * ܕܥܬܝܕܝܢ<br>ܐܢܘܢ ܓܝܪ | ܠܥܠܡܐ * * ܐܢܢܩܐ ܗܘ ܓܝܪ | ܠܥܠܡܐ * * ܐܢܢܩܐ ܓܝܪ |
| | om. | ܡܟܫܘܠܐ. (c) | ܡܟܫܘ̈ܠܐ. (c) |
| 8 | ܐܢ [1] (b) | om. | om. |
| | ܣܪܝܩ * * ܐܘ ܠܬܪ̈ܬܝܢ ܩ̈ܛܝܥܢ<br>ܘܠܡܦܠ ܒܢܘܪܐ ܕܠܥܠܡ. | ܦܣܝܩ ܐܝܕܐ. * * ܘܠܬܪ̈ܬܝܢ<br>ܩ̈ܛܝܥܢ ܠܡܦܠ ܒܓܗܢܐ<br>ܕܢܘܪܐ. | ܦܣܝܩ: * * in hoc loco ܐܘ<br>ܠܬܪ̈ܬܝܢ ܩ̈ܛܝܥܢ: ܠܡܦܠ<br>ܒܢܘܪܐ ܕܠܥܠܡ. |
| 9 | ܐܢ ܥܝܢܟ * * ܣܡܝܐ<br>ܓܝܪ | ܘܐܢ ܗܘ ܕܥܝܢܟ * * ܣܡܝ<br>om. | ܘܐܢ ܗܘ ܕܥܝܢܟ * * ܣܡܝܗ̇<br>om. |
| | om. | ܠܟ. (b) * * ܚܕܝܐ | ܠܟ * * ܒܚܕܐ |
| | ܕܬܐܙܠ | ܬܐܙܠ | ܬܥܘܠ |
| | lin. interr. | punctum, lin. non interr. | punctum, lin. non interr. |
| 10 | om.. | ܐܢܫ ܕܡܗܝܡܢܝܢ ܒܝ. * *<br>ܒܫܡܝܐ [2] (a) | om. |
| | ܐܦܘܗܝ | ܦܪܨܘܦܗ | ܦܪܨܘܦܗ |
| 11 | om. | ܘܐܬܐ ܒܪܗ ܕܐܢܫܐ ܕܢܚܐ ܗܘ<br>ܡܕܡ ܕܐܒܝܕ ܗܘܐ ○ ○ ○<br>lin. interr. | ܐܬܐ ܓܝܪ ܒܪܗ ܕܐܢܫܐ: ܕܢܚܐ<br>ܡܕܡ ܕܐܒܝܕ ܗܘܐ.<br>lin. non interr. |
| 12 | ܐܡܢܐ * * ܢܗܘܝܢ ܠܓܒܪܐ ܡܐܐ<br>ܥܢܐ ܘܛܥܬ ܚܕܐ ܡܢܗܝܢ ܘܠܐ<br>* * ܘܐܙܠ * * ܒܥܐ ܕܛܥܬ | ܐܡܢܐ ܕܝܢ * * ܢܗܘܘܢ ܠܐܢܫ<br>ܡܐܐ ܥܪ̈ܒܝܢ ܘܛܥܐ ܚܕ<br>ܡܢܗܘܢ. ܠܐ * * ܘܐܙܠ * *<br>ܒܥܐ ܕܛܥܐ. | ܡܢܐ * * ܢܗܘܘܢ ܠܐܢܫ ܡܐܐ<br>ܥܪ̈ܒܝܢ: ܘܛܥܐ ܚܕ<br>ܡܢܗܘܢ: ܠܐ * * ܘܐܙܠ * *<br>ܒܥܐ ܕܛܥܐ: |
| 13 | ܗܠܝܢ * * ܘܬܫܥ ܕܠܐ ܛܥܝ | ܗܘܝ * * ܘܬܫܥܐ ܐܚܪ̈ܢܝܢ ܕܠܐ<br>ܛܥܘ. | ܘܬܫܥܐ ܕܠܐ ܛܥܘ. * * om. |
| 14 | ܐܒܝ | ܐܒܘܟܘܢ | ܐܒܘܟܘܢ |
| 15 | ܢܣܟܠ | ܐܣܟܠ | ܐܣܟܠ [3] |
| | om. | ܒܠܚܘܕ. | ܒܠܚܘܕ: |
| | ܝܬܪܬ | ܩܢܬ | ܝܬܪܬ |
| 16 | ܐܢ ܕܝܢ | ܘܐܢ | ܘܐܢ |
| 17 | ܒܥܕܬܐ (bis) * * ܢܫܡܥ | ܒܥܕܬܐ (bis) * * ܢܗܘܐ ܫܡܥ | ܒܥܕܬܐ (bis) * * ܢܗܘܐ |
| 18 | ܡܕܡ | ܕܟܠ ܡܐ | ܕܟܠ ܡܐ |

[1] Dicit F. C. B. vocabulum e MS. ablutum videri.

[2] 40 habet (a) ܒܫܡܝܐ.

[3] 40. ܢܣܟܠ.

| XVIII. | Lewisianus | Curetonianus | Peshitto |
|---|---|---|---|
| 19 | om. | ܕܐܢ ܬܪ̈ܝܢ ܡܢܟܘܢ | ܕܐܢ ܬܪܝܢ ܡܢܟܘܢ |
| | ܥܠ ܐܪܥܐ ܥܠ ܟܘܠ ܨܒܘ ܡܕܡ | ܒܐܪܥܐ ܥܠ ܟܠ ܡܐ | ܒܐܪܥܐ ܥܠ ܟܠ ܨܒܘ |
| 20 | ܒܟܠ ܓܝܪ ܬܪ̈ܝܢ ܐܘ ܬܠܬܐ ܕܟܢܝܫܝܢ ܒܫܡܝ. ܕܠܐ ܐܢܐ ܒܝܢܬܗܘܢ | ܐܝܟܐ ܓܝܪ ܕܟܢܝܫܝܢ ܬܪ̈ܝܢ ܐܘ ܬܠܬܐ ܒܫܡܝ. ܬܡܢ ܐܢܐ ܒܝܢܬܗܘܢ | ܐܝܟܐ ܓܝܪ ܕܬܪܝܢ ܐܘ ܬܠܬܐ ܟܢܝܫܝܢ ܒܫܡܝ܆ ܬܡܢ ܐܢܐ ܒܝܢܬܗܘܢ. |
| 21 | om. | ܠܘܬܗ * * ܠܗ. | ܠܘܬܗ * * ܠܗ.[1] |
| | ܐܢ ܢܣܟܠ | ܐܢ ܗܘ ܕܢܣܟܠ | ܐܢ ܐܣܟܠ[2] |
| | om. | ܐܚ̈ܝ. (b) | ܐܚ̈ܝ܆ (b) |
| 22 | ܐܚܝ | om. | ܐܚ̈ܝ |
| 23 | ܚܫܒܢܐ | ܚܘܫܒܢܐ | ܚܘܫܒܢܐ |
| 24 | om. | ܚܘܫܒܢܐ. | om. |
| | ܩܪܒܘ ܠܗ ܕܚܝܒ * * ܒܪܒܘ ܟܟܪ̈ܝܢ | ܩܪܒܘ ܩܕܡܘܗܝ ܚܕ ܥܒܕܘܗܝ ܕܚܝܒ * * ܪ̈ܒܘ ܟܟܪ̈ܝܢ. | ܩܪܒܘ ܠܗ ܚܕ ܕܚܝܒ ܪ̈ܒܘ ܟܟܪ̈ܝܢ. |
| 25 | ܕܢܙܕܒܢܘܢ ܠܗ ܘܠܐܢܬܬܗ ܘܠܒܢܘܗܝ * * ܟܠ ܡܕܡ ܕܐܝܬ ܠܗ | ܕܢܙܕܒܢ ܗܘ ܘܐܢܬܬܗ ܘܒܢܘܗܝ. * * ܘܟܠ ܕܐܝܬ ܠܗ. | ܕܢܙܕܒܢ ܗܘ ܘܐܢܬܬܗ ܘܒܢ̈ܘܗܝ܆ ܘܟܠ ܡܕܡ ܕܐܝܬ ܠܗ |
| 26 | ܢܦܠ | ܘܢܦܠ | ܘܢܦܠ |
| | ܘܡܬܟܫܦ ܐܦܪܥܟ | ܘܟܠ ܡܕܡ ܦܪܥ ܐܢܐ ܠܟ. | ܘܟܠ ܡܕܡ ܦܪܥ ܐܢܐ ܠܟ. |
| 27 | ܐܬܪܚܡ * * ܘܐܦ | ܘܐܬܪܚܡ * * ܡܪܗ * * ܐܦ | ܘܐܬܪܚܡ ܡܪܗ |
| 28 | ܢܦܩ ܗܘ ܥܒܕܐ * * ܚܕ ܡܢ ܟܢܘ̈ܬܗ * * ܘܐܡܪ ܗܒ ܠܝ ܡܐ | ܘܢܦܩ ܥܒܕܐ ܗܘ * * ܠܚܕ ܡܢ ܟܢܘ̈ܬܗ. * * ܘܐܡܪ ܗܘܐ ܠܗ ܦܪܘܥܢܝ ܡܕܡ | ܢܦܩ ܕܝܢ ܥܒܕܐ ܗܘ܆ * * ܠܚܕ ܡܢ ܟܢܘ̈ܬܗ * * ܘܐܡܪ ܠܗ. ܗܒ ܠܝ ܡܕܡ |
| 29 | ܘܢܦܠ ܗܘܐ ܟܢܬܗ ܒܥܐ ܗܘܐ ܡܢܗ. ܘܐܡܪ * * ܦܪܓܝܠ | ܘܢܦܠ ܗܘ ܟܢܬܗ ܘܒܥܐ ܗܘܐ ܡܢܗ ܘܐܡܪ ܗܘܐ ܠܗ. * * ܦܪܥ ܐܢܐ. | ܘܢܦܠ ܗܘ ܟܢܬܗ ܥܠ ܪ̈ܓܠܘܗܝ ܒܥܐ ܡܢܗ ܘܐܡܪ.[3] * * ܦܪܥ[4] ܐܢܐ |
| 30 | om. | ܐܠܐ | ܐܠܐ |
| | ܕܢܦܪܘܥ ܡܐ | ܕܢܦܪܥܘܗܝ ܡܕܡ | ܕܢܬܠ ܠܗ ܡܐ |
| 31 | om. | ܟܢ. | ܟܢ. |
| | ܐܫܬܥܝܘ * * ܟܘܠ ܡܐ | ܘܚܘܘ * * ܟܠ ܡܕܡ | ܘܐܘܕܥܘ * * ܟܠ[5] ܡܐ |
| 32 | ܗܘ * * ܡܫܬܠ ܕܒܥܠܗ | ܗܘ * * ܡܫܬܠܛ ܕܒܥܠܗ | ܗܘ̇ * * ܕܒܥܠܗ |

[1] 40 om. [2] 40. ܢܣܟܠ. [3] 40 post ܘܐܡܪ addit ܠܗ.
[4] 40. ܘܦܪܥ, om. ܘܟܠ ܡܕܡ. [5] 40 om. ܡܐ.

| | LEWISIANUS | CURETONIANUS | PESHITTO |
|---|---|---|---|
| XVIII. 33 | om. | ܐܦ[1] ܐܢܬ | om. |
| 34 | ܟܠ ܕܚܝܒ. | ܟܠܗ ܚܘܒܬܗ. | ܟܠ ܡܕܡ ܕܚܝܒ ܠܗ. |
| 35 | ܠܒܟܘܢ | ܠܒܘܬܟܘܢ | ܠܒܟܘܢ |
| XIX. 1 | ܕܡܢ | ܡܢ | ܕܡܢ |
| 2 | ܘܐܬܘ | ܘܐܬܐ | ܘܐܬܘ |
| | om. | ܬܡܢ | ܬܡܢ. |
| 3 | ܠܗ ܬܡܢ * * ܘܐܡܪܝܢ ܕܐܢ ܫܠܝܛ * * ܥܠܬܐ | ܠܘܬܗ * * ܘܐܡܪܝܢ ܗܘܘ. ܕܐܢ ܗܘ ܕܫܠܝܛ * * ܥܠܬܐ | ܠܘܬܗ * * ܘܐܡܪܝܢ. ܐܢ ܫܠܝܛ * * ܥܠܬܐ |
| 4 | om. | ܡܢ ܒܪܫܝܬ | ܡܢ ܒܪܫܝܬ[2]:· |
| 5 | ܡܛܠܗܢܐ | ܘܐܡܪ ܕܡܛܠܗܢܐ | ܘܐܡܪ ܡܛܠܗܢܐ |
| 6 | om. | ܗܟܝܠ | ܗܟܝܠ |
| | ܒܪ ܐܢܫ | ܒܪܢܫܐ | ܒܪܢܫܐ[3] |
| 7 | ܡܢܘ ܕܡܘܫܐ ܦܩܕ | ܠܡܢܐ ܗܟܝܠ ܦܩܕ ܡܘܫܐ | ܠܡܢܐ ܗܟܝܠ ܡܘܫܐ ܦܩܕ: |
| 8 | ܩܫܝܘܬܐ ܕܠܒܟܘܢ * * om. | ܩܫܝܘܬ ܠܒܟܘܢ * * ܗܘܐ (b) | ܩܫܝܘܬ ܠܒܟܘܢ * * om. |
| 9 | ܕܢܣܒ * * ܐܚܪܬܐ | ܕܢܣܒ * * ܡܫܒܩܬܐ ܕܐܚܪܬܐ | ܕܢܣܒ * * ܐܚܪܬܐ |
| | om. | ܠܗ. | om. |
| 10 | ܥܠܬ ܓܒܪܐ | ܥܠܬܗ ܓܒܪܐ | ܥܠܬܗ ܓܒܪܐ |
| 11 | om. | ܡܠܬܐ. | ܗܘ |
| | om. | ܡܢ ܠܘܬ ܐܠܗܐ. | om. |
| 12 | ܐܝܬ (b) * * ܡܗܝܡܢܐ | ܘܐܝܬ (b) * * ܡܗܝܡܢܐ | ܘܐܝܬ (b) * * ܡܗܝܡܢܐ |
| | ܟܘܠܗܘܢ lacuna ܕܟܪܣܐ | ܡܢ ܕܟܪܣܐ ܕܐܡ | ܡܢ ܕܡܬܡܫܚ |
| 14 | om. | ܕܢܐܬܘܢ ܠܘܬܝ. | om. |
| 15 | om. | ܡܢ ܬܡܢ. | ܡܢ ܬܡܢ ◆ |
| 16 | ܕܛܒ | om. | ܕܛܒ |
| 17 | om. | ܡܫܐܠ * * ܐܠܗܐ. | ܗܘ * * ܐܠܗܐ. aliter vero, |
| | ܐܢ ܨܒܝܬ ܕܝܢ ܕܬܥܘܠ * * ܛܪ | ܐܢ ܨܒܐ ܐܢܬ ܕܝܢ ܕܬܥܘܠ ܠܚܝܐ * * ܛܪ | ܐܢ ܕܝܢ ܨܒܐ[4] ܐܢܬ ܕܬܥܘܠ ܠܚܝܐ * * ܛܪ |
| | lacuna | | |
| 18 | ܠܐ (b) | ܘܠܐ (b) | ܘܠܐ |
| | om. | ܘܠܐ ܬܓܘܪ. | ܘܠܐ ܬܓܘܪ. |
| 19 | ܘܐܝܩܪܝ | ܘܐܝܩܪ | ܘܐܝܩܪ |

[1] 40 habet. [2] 40. ܒܪܫܝܬ. [3] 40. ܒܪ ܐܢܫ. [4] 40. ܨܒܝܬ pro ܨܒܐ ܐܢܬ.

| | Lewisianus | Curetonianus | Peshitto |
|---|---|---|---|
| XIX. 20 | ܘܟܠܗܝܢ | ܟܠܗܝܢ | ܟܠܗܝܢ |
| | om. | ܡܢܐ ܬܘܒ ܚܣܝܪ ܐܢܐ. | ܡܢܐ ܚܣܝܪ ܐܢܐ. |
| 21 | ܐܢ ܨܒܐ ** ܕܬܗܘܐ ܡܫܡܠܝܐ ܐܢܬ ܠܟ | ܐܢ ܨܒܐ ܐܢܬ *.* ܡܫܠܡܐ | ܐܢ ܨܒܐ ܐܢܬ * * ܡܫܠܡܐ |
| | om. | ܘܬܐ ܒܬܪܝ | om. |
| | ܘܬܬܐ | ܘܬܐ | ܘܬܐ |
| 22 | ܟܕ * * ܗܘ ܥܠܝܡܐ | ܘܟܕ * * ܗܘ ܥܠܝܡܐ | om. * * ܗܘ ܥܠܝܡܐ |
| | ܡܛܠ ܕܒܥܠ ܢܟܣܐ ܗܘܐ ܣܓܝܐܐ | ܡܛܠ ܕܐܝܬ ܗܘܐ ܠܗ ܢܟܣܐ | ܐܝܬ ܗܘܐ ܠܗ ܓܝܪ ܢܟܣܐ |
| | ܛܒ lacuna | ܣܓܝܐܐ. | ܣܓܝܐܐ: |
| 23 | ܟܕ ܚܙܐ ܝܫܘܥ * * | ܝܫܘܥ ܕܝܢ * * | ܝܫܘܥ ܕܝܢ * * |
| | ܐܡܪ ܐܢܐ * * ܠܡܠܟܘܬܐ ܕܫܡܝܐ | ܐܡܪ ܐܢܐ ** ܠܡܠܟܘܬܗ ܕܫܡܝܐ. | ܐܡܪ ܐܢܐ ** ܠܡܠܟܘܬܗ ܕܫܡܝܐ. |
| 24 | ܐܡܪ ܐܢܐ * * ܕܢܥܘܠ | ܐܡܪ ܐܢܐ * * ܕܢܥܒܪ | ܐܡܪ ܐܢܐ * * ܠܡܥܠ[1] |
| 25 | ܘܟܕ ܫܡܥܘ ܕܝܢ ܬܠܡܝܕܐ<br>ܐܬܕܡܪܘ ܛܒ ܘܐܡܪܝܢ ܡܢ<br>* * ܠܡܚܐ | ܬܠܡܝܕܐ ܕܝܢ ܟܕ ܫܡܥܘ<br>ܬܡܝܗܝܢ ܗܘܘ ܠܚܕ ܘܬܡܝܗܝܢ<br>ܘܕܚܠܘ ܛܒ. ܘܐܡܪܝܢ<br>ܗܘܘ ܡܢܘ * * ܠܡܚܐ. | ܬܠܡܝܕܐ ܕܝܢ ܟܕ ܫܡܥܘ:<br>ܬܡܗܝܢ ܗܘܘ ܛܒ ܘܐܡܪܝܢ.<br>ܡܢܘ * * ܕܚܐ. |
| 26 | ܡܢ | ܟܠܗ | ܠܟܠ |
| 27 | ܐܢܚܢ ܫܒܩܢ ܠܟܠ ܡܕܡ | ܗܐ ܚܢܢ ܫܒܩܢ ܟܠ ܡܕܡ | ܗܐ ܚܢܢ ܫܒܩܢ ܟܠܡܕܡ[2] |
| 28 | ܠܗ * * ܒܥܠܡܐ * * ܐܦ * * | ܠܗܘܢ * * ܬܪܥܣܪ * * ܘܐܦ | ܠܗܘܢ * * ܬܪܥܣܪ[3] * * ܐܦ |
| | ܠܬܪ̈ܬܥܣܪ ** ܐܝܣܪܝܠ. | ** ܠܬܪ̈ܬܥܣܪ ** ܐܝܣܪܝܠ. | ܠܬܪ̈ܬܥܣܪ * * ܕܐܝܣܪܝܠ. |
| 29 | ܐܘ ܐܢܬܐ | ܘܐܢܬܐ. | ܐܘ ܐܢܬܐ |
| | om. | ܐܘ ܐܒܗܬܐ. * * ܕܝܠܗ. | ܐܘ ܐܒܗܬܐ |
| | ܚܕ ܒܡܐܐ ܢܣܒ ܘܢܐܪܬ ܚܝܐ<br>ܕܠܥܠܡ. | ܢܣܒ ܚܕ ܒܡܐܐ. ܘܒܥܠܡܐ<br>ܕܐܬܐ ܢܐܪܬ ܚܝܐ ܕܠܥܠܡ. | ܚܕ ܒܡܐܐ ܢܣܒ: ܘܚܝܐ<br>ܕܠܥܠܡ ܢܐܪܬ. |
| 30 | ܓܝܪ | ܕܝܢ | ܕܝܢ |
| XX. 1 | om. | ܕܝܢ | ܓܝܪ |
| | ܡܪܐ ܒܝܬܐ | ܡܪܐ ܒܝܬܐ. | ܡܪܐ ܒܝܬܐ |
| 2 | om. | ܥܡ ܦܥܠܐ. | ܥܡ ܦܥܠܐ |
| 3 | ܘܢܦܩ * * ܘܚܙܐ ܐܚܪܢܐ | ܟܕ ܢܦܩ * * ܘܚܙܐ ܐܚܪܢܐ. | ܘܢܦܩ * * ܘܚܙܐ ܐܚܪܢܐ. |
| 4 | ܐܡܪ * * ܐܦ * * ܘܡܕܡ ܕܙܕܩ | ܘܐܡܪ ** ܘܐܦ ** ܘܡܕܡ ܕܙܕܩ | ܘܐܡܪ * * ܐܦ * * ܘܡܕܡ ܕܙܕܩ |
| 5 | om. | ܘܐܙܠܘ. | ܗܢܘܢ ܕܝܢ ܐܙܠܘ. |
| | om. | (b) ܢܦܩ. | sed (a) omittitur, (b) ܢܦܩ: |

[1] 40. ܕܢܥܘܠ. [2] 40. ܟܠ ܡܕܡ. [3] 40. ܬܪܥܣܪ.

| | Lewisianus | Curetonianus | Peshitto |
|---|---|---|---|
| XX. 6 | ܘܚܙܐ * * ܕܩܝܡܝܢ ܐܡܪ | ܘܐܫܟܚ * * ܟܕ ܩܝܡܝܢ. ܘܐܡܪ | ܘܐܫܟܚ * * ܕܩܝܡܝܢ. * * ܘܐܡܪ |
| | ܠܗܘܢ | om. | om. |
| | ܘܒܛܠܝܢ ܟܘܠܗ ܝܘܡܐ | ܘܒܛܝܠܝܢ ܝܘܡܐ ܟܘܠܗ. | ܝܘܡܐ ܟܠܗ ܘܒܛܝܠܝܢ |
| 7 | ܠܐ ܐܢܫ ܐܓܪܢ | ܐܢܫ ܠܐ ܐܓܪܢ. | ܕܠܐ ܐܢܫ ܐܓܪܢ. |
| | ܕܡܢܗ | om. | om. |
| | om. lin. non interr. | ܘܐܡܪ ܕܐܦ ܐܢܬܘܢ ܠܟܪܡܝ. lin. non interr. | ܘܕܡܝܢ ܕܠܐ ܢܣܒܝܢ ܐܓܪܝܗܘܢ ✦ lin. non interr. |
| 8 | ܕܝܢ | om. | ܕܝܢ |
| | ܡܪܐ ܠܪܒܝܬܗ ܗܒ ܐܢܘܢ ܠܦܥܠܐ * * ܘܗܒ | ܡܪܐ ܟܪܡܐ ܠܪܒ ܒܝܬܗ. ܗܒ ܠܗܘܢ ܦܥܠܐ * * ܘܗܒܐ | ܡܪܐ ܟܪܡܐ ܠܪܒܝܬܗ.[1] ܗܒ ܠܦܥܠܐ[2] * * ܘܗܒܐ |
| 9 | ܘܟܕ ܐܬܘ ܗܢܘܢ * * ܕܚܕ ܕܚܕ | ܟܕ ܐܬܘ ܕܝܢ ܗܠܝܢ * * ܕܚܕܐ ܕܚܕܐ. | ܘܐܬܘ ܗܢܘܢ * * ܕܚܕ ܕܚܕ |
| 10 | ܕܚܕ ܕܚܕ | ܕܚܕܐ ܕܚܕܐ. | ܕܚܕ ܕܚܕ |
| 11 | ܟܕ ܣܒܘ ܕܝܢ ܪܛܢܝܢ ܥܠ ܡܪܒܝܬܐ | ܘܟܕ ܣܒܘ ܪܛܢܘ ܥܠ ܡܪܐ ܒܝܬܐ | ܘܟܕ ܢܣܒܘ. ܪܛܢܘ ܥܠ ܡܪܐ ܒܝܬܐ |
| 12 | om. | ܠܗ. | om. |
| | ܕܚܕܐ ܗܘ ܫܥܐ * * ܐܥܒܕܬ | ܚܕܐ ܫܥܐ * * ܘܐܥܒܕܬ | ܚܕܐ ܫܥܐ * * ܘܐܥܒܕܬ |
| | om. | ܥܡܗ | om. |
| | ܒܫܘܒܐ. | ܘܫܘܒܐ. | ܘܫܘܒܗ. |
| 13 | ܠܐ ܡܥܘܠ ܐܢܐ ܠܟ * * ܒܕܝܢܪ ܡܢܐ ܥܡܟ. | ܠܐ ܥܘܠܐ. * * ܒܕܝܢܪܐ ܡܢܐ ܥܡܟ. | ܠܐ ܡܥܘܠ ܐܢܐ ܠܟ. * * ܒܕܝܢܪ ܡܢܐ ܥܡܟ. |
| 14 | ܫܩܘܠ ܕܝܠܟ ܘܙܠ ܨܒܐ ܕܝܢ | ܗܒ ܕܝܠܟ ܘܙܠ. ܘܨܒܐ ܐܢܐ | ܫܩܘܠ ܕܝܠܟ ܘܙܠ. ܨܒܐ ܐܢܐ ܕܝܢ |
| 15 | ܒܕܝܠܝ ܕܐܥܒܕ ܡܐ | ܕܐܥܒܕ ܒܕܝܠܝ ܡܕܡ | ܘܡܕܡ ܕܨܒܐ ܐܢܐ ܐܥܒܕ ܒܕܝܠܝ. |
| | om. | ܕܨܒܐ | om. |
| 16 | om. | ܗܟܢܐ (b) ܥܡܝܪ[3] | om. |
| 17 | ܕܟܕ * * ܣܠܩ ܥܡܗ | ܕܟܕ ܗܘܐ * * ܣܠܩ ܥܡܗܘܢ. | ܘܕܟܕ * * ܣܠܩ ܥܡܗܘܢ |
| 18 | ܐܫܠܡ * * ܘܢܩܛܠܘܢ ܒܪܗ ܕܐܢܫܐ | ܫܠܡ * * ܘܒܪܗ ܕܐܢܫܐ ܡܫܬܠܡ | ܫܠܡ * * ܘܒܪܗ ܕܐܢܫܐ ܡܫܬܠܡ |
| 19 | ܠܥܡܡܐ | ܠܥܡܡܐ. | ܠܥܡܡܐ |
| 20 | ܠܗ | ܠܘܬܗ | ܠܗ |
| 21 | ܕܢܐܡܪܢ. * * ܗܠܝܢ | ܕܬܐܡܪ ܐܢܬ. * * ܗܠܝܢ | ܐܡܪܝ ܐܢܬ. * * ܗܠܝܢ |

[1] 40. ܠܪܒܝܬܗ. [2] 40. ܦܥܠܐ. [3] 40 habet ܥܡܝܪ.

| | LEWISIANUS | CURETONIANUS | PESHITTO |
|---|---|---|---|
| XX. | | | |
| 21 | om. | ܘܒܫܘܒܚܟ. | om. |
| 22 | ܠܗܘܢ | ܠܗܿ. | om. |
| | om. | ܗܢܐ | om. |
| 23 | ܟܣܝ[1] ܡܕܝܢ ܐܢܬܘܢ ܬܫܬܘܢ<br>ܕܝܢ ܡܢ ܝܡܝܢܝ ܘܡܢ<br>ܣܡܠܝ ܗܕܐ ܠܐ ܗܘܬ ܠܝ<br>ܕܐܬܠ ܠܟܘܢ ܐܠܐ ܠܐܝܠܝܢ<br>ܕܡܛܝܒ ܠܗܘܢ ܐܒܝ. | ܕܬܫܬܘܢ ܟܣܐ ܗܢܐ ܡܫܟܚܝܢ<br>ܐܢܬܘܢ. ܕܬܬܒܘܢ ܕܝܢ ܚܕ<br>ܡܢ ܝܡܝܢܝ ܘܚܕ ܡܢ<br>ܣܡܠܝ. ܗܕܐ ܠܐ ܗܘܬ ܕܝܠܝ<br>ܕܐܬܠ ܠܟܘܢ. ܐܠܐ ܠܐܝܠܝܢ<br>ܕܡܛܝܒ ܠܗܘܢ ܡܢ ܠܘܬ<br>ܐܒܝ. | ܟܣܝ ܬܫܬܘܢ. ܘܡܥܡܘܕܝܬܐ<br>ܕܐܢܐ ܥܡܕ ܐܢܐ ܬܥܡܕܘܢ.<br>ܕܬܬܒܘܢ ܕܝܢ ܡܢ ܝܡܝܢܝ<br>ܘܡܢ ܣܡܠܝ. ܠܐ ܗܘܬ<br>ܕܝܠܝ ܕܐܬܠ: ܐܠܐ ܠܐܝܠܝܢ<br>ܕܐܬܛܝܒܬ ܡܢ ܐܒܝ. |
| 24 | ܟܕ * * ܪܛܢܘ | ܘܟܕ * * ܪܛܢܘ | ܟܕ * * ܪܛܢܘ |
| | post ܐܚܝܢ deest usque ad xxi. 20 | | |
| XXI.20 | ܠܬܠܡܝܕܐ * * ܘܐܡܪܝܢ | ܠܬܠܡܝܕܘܗܝ * * ܘܐܡܪܝܢ ܗܘܘ | ܠܬܠܡܝܕܐ * * ܘܐܡܪܝܢ: |
| | ܗܝ. | ܗܕܐ. | om. |
| 21 | ܬܐܬܐ * * ܘܢܗܘܐ ܗܟܢܐ. | ܕܬܐܬܐ * * ܢܗܘܐ ܠܟܘܢ ܗܟܢܐ. | ܕܬܐܬܐ * * ܠܛܘܪܐ. |
| 22 | ܘܟܠ ܡܐ | ܘܟܘܠ ܡܕܡ | ܘܟܠ ܡܕܡ |
| 23 | om. | ܠܗ. (b) | ܠܗ. (b) |
| | ܐܡܪ ܠܗ | om. | om. |
| | ܘܡܢܘ | ܘܡܢ | ܘܡܢܘ |
| 24 | ܘܐܦ * * ܚܕܐ * * ܫܘܠܛܢܝܢ | ܐܦ * * ܗܕܐ * * ܫܘܠܛܢܐ | ܐܦ * * ܚܕܐ. * * ܫܘܠܛܢܐ |
| 25 | ܡܬܡܠܟܝܢ * * ܘܐܡܪܝܢ | ܡܬܚܫܒܝܢ * * ܘܐܡܪܝܢ ܗܘܘ. | ܡܬܚܫܒܝܢ * * ܘܐܡܪܝܢ. |
| | om. | ܠܗ | om. |
| 26 | ܟܠܗܘܢ ܓܝܪ | ܟܠܗܘܢ ܓܝܪ ܐܝܟ | ܟܠܗܘܢ ܓܝܪ |
| 27 | ܘܥܢܘ ܘܐܡܪܝܢ ܠܝܫܘܥ. | ܘܐܡܪܝܢ ܠܗ | ܘܥܢܘ[2] ܘܐܡܪܝܢ ܠܗ |
| | ܐܦ ܗܘ | ܝܫܘܥ. | ܝܫܘܥ. |
| | ܐܦܠܐ ܐܢܐ ܐܡܪܢܐ * * ܫܘܠܛܢܝܢ<br>ܒܥܒܕܐ ܗܠܝܢ<br>lin. non interr. | ܘܐܦ ܠܐ ܐܢܐ ܐܡܪ ܐܢܐ * *<br>ܫܘܠܛܢܐ ܥܒܕ ܐܢܐ<br>lin. interr. ⊙·⁘·⊙ ܗܠܝܢ | ܐܦ ܠܐ ܐܢܐ ܐܡܪ ܐܢܐ * *<br>ܫܘܠܛܢܐ ܗܠܝܢ ܥܒܕ ܐܢܐ܀<br>lin. interr. |
| 28 | ܕܝܢ (b) | om. | om. |
| | ܐܠܐ | ܐܠܐ | ܐܠܐ |

[1] ܟܣܝ in ܟܣܐ a librario mutatum est, ut notat F. C. B.

[2] 40. ܥܢܘ.

| XXI. | Lewisianus | Curetonianus | Peshitto |
|---|---|---|---|
| 28 | om. | ܝܘܡܢܐ | ܝܘܡܢܐ |
| 29 | ܨܒܐ ܘܒܬܘܝܬܐ | ܨܒܐ ܐܢܐ. ܐܬܬܘܝ ܕܝܢ | ܨܒܐ ܐܢܐ. ܒܬܘܝܬܐ ܕܝܢ |
| 31 | ܡܢܘ ܡܢ ܗܠܝܢ ܥܒܕ ܨܒܝܢܐ<br>ܕܐܒܘܗܝ. * * ܐܡܪܝܢ. * *<br>ܢܩܕܡܘܢܟܘܢ | ܡܢ ܡܢ ܗܠܝܢ ܬܪܝܢ ܡܫܬܡܥܢܐ<br>ܠܗܘܢ ܕܥܒܕ ܨܒܝܢܐ<br>ܕܐܒܘܗܝ. * * ܩܕܡܝܐ. * *<br>ܡܩܕܡܝܢ ܠܟܘܢ | ܡܢܘ ܡܢ ܗܠܝܢ ܬܪܝܗܘܢ<br>ܥܒܕ ܨܒܝܢܐ ܕܐܒܘܗܝ. * *<br>ܩܕܡܝܐ. * * ܡܩܕܡܝܢ ܠܟܘܢ |
| 32 | ܗܡܢܬܘܢ[1] ܠܗ. * * ܗܝܡܢܘܗܝ<br>* * ܟܕ ܚܙܝܬܘܢ ܒܐܚܪܬܐ<br>ܬܬܘܝܬܘܢ ܢܦܫܟܘܢ<br>ܕܬܗܡܢܘܢ[1] ܒܗ<br>lin. non interr. | ܗܝܡܢܬܘܢܝܗܝ. * * ܗܝܡܢܘܗ<br>ܒܗ. * * ܐܦ ܠܐ ܟܕ ܚܙܝܬܘܢ<br>ܬܬܘܝܬܘܢ ܢܦܫܟܘܢ ܐܚܪܝܬ<br>ܕܬܗܝܡܢܘܢܝܗܝ ⊙ ○ ⊙<br>lin. interr. | ܗܝܡܢܬܘܢܝܗܝ. * *<br>ܗܝܡܢܘܗܝ. * * ܐܦ ܠܐ ܟܕ<br>ܚܙܝܬܘܢ ܐܬܬܘܝܬܘܢ ܒܚܪܬܐ<br>ܕܬܗܝܡܢܘܢ ܒܗ[2] ◆<br>lin. non interr. |
| 33 | ܢܨܒ ܟܪܡܐ**ܘܚܦܪ**ܘܥܒܕ ܠܗ | ܢܨܒ ܟܪܡܐ * * ܚܦܪ * * ܘܐܣܝܓܗ | ܢܨܒ ܟܪܡܐ. ܘܚܦܪ * * ܘܐܣܝܓܗ |
| 34 | ܟܕ ܗܘܐ ܕܝܢ<br>ܡܢ | ܘܟܕ ܡܛܐ<br>om. | ܟܕ ܕܝܢ ܡܛܐ<br>ܡܢ |
| 35 | ܦܠܚܐ * * ܘܐܚܕܘ (a) * *<br>ܕܡܚܘܗܝ ܘܐܚܕ<br>ܕܢܓܕܘܗܝ | ܐܢܘܢ ܦܠܚܐ ܗܢܘܢ * * ܐܚܕ (a)<br>* * ܕܢܓܕܘܗܝ. ܘܐܚܕ<br>ܕܩܛܠܘܗܝ. | ܦܠܚܐ * * ܘܐܚܕ (a) * *<br>ܕܢܓܕܘܗܝ: ܘܐܚܕ<br>ܕܩܛܠܘܗܝ. |
| 36 | ܥܒܕܐ ܐܚܪܢܐ | ܥܒܕܘܗܝ ܣܓܝܐܐ | ܥܒܕܐ[3] ܐܚܪܢܐ |
| 37 | ܒܐܚܪܬܐ | ܒܚܪܬܐ | ܐܚܪܝܬ |
| 38 | ܦܠܚܐ ܕܝܢ * * ܐܡܪܝܢ * *<br>ܝܪܬܐ * * ܘܢܗܘܐ ܝܪܬܘܬܐ | ܗܢܘܢ ܕܝܢ ܦܠܚܐ * * ܐܡܪܘ<br>ܒܠܒܗܘܢ. * * ܝܪܬܗ * *<br>ܘܢܗܘܐ ܠܢ ܝܪܬܘܬܐ | ܦܠܚܐ ܕܝܢ * * ܐܡܪܘ<br>ܒܠܒܗܘܢ. * * ܝܪܬܐ aliter |
| 39 | ܘܐܚܕܘ ܐܦܩܘܗܝ | ܘܐܚܕܘܗܝ ܘܐܦܩܘܗܝ | ܘܐܚܕܘ ܐܦܩܘܗܝ |
| 40 | ܠܗܢܘܢ ܦܠܚܐ | ܠܗܢܘܢ ܠܦܠܚܐ ܗܠܝܢ. | ܠܦܠܚܐ ܗܢܘܢ. |
| 41 | ܢܠܠ<br>om. | ܢܘܒܕ<br>ܐܚܪܝܢ | ܢܘܒܕ<br>ܐܚܪܝܢ |
| 42 | om.<br>ܟܐܦ ܕܐܣܠܝܘ * * ܘܗܘܬ ܠܪܫ ܙܘܝܬܐ<br>ܗܝ ܒܢܝܢܐ | ܡܡܬܘܡ * * ܗܘ (a)<br>ܟܐܦܐ ܕܐܣܠܝܘ. * * ܘܗܝ ܗܘܬ<br>ܠܪܫ ܙܘܝܬܐ ܕܒܢܝܢܐ. | ܡܢ[4] ܡܬܘܡ<br>ܟܐܦܐ[5] ܕܐܣܠܝܘ: * * ܗܝ ܗܘܬ<br>ܠܪܫ ܙܘܝܬܐ ܒܢܝܢܐ. |
| 43 | ܐܡܪ ܐܢܐ * * ܕܢܬܠ ܦܐܪܐ | ܐܡܪ ܐܢܐ * * ܕܥܒܕ ܦܐܪܐ. | ܐܡܪ ܐܢܐ * * ܕܥܒܕ ܦܐܪܐ. |
| 44 | om. | ܟܠܡܢ ܕܢܦܠ ܥܠ ܗܝ ܟܐܦܐ | ܘܡܢ ܕܢܦܠ ܥܠ ܟܐܦܐ ܗܕܐ |

[1] ܗܡܢܬܘܢ et ܕܬܗܡܢܘܢ notat J. R. H. esse menda scribae pro ܗܝܡܢܬܘܢ et ܕܬܗܝܡܢܘܢ.
[2] 40 lin. interr. [3] 40. ܐܚܪܢܐ ܥܒܕܐ. [4] 40 om. ܡܢ. [5] 40. ܟܐܦܐ.

| | Lewisianus | Curetonianus | Peshitto |
|---|---|---|---|
| XXI. 44 | | ܢܬܠܚܐ. ܘܟܠ ܕܬܦܠ ܥܠܘܗܝ ܬܫܚܩܝܘܗܝ. | ܢܬܪܥܥ. ܘܟܠ ܡܢ ܕܗܝ ܬܦܠ ܥܠܘܗܝ ܬܕܪܝܘܗܝ ◆ |
| | | lin. non interr. | lin. non interr.[1] |
| 45 | ܦܠܐ̈ܬܗ | ܦܠܐܬܐ. | ܡܬܠܘܗܝ : |
| 46 | ܘܒܥܘ ܠܡܐܚܕܗ | ܘܒܥܘ ܗܘܘ ܕܢܐܚܕܘܢܗ | ܘܒܥܘ ܠܡܐܚܕܗ |
| | om. | ܡܛܘܠ | ܡܛܠ |
| XXII. 3 | ܠܕܒܝܪܗܘܢ * * ܕܩܪ̈ܝܢ ܗܘܘ | ܠܕܒ̈ܝܪܗܘܢ * * ܕܡܙܡܢܝܢ | ܠܕܒ̈ܝܪܗܘܢ * * ܠܡܫܬܘܬܐ |
| | lin. non interr. | ◎ ○ ◎ lin. interr. | : lin. non interr. |
| 4 | ܕܩܪ̈ܝܢ ܗܘܐ ܟܠ ܡܕܡ ܡܛܝܒ ܗܘ ܐܬܘ ܠܒܝܬ ܡܫܬܘܬܐ | ܕܡܙܡܢܝܢ ܗܘܘ. ܗܐ ܐܣܛܪܝܬ ܡܛܝܒܐ. ܬܘܪ̈ܝ ܦܛܝܡܐ ܢܟܝܣܝܢ ܐܢܘܢ. ܘܟܠܡܕܡ ܡܛܝܒ ܗܘ ܬܘ ܠܒܝܬ ܡܫܬܘܬܐ. | ܠܡܫܬܘܬܐ. ܗܐ ܫܪܘܬܝ ܡܛܝܒܐ. ܬܘܪ̈ܝ ܘܡܦܛܡ̈ܝ ܢܟܝܣܝܢ. ܘܟܠ ܡܕܡ ܡܛܝܒ ܬܘ ܠܡܫܬܘܬܐ. |
| 5 | ܠܚܩܠܗ. * * ܠܬܐܓܘܪܬܐ. | ܠܚܩܠܐ. * * ܠܬܐܓܘܪܬܐ. | ܕܠܚܩܠܗ * * ܘܕܠܬܐܓܘܪܬܗ. |
| 6 | ܘܫܪܟܐ * * ܘܨܥܪܘ ܘܩܛܠܘ ܐܢܘܢ | ܫܪܟܐ * * ܘܨܥܪܘ ܐܢܘܢ ܘܩܛܠܘ. | ܫܪܟܐ * * ܘܨܥܪܘ ܘܩܛܠܘ. |
| 7 | ܗܘ ܡܠܟܐ * * ܚܝ̈ܠܘܬܗ ܘܐܘܒܕ ܠܩܛܘܠܐ ܗܢܘܢ ܘܡܕܝܢܬܗܘܢ ܐܘܩܕ ܒܢܘܪܐ | ܡܠܟܐ ܗܘ * * ܠܚܝܠܗ. ܘܐܘܒܕ ܐܢܘܢ ܠܩ̈ܛܘܠܐ ܗܠܝܢ. ܘܠܡܕܝܢܬܗܘܢ ܐܘܩܕ ܒܢܘܪܐ ◎ ○ ◎ | ܡܠܟܐ * * ܚܝ̈ܠܘܬܗ ܘܐܘܒܕ ܠܩܛܘ̈ܠܐ ܗܢܘܢ : ܘܠܡܕܝܢܬܗܘܢ ܐܘܩܕ. |
| | lin. non interr. | lin. interr. | lin. non interr. |
| 8 | ܕܩܪ̈ܝܢ | ܕܡܙܡܢܝܢ ܗܘܘ̣ | ܕܡܙܡܢܝܢ ܗܘܘ |
| 9 | ܘܠܟܘܠ * * ܩܪܘܗܘܢ | ܘܟܠ ܡܢ * * ܩܪܘ | ܘܟܠ ܡܢ * * ܩܪܘ |
| 10 | ܟܘܠ | ܟܠ | ܟܠ |
| 11 | ܘܟܕ ܥܠ ܡܠܟܐ ܠܡܚܙܐ * * ܚܙܐ * * ܠܚܕ ܗܘܐ | ܘܥܠ ܡܠܟܐ ܕܢܚܙܐ * * ܘܚܙܐ * * ܠܚܕ | ܘܥܠ ܡܠܟܐ ܕܢܚܙܐ * * ܘܚܙܐ * * ܠܚܕ |
| 12 | ܦܣܩܗ * * ܠܗܪܟܐ * * ܗܘ ܕܝܢ | ܚܒܪܝ * * ܐܝܟܢܐ * * ܘܗܘ | ܚܒܪܝ: * * ܠܗܪܟܐ * * ܗܘ ܕܝܢ |
| 16 | ܠܬܠܡܝܕܝܗܘܢ * * ܐܢܫܐ * * ܘܐܘܪܚܗ * * ܒܐܦܝ ܒܢܝ ܐܢܫܐ | ܠܬܠܡ̈ܝܕܝܗܘܢ * * ܥܡ * * ܘܐܘܪܚܐ * * ܒܐ̈ܦܐ ܕܐܢܫ. | ܠܬܠܡ̈ܝܕܝܗܘܢ * * ܕܒܝܬ * * ܘܐܘܪܚܐ * * ܒܐ̈ܦܐ ܕܐܢܫܐ. |
| 17 | ܐܡܝܢܐ ܕܝܢ ܡܫܠܛܐ ܠܢ. ܘܠܐ | ܐܡܪ ܠܢ ܡܢܐ ܡܬܚܙܐ ܠܟ. | ܐܡܪ ܠܢ ܗܟܝܠ ܐܡܝܢܐ |

[1] 40 lin. interr.

| XXII. | Lewisianus | Curetonianus | Peshitto |
|---|---|---|---|
| 17 | ܠܢ ܕܢܬܠ ܟܣܦ ܪܫܐ | ܫܠܝܛ ܠܡܬܠ ܟܣܦ<br>ܪܫܐ | ܡܬܚܙܐ ܠܟ. ܫܠܝܛ<br>ܠܡܬܠ ܟܣܦ ܪܫܐ[1] |
| 18 | ܒܝܫܘܬܗܘܢ ܐܡܪ | ܡܫܬܥܠܝܘܬܗܘܢ ܘܐܡܪ | ܒܝܫܘܬܗܘܢ ܘܐܡܪ. |
| 19 | ܚܘܐܘܢܝ * * ܪܫܐ ܘܐܘܬܝܘ | ܚܘܐܘܢܝ * * ܪܫܐ. ܘܗܢܘܢ<br>ܩܪܒܘ | ܚܘܐܘܢܝ * * ܪܫܐ.[1] ܗܢܘܢ ܕܝܢ<br>ܩܪܒܘ |
| 20 | ܐܡܪ * * ܕܨܠܡܐ | ܘܐܡܪ * * ܕܨܠܡ. | ܘܐܡܪ * * ܕܨܠܡܐ |
| 23 | ܘܒܗܘ | ܒܗܘ | ܒܗܿܘ |
| | om. | ܩܪܒܘܗܝ | om. |
| | ܠܝܬ ܚܝܐ ܡܝܬܐ ܘܫܐܠܘܗܝ<br>ܗܘܘ ܠܗ ܘܐܡܪܝܢ | ܕܠܝܬ ܩܝܡܬܐ. ܘܫܐܠܘܗܝ<br>ܘܐܡܪܝܢ ܠܗ. | ܠܝܬ ܚܝܐ ܡܝܬܐ. ܘܫܐܠܘܗܝ<br>ܘܐܡܪܝܢ ܠܗ. |
| 24 | ܐܢ ܐܢܫ ܡܐܬ ܘܠܝܬ ܠܗ ܒܪܐ | ܕܐܢ ܗܘ ܕܢܡܘܬ ܐܢܫ ܟܕ ܠܝܬ<br>ܠܗ ܒܢܝܐ. | ܕܐܢ ܐܢܫ ܢܡܘܬ ܟܕ ܠܝܬ<br>ܠܗ ܒܢܝܐ: |
| | om. | ܘܢܩܝܡ ܙܪܥܐ ܠܐܚܘܗܝ. | ܘܢܩܝܡ ܙܪܥܐ ܠܐܚܘܗܝ. |
| 25 | ܘܫܒܥܐ ܐܚܝܢ ܐܝܬ ܗܘܘ.<br>ܘܢܣܒ ܩܕܡܝܐ ܘܠܐ ܗܘܐ<br>ܡܢܗ ܒܪܐ | ܐܝܬ ܗܘܘ ܕܝܢ ܠܘܬܢ ܫܒܥܐ<br>ܐܚܝܢ. ܩܕܡܝܐ ܢܣܒ<br>ܐܢܬܬܐ ܘܡܝܬ. ܘܠܐ ܗܘܘ ܠܗ<br>ܒܢܝܐ. | ܐܝܬ ܗܘܘ ܕܝܢ ܠܘܬܢ ܐܚܐ<br>ܫܒܥܐ. ܩܕܡܝܐ ܢܣܒ ܐܢܬܬܐ<br>ܘܡܝܬ. ܘܕܠܝܬ ܗܘܐ ܠܗ<br>ܒܢܝܐ: |
| 26 | ܘܐܦ (a) | ܐܦ (a) | ܐܦ (a) |
| 27 | ܘܐܚܪܝܬ ܕܟܠܗܘܢ ܡܝܬܬ | ܘܐܚܪܝܬ ܒܬܪ ܟܠܗܘܢ ܡܝܬܬ<br>ܗܿܝ | ܒܚܪܬܐ ܕܝܢ ܕܟܠܗܘܢ ܡܝܬܬ |
| 28 | post ܐܢܬܬܐ v. 27, ܒܚܪܬܐ sequitur. | | |
| | lacuna | ܒܩܝܡܬܐ ܗܟܝܠ | ܒܩܝܡܬܐ ܗܟܝܠ |
| | ܡܢ ܫܒܥܬܗܘܢ ܐܝܢܐ * * ܗܝ ܓܝܪ<br>ܠܟܠܗܘܢ ܢܣܒܘܗ | ܡܢܗܘܢ * * ܗܝ ܓܝܪ<br>ܠܫܒܥܬܗܘܢ ܗܘ ܗܘܬ. | ܡܢ ܗܠܝܢ ܫܒܥܐ * * ܠܟܠܗܘܢ<br>ܓܝܪ ܢܣܒܘܗܿ. |
| 29 | ܘܠܐ | ܐܦܠܐ | ܘܠܐ |
| 30 | om. | ܓܒܪܐ | om. |
| | ܡܠܐܟܐ ܕܐܠܗܐ ܕܒܫܡܝܐ | ܡ̈ܠܐܟܐ ܐܝܟ ܕܫܡܝܐ. | ܡܠܐܟܐ ܕܐܠܗܐ ܒܫܡܝܐ<br>ܐܝܬܝܗܘܢ. |
| 31 | ܥܠ ܩܝܡܬܐ ܕܡܢ ܒܝܬ<br>ܡܝܬܐ | ܘܥܠ ܩܝܡܬܐ ܕܝܢ ܕܡ̈ܝܬܐ | ܥܠ ܩܝܡܬܐ ܕܝܢ ܕܡ̈ܝܬܐ: |

[1] 40. ܪܫܐ.

| | LEWISIANUS | CURETONIANUS | PESHITTO |
|---|---|---|---|
| XXII. 31 | ܡܕܡ | om. | ܡܕܡ |
| | ܕܐܢܐ | ܕܐܢܐ ܐܢܐ | ܕܐܢܐ ܐܢܐ |
| 32 | lin. non interr. | ⊙ ○ ⊙ lin. interr. | punctum, lin. non interr. |
| 35 | ܘܫܐܠ ܗܘܐ | ܘܫܐܠܗ ܗܘܐ | ܘܫܐܠܗ |
| | om. | ܣܦܪܐ | ܕܝܕܥ ܢܡܘܣܐ |
| 36 | om. | ܘܐܡܪ ܠܗ | om. |
| 37 | ܒܟܠܗ (ter) | ܒܟܠܗ (ter) | ܒܟܠܗ |
| 38 | ܗܢܘ * * ܘܩܕܡܝܐ | ܗܝ ܗܘ * * ܘܩܕܡܝܬܐ. | ܗܢܘ * * ܘܩܕܡܝܬܐ. |
| 39 | ܘܕܒܬܪܗ ܗܘ | ܘܕܒܬܪܗ | ܘܕܬܪܝܢ |
| 41 | ܟܢܝܫܝܢ ܗܘܘ | ܟܢܝܫܝܢ | ܟܢܝܫܝܢ |
| | ܫܐܠ | om. | ܫܐܠ |
| 42 | ܡܫܐܠ ܠܗܘܢ | ܐܡܪ ܠܗܘܢ | ܐܡܪ ܠܗܘܢ |
| 43 | ܘܐܝܟܢܐ | ܐܝܟܢܐ ܗܟܝܠ | ܘܐܝܟܢܐ |
| | om. | ܒܪܘܚܐ ܕܩܘܕܫܐ | ܒܪܘܚ |
| | lacuna | | |
| 44 | ܕܬܒ | ܬܒ | ܕܬܒ[1] |
| | lacunae | | |
| 45 | ܘܐܢ ܕܘܝܕ ܡܪܗ ܩܪܐ | ܐܢ ܗܟܝܠ ܕܘܝܕ ܡܪܝ ܩܪܐ | ܐܢ ܗܟܝܠ ܕܘܝܕ ܩܪܐ ܠܗ<br>ܡܪܝܐ: |
| 46 | ܘܠܐ ܐܫܟܚܘ ܕܢܬܠܘܢ * * ܐܦܠܐ | ܘܠܐ ܐܢܫ ܐܫܟܚ ܕܢܬܠ * * ܘܐܦܠܐ | ܘܠܐ ܐܢܫ ܐܫܟܚ ܕܢܬܠ * * ܘܠܐ |
| XXIII. 3 | ܘܟܠ ܡܐ * * ܥܒܕܝܢ | ܒܥܒܕܝܗܘܢ * * ܡܥܒܕܝܢ ܘܥܒܕܝܢ. | ܟܠ ܡܕܡ * * ܛܪܘ ܘܥܒܕܘ. |
| 4 | ܘܗܢܘܢ ܕܝܢ ܠܐ ܡܙܝܥܝܢ ܠܗܘܢ | ܘܗܢܘܢ ܒܚܕܐ ܡܢ ܨܒܥܬܗܘܢ<br>ܠܐ ܡܙܝܥܝܢ ܠܗܘܢ. | ܗܢܘܢ ܕܝܢ ܒܨܒܥܬܗܘܢ ܠܐ ܨܒܝܢ<br>ܕܢܙܝܥܘܢ ܠܗܘܢ. |
| 5 | ܘܟܠ | ܒܟܠ | ܘܟܠܗܘܢ |
| 6 | ܒܐܚܫܡܝܬܐ * * ܡܫܬܘܬܐ | ܘܐܚܫܡܝܬܐ. * * ܡܬܪܥܐ | ܒܚܫܡܝܬܐ. ܘܪܝܫ[2] |
| 8 | om. | ܕܝܢ | ܕܝܢ |
| | ܚܕ ܗܘ ܡܠܦܢܟܘܢ ܘܐܢܬܘܢ<br>ܟܠܟܘܢ ܐܚܐ | ܚܕ ܗܘ ܓܝܪ ܪܒܟܘܢ ܡܫܝܚܐ.<br>ܘܐܢܬܘܢ ܐܚܐ ܐܢܬܘܢ. | ܚܕ ܗܘ ܓܝܪ ܪܒܟܘܢ. ܐܢܬܘܢ<br>ܕܝܢ ܟܠܟܘܢ ܐܚܐ ܐܢܬܘܢ. |
| 10 | ܘܐܦܠܐ | ܘܠܐ | ܘܠܐ |
| 11 | ܘܕܪܒ | ܘܡܢ ܕܪܒ | aliter |
| 12 | ܟܠ ܕܢܪܝܡ ܓܝܪ ܢܦܫܗ | ܟܠ ܐܢܫ ܓܝܪ ܕܢܪܝܡ ܢܦܫܗ | ܡܢ ܓܝܪ ܕܢܪܝܡ ܢܦܫܗ |

[1] 40. [ܕ]ܬܒ: extremum folium conteritur. [2] 40. ܘܪܫ.

| XXIII. | Lewisianus | Curetonianus | Peshitto |
|---|---|---|---|
| 12 | ܢܬܡܟܟ ܘܟܠ ܕܢܡܟ ܢܦܫܗ<br>ܢܬܬܪܝܡ :o:<br>lin. interr. | ܢܬܡܟܟ. ܘܡܢ ܕܢܡܟ ܢܦܫܗ<br>ܢܬܬܪܝܡ ⊙ ○ ⊙<br>lin. interr. | ܢܬܡܟܟ. ܘܡܢ ܕܢܡܟ<br>ܢܦܫܗ ܢܬܬܪܝܡ ⁘<br>lin. interr. |
| 13 | ܘܝ ܠܟܘܢ ܕܝܢ ܣܦܪܐ ܘܦܪܝܫܐ<br>ܢܣܒܝܢ ܒܐܦܐ ܐܚܕܝܢ<br>ܐܢܬܘܢ ܐܦܝܐ ܕܡܠܟܘܬܐ<br>ܕܫܡܝܐ κ.τ.λ.<br>∵ post hoc com.<br>lin. interr. | ܘܝ ܠܟܘܢ ܣܦܪܐ ܘܦܪ̈ܝܫܐ (14)<br>ܢܣܒܝ ܒܐ̈ܦܐ. ܕܐܚܕܝܢ ܐܢܬܘܢ<br>ܡܠܟܘܬܐ ܕܐܠܗܐ κ.τ.λ.<br>⊙○⊙ post hoc com.<br>lin. interr. | ܘܝ ܠܟܘܢ ܣܦܪܐ ܘܦܪ̈ܝܫܐ<br>ܢܣܒܝ ܒܐܦܐ. ܕܐܟܠܝܢ<br>ܐܢܬܘܢ ܒ̈ܬܐ ܕܐܪ̈ܡܠܬܐ:<br>ܒܥܠܬܐ ܕܡܘܪܟܝܢ ܐܢܬܘܢ<br>ܨܠܘܬܟܘܢ. ܡܛܠ ܗܢܐ<br>ܬܩܒܠܘܢ ܕܝܢܐ ܝܬܝܪܐ ⁘<br>lin. non interr. |
| 14 | om. | ܘܝ ܠܟܘܢ ܣܦܪܐ ܘܦܪ̈ܝܫܐ (13)<br>ܢܣܒܝ ܒܐ̈ܦܐ. ܕܐܟܠܝܢ<br>ܐܢܬܘܢ ܒ̈ܬܐ ܕܐܪ̈ܡܠܬܐ.<br>ܒܥܠܬܐ ܕܡܘܪܟܝܢ ܐܢܬܘܢ<br>ܨܠܘܬܟܘܢ. ܡܛܠ ܗܢܐ<br>ܬܩܒܠܘܢ ܕܝܢܐ ܝܬܝܪܐ<br>○○ ○○ ○○ lin. interr. | ܘܝ ܠܟܘܢ ܣܦܪܐ ܘܦܪ̈ܝܫܐ<br>ܢܣܒܝ ܒܐܦܐ. ܕܐܚܕܝܢ<br>ܐܢܬܘܢ ܡܠܟܘܬܐ ܕܫܡܝܐ<br>κ.τ.λ.<br>punctum post hoc com.<br>lin. interr.[1] |
| 16 | ܘܠܟܘܢ * * ܕܐܡܪܝܢ | ܘܝ ܠܟܘܢ * * ܐܡܪܝܢ | ܘܝ ܠܟܘܢ * * ܕܐܡܪܝܢ |
| 17 | ܘܥܘܝܪܐ | ܥܘܝܪܐ | ܘܣܟܠܐ |
| 18 | ܘܡܢ ܕܝܡܐ ܒܡܕܒܚܐ ܠܐ ܡܕܡ | om. | ܘܡܢ ܕܝܡܐ ܒܡܕܒܚܐ ܠܐ ܗܘܐ<br>ܡܕܡ. |
| 22 | lin. non interr. | ·⊙· lin. interr. | punctum, lin. non interr. |
| 23 | ܘܠܟܘܢ * * ܗܘܪܡܐ * * ܝܩܝܪܬܐ | ܘܝ ܠܟܘܢ * * ܢܢܥܐ * * ܝܩܝܪ̈ܬܗ | ܘܝ ܠܟܘܢ * * ܢܢܥܐ * * ܝܩܝܪ̈ܬܗ |
| 25 | ܘܠܟܘܢ | ܘܝ ܠܟܘܢ<br>Post vocabulum ܠܟܘܢ reliquum Evangelii S. Mat. deest. | ܘܝ ܠܟܘܢ |

Evangelii S. Marci in codice Curetoniano vocabula perpauca extant; quae continentur in cap. xvi., scilicet a versu 17 ܕܡܗܝܡܢܝܢ ܒܝ usque ad finem versus 20. Evangelium S. Marci in codice Lewisiano finem habet verbis ܡܛܠ ܕܕܚܝܠܢ ܗܘܝ cap. xvi. 8.

Evangeliorum ordo in codice Lewisiano hic est: S. Mat., S. Marc., S. Luc., S. Joh. Codex autem Curetonianus hunc habet ordinem: S. Mat., S. Marc., S. Joh., S. Luc. In hac collatione priorem ordinem sequimur.

[1] 40 lin. non interr.

| | Lewisianus | Curetonianus | Peshitto |
|---|---|---|---|
| | | Incipit cap. ii. 48, vocabulo ܒܟܒܐ; versus priores desunt. | |
| S. Luc. II. 48 | ܐܒܘܟ ܘܐܢܐ ܒܛܘܪܦܐ | ܐܢܚܢ ܒܥܡܠܐ ܘܒܛܘܪܦܐ | ܐܢܐ[1] ܘܐܒܘܟ ܒܛܘܪܦܐ |
| 49 | ܗܘܝܬܘܢ (bis) * * ܐܒܝ ܘܠܐ ܗܘܐ ܠܝ | ܐܢܬܘܢ (bis) * * ܐܒܐ ܘܠܐ ܠܝ | ܗܘܝܬܘܢ * * ܐܢܬܘܢ * * ܐܒܝ ܘܠܐ ܠܝ |
| 51 | ܥܡܗܘܢ ܡܠܐ | ܥܡܗܘܢ ܗܠܝܢ ܡ̈ܠܐ * * ܒܠܒܗ. | ܥܡܗܘܢ ܡ̈ܠܐ ܒܠܒܗ. |
| 52 | ܘܫܦܝܪ ܗܘܐ * * ܘܒܛܝܒܘܬܗ | ܘܫܦܝܪ * * ܘܒܛܝܒܘܬܗ. | ܘܒܛܝܒܘܬܐ: |
| III. 1 | ܕܛܝܒܪܝܘܣ * * ܕܗܓܡܘܢܘܬܐ | ܕܛܝܒܪܝܘܣ * * ܘܕܗܓܡܘܢܝܘܬܐ | ܕܛܝܒܪܝܘܣ[2] * * ܕܗܓܡܘܢܘܬܐ[3] |
| | * * ܒܝܗܘܕ * * ܗܪܘܕܣ | * * ܒܝܗܘܕ. * * ܐܗܪܘܕܣ | * * ܒܝܗܘܕ. * * ܗܪܘܕܣ |
| | * * ܪܝܫܐ (b) * * ܕܐܝܛܘܪܝܐ | * * ܪܝܫܐ (b) * * ܕܐܝܛܘܪܝܐ. | * * ܪܝܫܐ[4] (b) * * ܕܐܝܛܘܪܝܐ: |
| | * * ܪܝܫܐ (c) * * ܕܐܒܝܠܝܢܐ | * * ܪܝܫܐ (c) * * ܕܐܒܝܠܝܢܐ. | * * ܪܝܫܐ[4] (c) * * ܕܐܒܝܠܝܢܐ:[5] |
| 4 | ܒܟܬܒܘܬܐ * * ܐܫܥܝܐ * * ܘܐܡܪ | ܒܟܬܒܗ * * ܦܗ * * ܘܐܡܪ | ܒܟܬܒܐ ܕܡ̈ܠܐ * * ܐܫܥܝܐ * * ܘܐܡܪ |
| 5 | ܛܘܪܐ | ܘܟܠܗܘܢ ܛܘܪ̈ܐ | ܘܟܠܗܘܢ ܛܘܪ̈ܐ |
| 6 | ܘܢܚܙܘܢܝܗܝ | ܘܢܚܙܘܢܗ | ܘܢܚܙܐ |
| | om. | ܡܛܠ ܕܦܘܡܗ ܕܡܪܝܐ ܡܠܠ | |
| 7 | ܠܗ ܠܡܥܡܕ * * ܕܥܬܝܕ | ܠܘܬܗ. * * ܕܐܬܝܐ. | ܠܘܬܗ ܠܡܥܡܕ. * * ܕܥܬܝܕ. |
| 8 | ܐܡܪ ܠܟܘܢ ܐܢܐ * * ܢܩܝܡ | ܕܐܢܐ ܐܡܪ ܠܟܘܢ * * ܠܐܒܪܗܡ | ܕܐܢܐ ܐܡܪ ܠܟܘܢ * * ܠܐܒܪܗܡ |
| 9 | ܘܟܠ ܐܝܠܢܐ ܗܟܝܠ ܠܐ ܥܒܕ ܦܐܪܐ ܛܒܐ | ܟܠ ܐܝܠܢܐ ܕܗܘ ܕܦܐܪܐ ܛܒܐ ܠܐ ܥܒܕ | ܟܠ ܐܝܠܢܐ ܗܟܝܠ ܕܦܐܪܐ ܛܒܐ ܠܐ ܥܒܕ: |
| | punctum, lin. non interr. | ⊙ ○ ⊙ lin. interr. | punctum, lin. non interr. |
| 10 | om. | ܘܫܐܠ. | om. |
| 11 | om. | ܡܢܗܘܢ | om. |
| 12 | ܘܐܡܪܝܢ | ܐܡܪܝܢ | ܘܐܡܪܝܢ |
| 13 | ܠܐ ܬܒܥܘܢ | ܠܐ ܬܒܥܘܢ | ܠܐ ܬܬܒܥܘܢ |
| 14 | ܣܛܪܛܝܘܛܐ ܘܐܡܪܝܢ * * ܠܐܢܫ * * ܣܦܩܝܢ ܢܗܘܘܢ ܠܟܘܢ | ܐܣܛܪܛܝܘܛܐ ܘܐܡܪܝܢ ܠܗ. * * ܘܠܐܢܫ * * ܘܣܦܩܝܢ ܠܟܘܢ | ܦܠܚܝ ܐܣܛܪܛܝܘܛܐ ܘܐܡܪܝܢ. * * ܠܐܢܫ * * ܘܢܣܦܩܢ ܠܟܘܢ |
| 15 | ܒܠܒܗܘܢ ܥܠ ܝܘܚܢܢ | ܒܠܒܗܘܢ ܘܐܡܪܝܢ ܠܡܐ ܗܢ | ܒܠܒܗܘܢ ܕܕܠܡܐ ܗܘܝܘ |

[1] 40. ܐܒܘܟ ܘܐܢܐ. [2] 40. ܕܛܝܒܪܝܘܣ. [3] 40. ܕܗܓܡܘܢܝܘܬܐ. [4] 40. ܪܫܐ.
[5] 40. ܕܐܒܝܠܝܢܐ.

| | Lewisianus | Curetonianus | Peshitto |
|---|---|---|---|
| III. 15 | ܘܐܡܪܝܢ ܕܠܡܐ ܗܘܝܘ ܗܘ ܡܫܝܚܐ. | ܗܘܝܘ ܡܫܝܚܐ. | ܡܫܝܚܐ: |
| 16 | ܥܢܐ ܠܟܠܗ ܐܝܟ ܘܐܡܪ ܠܗܘܢ | ܐܡܪ ܠܗܘܢ<br>a versu 16, ܠܟܠܗ, usque ad vii. 33, ܐܬܐ, deest. | ܥܢܐ ܝܘܚܢܢ ܘܐܡܪ ܠܗܘܢ. |
| VII. 33 | ܫܐܕܐ ܐܝܬ ܠܗ | ܫܐܕܐ ܠܗ. | ܫܐܕܐ ܐܝܬ ܠܗ. |
| 34 | ܘܕܚܛܝܐ | ܘܕܚܛܝ̈ܐ. | ܘܕܚܛܝ̈ܐ. |
| 35 | ܟܠܗܘܢ | om. | ܟܠܗܘܢ |
| 36 | ܥܡܗ * * ܟܕ | ܠܘܬܗ. * * ܘܟܕ | ܥܡܗ. |
| 37 | ܘܟܕ | ܟܕ | ܘܟܕ |
| 38 | ܕܪܫܗ̇ | ܕܪܫܗ̇ | ܕܪܫܗ̇[1] |
| 39 | ܗܘ ܦܪܝܫܐ * * ܡܢܘ ܘܡܢܐ | ܦܪܝܫܐ ܗܘ * * ܡܢ ܗܝ. ܐܘ ܡܢܐ | ܦܪܝܫܐ ܗܢܐ * * ܡܢ ܗܝ ܘܡܢܐ |
| 40 | ܪܒܢ | ܪܒܝ. | ܪܒܝ: |
| 41 | ܠܚܕ ܡܘܙܦܢܐ * * ܚܡܫܝܢ ܘܚܕ ܕܝܢܪ̈ܐ ܚܡܫܡܐܐ | ܠܚܕ ܡܪܐ ܚܘܒܐ. * * ܚܡܫܡܐܐ. ܘܚܕ ܕܝܢܪ̈ܐ ܚܡܫܝܢ. | ܠܚܕ ܡܪܐ ܚܘܒܐ. * * ܚܡܫܡ[2] ܡܐܐ. ܘܐܚܪܢܐ ܕܝܢܪ̈ܐ ܚܡܫܝܢ. |
| 42 | ܠܝܬ . | ܠܐ ܐܝܬ | ܘܕܠܝܬ |
| 43 | ܕܐܫܬܒܩ ܠܗ ܣܓܝ. | ܕܝܬܝܪ ܐܫܬܒܩ ܠܗ. | ܕܐܫܬܒܩ ܠܗ ܣܓܝ. |
| 44 | ܚܙܐ * * ܗܕܐ ܕܝܢ ܒܕܡ̈ܥܝܗ̇ ܙܠܦܬ ܐܝܟ ܘܒܣܥܪ̈ܐ ܕܪܫܗ̇ | ܚܙܐ ܐܢܬ * * ܗܝ ܕܝܢ ܒܕܡ̈ܥܝܗ̇ ܪ̈ܓܠܝ ܙܠܦܬ. ܘܒܣܥܪܗ̇ ܕܪܫܗ̇ | ܚܙܐ ܐܢܬ * * ܗܕܐ ܕܝܢ ܒܕܡ̈ܥܝܗ̇ ܪ̈ܓܠܝ ܙܠܦܬ. ܘܒܣܥܪܗ̇ |
| 46 | ܪ̈ܓܠܝ ܡܫܚܬ | ܡܫܚܬ ܪ̈ܓܠܝ. | ܪ̈ܓܠܝ ܡܫܚܬ. |
| 47 | ܐܡܪܢܐ ܕܫܒܝܩܝܢ * * ܡܫܬܒܩ * * ܩܠܝܠ ܡܚܒ | ܐܡܪܢܐ ܠܟ ܕܫܒܝܩܝܢ * * ܐܫܬܒܩ * * ܩܠܝܠ ܗܘ ܡܚܒ. | ܐܡܪ ܐܢܐ ܠܟ: ܕܫܒܝܩܝܢ * * ܡܫܬܒܩ * * ܩܠܝܠ ܡܚܒ. |
| 48 | ܘܐܡܪ ܠܗ̇ | ܐܡܪ ܠܗ̇ ܠܗܝ ܐܢܬܬܐ. | ܘܐܡܪ ܠܗ̇ܝ ܐܢܬܬܐ' |
| VIII. 1 | ܘܬܪ̈ܥܣܪܬܗ ܥܡܗ ܘܡܣܒܪ ܡܠܟܘܬܗ ܕܐܠܗܐ | ܘܡܣܒܪ ܡܠܟܘܬܗ ܕܐܠܗܐ. ܐܦ ܬܪ̈ܥܣܪܬܗ ܥܡܗ. | ܘܡܣܒܪ ܡܠܟܘܬܐ ܕܐܠܗܐ. ܘܬܪ̈ܥܣܪܬܗ ܥܡܗ. |
| 2 | ܢܦܩܘ ܗܘܘ ܡܢܗ̇. | ܐܦܩ ܗܘܐ ܡܢܗ̇. | ܢܦܩܘ ܡܢܗ̇. |
| 3 | ܡܫܡ̈ܫܢ lin. non interr. | ܡܢܝܢ ܕܐܝܬ ܗܘܐ ܠܗܝܢ. ·܀·<br>lin. interr. | ܡܫܡ̈ܫܢ ::[3] lin. non interr. |

[1] 40. ܪܫܗ̇.  [2] 40. ܚܡܫܡܐܐ.  [3] 40 lin. interr.

| VIII. | Lewisianus | Curetonianus | Peshitto |
|---|---|---|---|
| 4 | ܡܬܟܢܫܝܢ * * ܗܢܐ ܒܡܬܠܐ: | ܐܬܟܢܫܘ * * ܐܡܪ: | ܟܕ ܗܘܐ: * * ܐܡܪ: |
| 5 | ܙܪܥ ܗܘܐ. | ܙܪܥ. | ܙܪܥ: |
| 6 | ܢܦܠܘ | ܢܦܠ | ܢܦܠ |
| | om. | ܠܗ | ܠܗ |
| 7 | ܘܐܚܪܢܐ * * ܘܚܢܩܘܗܝ. | ܐܚܪܢܐ * * ܘܟܕ ܥܠܗ ܥܡܗ ܘܚܢܩܘܗܝ. | ܘܐܚܪܢܐ * * ܘܣܠܩܘ ܥܡܗ ܟܘܒܐ ܘܚܢܩܘܗܝ. |
| 8 | ܘܐܚܪܢܐ * * ܘܐܦܩ ܘܝܗܒ ܦܐܖ̈ܐ | ܘܐܚܪܢܐ * * ܘܝܗܒܬ ܦܐܖ̈ܐ. ܘܐܦܩ ܘܝܗܒ ܦܐܖ̈ܐ. | ܘܐܚܪܢܐ * * ܘܐܦܩ ܘܥܒܕ ܦܐܖ̈ܐ |
| | lin. non interr. | ○ ◎ ○ lin. interr. | punctum, lin. non interr.[1] |
| | 8, 9, 10, nonnullae lacunae | | |
| 10 | ܠܗܘܢ (b) ܠܗܘܢ[2] ܠܡܫܡܥ. | ܠܗܘܢ ܠܡܫܡܥ. | aliter |
| 11 | ܡܠܬܗ ܕܐܠܗܐ | ܡܠܬܗ ܗܝ ܕܐܠܗܐ. | ܐܝܬܘܗܝ ܡܠܬܐ ܕܐܠܗܐ. |
| | 11, 12 lacunae | | |
| 12 | ܫܡܥܝܢ | ܕܫܡܥܝܢ | ܕܫܡܥܝܢ |
| 13 | lacunae | | |
| | ܕܫܡܥܝܢ * * ܒܚܕܘܐ * * ܥܩܪܐ (b) | ܕܫܡܥܘ * * ܘܒܚܕܘܐ * * ܘܥܩܪܐ (b) | ܕܫܡܥܘ * * ܘܒܚܕܘܐ * * ܘܥܩܪܐ (b) |
| 14 | lacunae | | |
| | om. | ܡܠܬܐ. | ܡܠܬܐ: |
| | ܒܥܘܬܪܐ lacuna | ܘܒܥܘܬܪܐ | ܘܒܥܘܬܪܐ |
| | om. | ܕܥܠܡܐ. | ܕܥܠܡܐ |
| | ܚܢ̈ܐ * * ܡܬܚܢܩܝܢ | ܕܥܡܪܐ * * ܡܬܚܢܩܝܢ | ܡܬܚܢܩܝܢ. aliter |
| 15 | ܗܘ ܕܝܢ ܕܒܐܪܥܐ ܛܒܬܐ | ܗܘܘ ܕܢܦܠ ܒܐܪܥܐ ܛܒܬܐ. | ܗܘ ܕܝܢ ܕܒܐܪܥܐ ܛܒܬܐ: |
| | lacunae | | |
| | lin. non interr. | ·ȯ· lin. interr. | ⁘ lin. interr. |
| 16 | lacunae | | |
| | om. | ܐܘ ܒܐܬܪܐ ܡܛܫܝܐ. | om. |
| | ܕܟܘܠ ܡܢ ܕܥܐܠ | ܕܟܠ ܐܢܫ ܕܥܐܠ | ܕܟܠ ܕܥܐܠ |
| 17 | ܘܠܐ | ܘܐܦܠܐ | ܘܠܐ |
| 18 | om. | ܘܐܬܒܩܘ ܠܗ. | om. |
| | ܘܡܢ ܕܠܝܬ ܠܗ * * ܕܡܣܒܪ: | ܘܗܘ ܕܠܝܬ ܠܗ. * * ܕܡܣܒܪ: | ܘܡܢ ܕܠܝܬ ܠܗ: * * ܕܡܣܒܪ: |

[1] 40 lin. interr.

[2] Sic in editione 1894: error forsitan, ut monet A. S. Lewis.

| VIII. | LEWISIANUS | CURETONIANUS | PESHITTO |
|---|---|---|---|
| 18 | ** ܢܫܬܩܠ ܡܢܗ | ܗܘܐ ** ܢܫܬܩܠ ܠܗ | ** ܢܫܬܩܠ ܡܢܗ. |
| | lin. interr. | ܡܢܗ. ·ܘ̇· lin. interr. | lin. non interr.[1] |
| 19 | ܘܐܬܘ ܠܘܬܗ ܐܡܗ ܘܐܚ̈ܘܗܝ<br>ܘܠܐ ܡܫܟܚܝܢ ܗܘܘ ܕܢ*ܚܘܢ<br>ܠܡܚܙܝܗ ܡܛܠ ܟܢܫܐ | ܘܐܬܘ ܗܘܘ ܠܘܬܗ ܕܢܚܙܘܢܗ<br>ܐܡܗ ܘܐ̈ܚܘܗܝ. ܘܡܫܟܚܝܢ<br>ܗܘܘ ܠܒܪ. ܘܠܐ ܡܫܟܚܝܢ<br>ܗܘܘ ܕܢܚܙܘܢܗ. ܡܛܠ<br>ܟܢܫܐ ܕܐܝܬ. | ܐܬܘ ܕܝܢ ܠܘܬܗ ܐܡܗ<br>ܘܐ̈ܚܘܗܝ: ܘܠܐ ܡܫܟܚܝܢ<br>ܗܘܘ ܕܢܡܠܠܘܢ ܥܡܗ<br>ܡܛܠ ܟܢܫܐ. |
| 21 | ܐܡܝ ܘܐܚ̈ܝ ܗܠܝܢ ܐܢܘܢ<br>ܐܝܠܝܢ ܕܫܡܥܝܢ ܡܠܬܐ<br>ܕܐܠܗܐ ܘܥܒܕܝܢ. | ܗܠܝܢ ܐܢܘܢ ܐܡܝ ܘܐܚ̈ܝ.<br>ܐܝܠܝܢ ܕܫܡܥܝܢ ܡܠܬܗ<br>ܕܐܠܗܐ ܘܥܒܕܝܢ ܠܗ. | ܗܠܝܢ ܐܢܘܢ ܐܡܝ ܘܐܚ̈ܝ:<br>ܐܝܠܝܢ ܕܫܡܥܝܢ ܡܠܬܐ<br>ܕܐܠܗܐ ܘܥܒܕܝܢ ܠܗ. |
| | lin. non interr. | lin. interr. ◎ ○ ◎ | lin. interr. |
| 22 | ܘܗܘܐ ** ܠܣܦܝܢܬܐ ܣܠܩ **<br>ܢܥܒܪ ܠܥܒܪܗ ** ܘܟܕ ܪܕܝܢ<br>ܕܡܟ | ܘܗܘܐ ܗܘܐ ** ܠܣܦܝܢܬܐ ܘܗܢܘܢ.<br>ܣܠܩ ܥܡܗܘܢ ** ܢܥܒܪ<br>ܠܡ ܠܥܒܪܗ ** ܘܟܕ ܪܕܝܢ<br>ܗܘܘ ܒܝܡܐ ܕܡܟ ܠܗ. | ܗܘܐ ܕܝܢ ** ܠܣܦܝܢܬܐ: ܣܠܩ<br>ܥܡܗܘܢ ** ܢܥܒܪ ܠܥܒܪܗ **<br>ܘܟܕ ܪܕܝܢ ܕܡܟ ܠܗ ܗܘ<br>ܥܡܗܘܢ. |
| 23 | om. | ܡܢ ܬܟܠܐ. | om. |
| | ܘܡܬܡܠܝܢ ܗܘܘ | ܘܡܬܡܠܝܐ ܗܘܬ | ordo aliter ܘܡܬܡܠܝܐ ܗܘܬ |
| 24 | ܐܡܪܝܢ ܠܗ ܪܒܢ ܪܒܢ **<br>ܕܡܚܬܐ | ܘܐܡܪܝܢ ܠܗ ܡܪܢ ** ܐܒܕܝܢܢ. | ܘܐܡܪܝܢ ܠܗ. ܪܒܢ ܪܒܢ **<br>ܐܒܕܝܢܢ: |
| 25 | ܩܡ ܘܠܪܘܚܐ | ܘܠܪܘܚܐ ܩܡ | ܩܡ: ܘܠܡܚܫܘܠܐ ܘܠܪܘܚܐ |
| 26 | ܘܪܕܘ | ܘܪܕܘ ܗܘܘ | ܘܪܕܘ |
| 27 | ܟܕ ܣܠܩ | ܟܕ ܢܦܩ | ܘܟܕ ܢܦܩ |
| | ܡܢ ܡܕܝܢܬܐ | om. | ܡܢ ܡܕܝܢܬܐ: |
| | om. | ܘܡܐܢܐ ܡܠܒܫ ܠܐ ܗܘܐ.<br>ܘܡܡܫܟܢܐ ܗܘܐ ܢܦܫܗ<br>ܒܩܒܪ̈ܐ. | om. |
| 28 | ܟܕ ** ܚܙܐ | ܘܟܕ ** ܚܙܐ ܐܢ | ܟܕ ** ܚܙܐ ܐܢ |
| 29 | om. | ܦܩܕ | ܦܩܕ |
| | ܒܫܝ̈ܫܠܬܐ ** ܘܡܦܣܩ | ܒܫܝ̈ܫܠܬܐ ** ܘܡܦܣܩ ܗܘܐ | ܒܫܝ̈ܫܠܬܐ. ** ܘܡܦܣܩ ܗܘܐ |
| 30 | ܐܡܪ (b) | ܘܐܡܪ (b) | ܐܡܪ |
| 31 | om. | ܗܘܝ ܡܐܙܠ | |

[1] 40 lin. interr.

| VIII. | Lewisianus | Curetonianus | Peshitto |
|---|---|---|---|
| 31 | ܕܠܐ ܢܦܩܘܕ ܠܗܘܢ ܠܡܐܙܠ ܠܬܗܘܡܐ. | ܕܠܐ ܢܫܕܪ ܐܢܘܢ ܠܓܗܢܐ ܘܠܐ ܢܫܩ ܐܢܘܢ. | ܕܠܐ ܢܦܩܘܕ ܠܗܘܢ ܠܡܐܙܠ ܠܬܗܘܡܐ. |
| 32 | om. | ܚܕܐ * * ܠܛܘܪ. (b) | om. |
| | om. | ܡܢܗ | ܡܢܗ܂ |
| | ܕܢܥܠܘܢ ܒܚܙܝܪܐ | ܠܡܥܠܠ ܒܗܘܢ ܒܚܙܝܪܐ ܕܬܐܡܪܐ. | ܕܒܚܙܝܪܐ ܢܥܠܘܢ. |
| 33 | ܒܚܙܝܪܐ ܥܠܘ | ܗܘ ܥܠܘ ܒܚܙܝܪܐ | ܒܚܙܝܪ̈ܐ[1] ܗܘ ܥܠܘ |
| 35 | ܘܚܙܘ * * ܡܠܒܫ | ܕܚܙܘܢ * * ܠܒܝܫ | ܕܚܙܘܢ * * ܠܒܝܫ |
| 37 | ܘܒܥܘ ܗܘܘ ܡܢܗ ܟܠܗ ܥܡܐ ܕܓܕܪܝܐ ܕܢܐܙܠ ܠܗ ܡܢ ܠܘܬܗܘܢ܆ ܡܛܠ ܕܕܚܠܬܐ ܐܚܝܕܐ ܗܘܬ ܐܢܘܢ * * ܗܘ ܕܝܢ * * ܘܐܙܠ | ܘܐܬܟܢܫܘ ܕܚܘܪܗ ܟܠܗ ܒܢܝܢ ܗܘܘ ܡܢܗ ܟܠܗ ܥܡܐ ܗܘ ܕܓܪܓܫܝܐ. ܕܢܐܙܠ ܠܗ ܡܢ ܠܘܬܗܘܢ. ܡܛܠ ܕܕܚܠܬܐ ܪܒܬܐ ܐܚܝܕܐ ܗܘܬ ܐܢܘܢ. * * ܗܘ ܕܝܢ ܠܗ * * ܘܗܦܟ | ܘܒܥܘ ܗܘܘ ܡܢܗ ܟܠܗ ܥܡܐ ܕܓܕܪܝܐ ܕܢܐܙܠ ܠܗ ܡܢ ܠܘܬܗܘܢ܂ ܡܛܠ ܕܕܚܠܬܐ ܪܒܬܐ ܐܚܝܕܐ ܐܢܘܢ. * * ܗܘ ܕܝܢ * * ܘܗܦܟ |
| 38 | ܕܢܦܩܘ * * ܫܐܕܐ | ܓܒܪܐ ܕܢܦܩܘ ܗܘܘ * * ܡܢܗ ܫܐܕ̈ܐ. | ܓܒܪܐ ܕܢܦܩܘ * * ܫܐܕ̈ܐ܃ * * |
| | om. | ܠܗ. | ܠܗ. |
| 39 | om. | ܘܠܒܝܬܟ ܐܬܦܢܝ. * * ܠܗܘܢ | om. |
| | ܐܠܗܐ * * ܘܡܟܪܙ | ܡܪܝܐ. * * ܘܡܟܪܙ ܗܘܐ | ܐܠܗܐ. * * ܘܡܟܪܙ ܗܘܐ |
| 40 | ܡܪܢ | ܝܫܘܥ | ܝܫܘܥ܂ |
| | lin. non interr. | ⊙ ○ ⊙ lin. interr. | ܂ lin. non interr. |
| 41 | ܝܘܐܪܫ ܫܡܗ * * ܢܦܠ ܪ̈ܓܠܘܗܝ | ܝܘܐܪܫ ܫܡܗ ܗܘܐ. * * ܩܕܡ ܪ̈ܓܠܘܗܝ | ܕܫܡܗ ܝܘܐܪܫ * * ܩܕܡ ܪ̈ܓܠܘܗܝ |
| | om. | ܡܢܗ | ܡܢܗ |
| 42 | om. | ܝܫܘܥ | ܝܫܘܥ܃ |
| 43 | om. | ܘܟܠܗ ܩܢܝܢܗ ܐܘܦܩܬ ܥܠ ܐܣܘ̈ܬܐ. | ܗܝ ܕܒܝܕ ܐܣܘ̈ܬܐ ܟܠܗ ܩܢܝܢܗ ܐܘܦܩܬ܃ |
| | om. | ܘܐܬܦܪܩܬ ܒܢܟܣܝܗ ܘܡܪܐ. ܐܦ ܠܐܣܘ̈ܬܗ ܕܝܫܘܥ ܐܠܐ ܐܝܬ ܡܢܐ ܐܝܬ ܡܬܐܣܝܐ ܐܝܬ. | om. |

[1] 40. ܒܚܙܪܐ.

| VIII. | Lewisianus | Curetonianus | Peshitto |
|---|---|---|---|
| 44 | om. | ܡܢ | ܡܢ |
| | ܕܠܒܘܫܗ.** ܡܚܕܐ ܕܡܪܕܝܬܗ | ܕܢܚܬܗ. * * ܡܪܕܝܬܗ | ܕܡܐܢܘܗ. * * ܡܪܕܝܬܗ |
| 45 | ܘܐܡܪ: ܝܫܘܥ * * ܐܝܠܝܢ ܕܩܪܒܘ ܠܝ. | ܘܐܬܦܢܝ ܝܫܘܥ ܘܐܡܪ: * * ܩܪܒ ܠܝ ܘܐܬܝ. | ܘܐܡܪ: ܝܫܘܥ * * ܐܝܢܘ ܕܩܪܒ ܠܝ ܘܫܬܩܘ: |
| 46 | ܗܝܕܝܢ ܝܫܘܥ ܘܐܡܪ: ܠܗ. | ܐܡܪ: ܠܗ ܝܫܘܥ. | ܗܘ ܕܝܢ ܐܡܪ: |
| 47 | ܘܐܦ ܠܗ ܗܘܐ ܠܐ * * ܡܢ ܐܢܬܬܐ * * ܕܛܫܝܬ | ܘܚܙܬ ܗܝ * * ܡܢ ܕܛܫܝܐ ܐܢܬܬܐ * * ܕܠܗ | ܘܠܐ * * ܡܢ ܐܢܬܬܐ * * ܕܛܫܝܐ |
| | om. | ܩܕܡ ܟܠܗ ܐܝܟ ܐܝܕܐ. | om. |
| 48 | ܗܝܕܝܢ ܘܐܡܪ: | ܐܡܪ: | ܐܡܪ: |
| | ·ܘ· ·ܘ· lin. interr. | punctum, lin. non interr. | [1]✥ lin. non interr. |
| 49 | ܡܡܠܠ * * ܒܪܢܫܐ ܕܪܒ ܟܢܘܫܬܐ ܘܐܡܪܝܢ * * ܠܡܠܦܢܗ | ܡܡܠܠ. * * ܕܒܝܬ ܪܒ ܟܢܘܫܬܐ ܘܐܡܪܝܢ * * ܠܡܠܦܢܐ | ܡܡܠܠ * * ܕܒܝܬ ܪܒ ܟܢܘܫܬܐ ܘܐܡܪ: * * ܠܡܠܦܢܐ |
| 50 | om. | ܕܗܘܐ ܐܡܪ: | om. |
| | ܗܝܕܝܢ ܘܐܡܪ: * * ܗܝܡܢ ܘܚܝܐ. | ܐܡܪ: * * ܗܝܡܢܘܬܗ ܗܝܡܢ ܘܚܝܐ ܒܪܬܟ. | ܘܐܡܪ: * * ܗܝܡܢ ܘܚܝܐ. |
| 51 | ܠܒܝܬܐ | ܠܒܝܬܐ | ܠܡܥܒܪ |
| 52 | ܘܡܬܐܒܠܝܢ ܐܝܟܐ ܕܒܟܝܢ ܗܘܘ ܘܡܪܩܕܝܢ ܥܠܝܗ. ܘܗܘ ܐܡܪ: ܠܗܘܢ ܠܐ ܬܒܟܘܢ. ܠܐ ܓܝܪ ܡܝܬܐ ܕܡܟܐ ܗܝ. | ܘܟܠܗܘܢ ܐܝܟܐ ܕܒܟܝܢ ܗܘܘ ܥܠܝܗ ܘܡܪܩܕܝܢ ܗܘܘ. ܐܡܪ: ܠܗܘܢ ܝܫܘܥ ܠܐ ܬܒܟܘܢ. ܠܝܬܝܗ ܓܝܪ ܠܐ ܡܝܬܐ. ܡܕܡܟ ܗܘ ܕܡܟܐ. | ܘܟܠܗܘܢ ܕܝܢ ܒܟܝܢ ܗܘܘ ܘܡܪܩܕܝܢ ܥܠܝܗ. ܝܫܘܥ ܕܝܢ ܐܡܪ: ܠܐ ܬܒܟܘܢ: ܠܐ ܓܝܪ ܡܝܬܬ ܐܠܐ ܕܡܟܐ ܗܝ. |
| 54 | ܘܐܡܪ: | ܘܐܡܪ: ܠܗ. | ܘܐܡܪ: |
| IX. 1 | ܘܩܪܐ ܕܝܢ * * ܬܠܡܝܕܘܗܝ ܘܡܫܠܛܐ ܥܠ ܟܠܗܘܢ ܫܐܕܐ | ܘܩܪܐ ܐܢܘܢ ܝܫܘܥ * * ܫܠܝܚܐ ܘܡܫܠܛܐ ܥܠ ܟܠ ܫܐܕܐ ܘܥܣܘܐ. | ܘܩܪܐ ܝܫܘܥ * * ܫܠܝܚܐ ܘܡܫܠܛܐ ܥܠ ܟܠܗܘܢ ܫܐܕܐ |
| 2 | ܠܡܥܒܪܘ | ܕܢܥܒܪܘܢ | ܠܡܥܒܪܘ |
| 3 | ܫܩܠܘ * * ܘܐܦܠܐ | ܡܕܡ * * ܘܠܐ (f) | ܡܕܡ * * ܘܠܐ (f) |
| 4 | ܘܠܒܝܬܐ ܐܝܢܐ | ܘܠܒܝܬ ܐܝܢܐ | ܘܠܐܝܢܐ ܒܝܬܐ |
| | ܠܗ | om. | ܠܗ: |
| 5 | ܐܦ * * ܐܝܠܝܢ ܗܘܘ ܢܩܒܠܘܢ | ܘܐܦ * * ܢܩܒܠ. ܕܠܐ ܢܩܒܠܘܢ | ܐܦ * * ܢܩܒܠ ܠܟܠܗܘܢ |

[1] 40 lin. interr.

| | Lewisianus | Curetonianus | Peshitto |
|---|---|---|---|
| IX. 5 | ܕܬܗܘܐ ܠܗܘܢ ܣܗܕܘܬܐ. | ܠܣܗܕܘܬܐ ⊙ ○ ⊙ ⊙ | ܠܣܗܕܘܬܐ. |
| | lin. non interr. | lin. interr. | lin. non interr. |
| 6 | ܘܟܕ ܢܦܩܘ ܗܘܘ ** ܡܟܪܟܝܢ | ܘܟܕ ܢܦܩܘ ** ܘܡܟܪܟܝܢ ** | ܘܢܦܩܘ ** ܘܡܟܪܟܝܢ ܗܘܘ |
| | ܗܘܘ * * ܡܣܒܪܝܢ ܗܘܘ | ܘܡܣܒܪܝܢ ܗܘܘ | ** ܘܡܣܒܪܝܢ ܗܘܘ |
| | •ọ̇• lin. interr. | punctum, lin. non interr. | punctum[1], lin. non interr. |
| 7 | ܒܟܠܗܝܢ | ܟܠܗܝܢ | ܟܠܗܝܢ |
| | om. | ܐ̄ܢܫܝܢ ܡܢܗܘܢ. | ܐܢ̈ܫܝܢ : |
| 8 | ܐܚܪܢܐ ܕܝܢ ** ܘܐܚܪܢܐ (b) | ܘܐܚܪ̈ܢܐ ** ܐ̄ܚܪܢܐ (b) | ܐܚ̈ܪܢܐ ܕܝܢ ** ܘܐܚ̈ܪܢܐ (b) |
| | om. | ܡܢ ܚܕ ܢܒ̈ܝܐ. | om. |
| 9 | ܘܐܡܪ ** ܗܪܘܕܝܐ | ܘܐܡܪ ܗܘܐ ** ܗܪܘܕܣ ܐܢܐ | ܘܐܡܪ ** ܗܪܘܕܣ ܐܢܐ |
| | lin. non interr. | ⊙ ○ ⊙ lin. interr. | punctum, lin. non interr.[2] |
| 10 | ܘܥܠ ܩܕܡ ** ܒܠܚܘܕܝܗܘܢ | ܘܕܒܪ * * ܒܠܚܘܕܝܗܘܢ. | ܘܕܒܪ[3] * * ܒܠܚܘܕܝܗܘܢ |
| | ܘܐܙܠ ܠܐܬܪܐ ܕܡܬܩܪܝܐ | ܘܐܙܠ ܠܐܬܪ ܚܘܪܒܐ. | ܠܐܬܪ ܚܘܪܒܐ ܕܒܝܬ ܨܝܕܐ. |
| | ܕܡܕܝܢܬܐ ܒܝܬ ܨܝܕܐ | | |
| 11 | ܐܙܠܘ ܒܬܪܗ | ܐܙܠܘ ܠܗܘܢ ܒܬܪܗ ܟܢܫܐ. | ܐܙܠܘ ܒܬܪܗ |
| | om. | ܥܡܗܘܢ * * ܥܠ (b) | ܥܡܗܘܢ * * ܥܠ (b) |
| | lin. non interr. | ⊙ ○ ⊙ lin. interr. | :: lin. interr. |
| 12 | ܘܫܪܝ ** ܝܘܡܐ ܠܡܥܪܒ | ܘܟܕ ܫܪܝ * * ܠܡܥܪܒ | ܟܕ ܕܝܢ ܫܪܝ ܝܘܡܐ ܠܡܓܢ. |
| | * * ܬܪܥܣܪܬܗ ܘܐܡܪܝܢ | ܝܘܡܐ. * * ܬܠܡܝܕܘܗܝ | ** ܬܠܡܝܕ̈ܘܗܝ ܘܐܡܪܝܢ |
| | ܠܗ ܟܢܫܐ ܐܢܫܝܢ ܫܪܝ | ܘܐܡܪܝܢ ܠܗ ܫܪܝ ܟܢܫܐ | ܠܗ. ܫܪܝ ܠܟܢܫܐ ܕܢܐܙܠܘܢ |
| | ܩܘܪܝܐ ܘܟܢ ܕܢܐܙܠܘܢ ** | ܐܢܫܝܢ. ܫܪܝ ܠܟܢܫܐ ܘܢܐܙܠܘܢ | ** ܕܢܫܪܘܢ ܬܡܢ: |
| | ܕܢܫܪܘܢ | ܕܢܐܙܠܘܢ * * ܕܢܫܪܘܢ | |
| | | ܬܡܢ. | |
| 13 | ܗܘ ܗܒܘ ܠܗܘܢ ܐܢܬܘܢ | ܝܫܘܥ ܐܢܬܘܢ ܗܒܘ ܠܗܘܢ | ܝܫܘܥ. ܗܒܘ ܠܗܘܢ ܐܢܬܘܢ |
| | lacuna | | |
| | ܐܠܐ ܐܙܠܝܢ ܐܢܚܢܢ | ܐܠܐ ܐܢܚܢܢ ܐܙܠܝܢ | ܐܠܐ[4] ܘܐܙܠܝܢ |
| | lacuna | | |
| | ܒܟܠܗ | ܟܠܗ | ܟܠܗ |
| 14 | ܗܘܝܢ | ܗܘܝܢ ܗܘܘ | ܗܘܝܢ ܗܘܘ |
| | lacuna | | |
| | ܐܝܟ (b) | ܓܒܪ̈ܝܢ | ܐܢܫܝܢ |

[1] 40 lin. interr.

[2] 40 lin. interr.

[3] 40. ܘܥܠ ܩܕܡ.

[4] 40. ܐܠܐ ܐܢ.

| | Lewisianus | Curetonianus | Peshitto |
|---|---|---|---|
| IX. 15 | ܟܠܗܘܢ | ܐܢܘܢ ܠܟܠܗܘܢ. | ܠܟܠܗܘܢ. |
| 16 | ܠܗܘܢ lacuna ܘܗܢܘܢ ܢܘܣܡ | ܗܢܘܢ * * ܘܐܬܩܢ ܢܩܫܝܢ. * * | ܗܢܘܢ * * ܘܐܬܩܢ ܢܩܫܝܢ: * * |
| | * * ܠܟܠܗܘܢ * * lacunae | ܠܟܠܗܘܢ. * * ܟܢܫܐ. | ܠܟܢܫܐ. * * om. |
| | ܠܟܢܫܐ | | |
| 17 | ܕܐܘܬܪܘ lacuna * * ܩܘܦܝܢ | ܡܠܝܐ ܡܢܗ ܕܐܘܬܪܘ * * | ܡܠܝܐ ܡܢܗ ܕܝܬܪܘ.[1] * * |
| | ܡܢ ܠ | ܩܘܦܝܢ. ܘܐܡܠܗܘܢ ܗܘܘ | ܩܘܦܝܢ |
| | lacuna; omnia, quae in | ܐܝܟ ܗܠܝܢ ܕܐܟܠܘ ܡܢ | |
| | Sc. leguntur, capta esse | ܠܚܡܐ ܗܘ. ܐܝܟ ܡܩܕܡܐ | |
| | non possunt. | ܐ̈ܠܦܝܢ. ܗܘܝ ܡܢ | |
| | lin. non interr. | ܢܩܠ ܘܡ̈ܠܐ. ◦◦◦ lin. interr. | ✦ lin. interr.[2] |
| 18 | lacunae ܟܕ | ܘܟܕ | ܘܟܕ |
| 19 | lacunae ܘܐܡܪܝܢ | ܐܡܪܝܢ | ܘܐܡܪܝܢ |
| 20 | lacuna | | |
| | ܐܢܬܘܢ ܐܡܪܝܢ | ܐܡܪܝܢ ܐܢܬܘܢ | ܐܡܪܝܢ ܐܢܬܘܢ |
| 21 | ܘܦܩܕ | ܘܗܘ ܦܩܕ | ܗܘ ܕܝܢ ܦܩܕ |
| 22 | lacunae | | |
| | ܘܟܗܢܐ ܘܣܦܪܐ ܘܢܩܛܠܘܢܝܗܝ | ܘܣܦܪ̈ܐ ܘܟܗ̈ܢܐ. ܘܢܩܛܠܘܢܝܗܝ | ܘܪ̈ܒܝ ܟܗܢܐ. ܘܣܦܪ̈ܐ. |
| | lacuna ܠܬܠܬܐ ܢܩܘܡ | ܘܒܝܘܡܐ ܕܬ̈ܠܬܐ | ܘܢܩܛܠܘܢܗ ܘܒܝܘܡܐ |
| | | | ܕܬܠܬܐ |
| 23 | ܠܟܠܗܘܢ * * ܙܩܝܦܗ | ܠܟܠܗܘܢ * * ܨܠܝܒܗ ܒܟܠܝܘܡ | ܠܟܠܗܘܢ * * ܙܩܝܦܗ ܟܠܝܘܡ[3] |
| 26 | ܘ lacuna ܕܡܢ | ܡܢ | ܡܢ |
| | lacuna | | |
| | ܡܠܐܟܐ | ܘܕܡ̈ܠܐܟܘܗܝ | ܡ̈ܠܐܟܘܗܝ |
| 27 | om. | ܕܐܬܝܐ ܒܫܘܒܚܐ | om. |
| | lin. non interr. | ◉ ○ ◉ lin. interr. | ⁘ [4] lin. non interr. |
| 28 | ܘܫܩܠ | ܘܫܩܠܗ | ܘܫܩܠ |
| 29 | om. | ܐܝܟ ܠܒܠܐ. | om. |
| 31 | ܘܐܬܚܙܝܘ ܒܫܘܒܚܐ | ܕܐܬܚܙܝܘ ܒܬܫܒܘܚܬܐ. | ܕܐܬܚܙܝܘ ܒܬܫܒܘܚܬܐ. |
| 32 | ܘܟܐܦܐ * * ܢܥܪܘ | ܘܫܡܥܘܢ ܟܐܦܐ * * ܢܥܪܘ | ܘܫܡܥܘܢ * * ܢܥܪܘ |
| | om. | ܗܫܬܐ. | om. |
| 33 | ܦܪܫܝܢ ܡܢܗ | ܦܪܫܝܢ ܡܢܗ ܗܘܘ | ܦܪܫܝܢ. ܡܢܗ ܗܘܘ |

[1] 40. ܕܐܘܬܪܘ. [2] 40 lin. non interr. [3] 40. ܝܘܡ ܟܠ. [4] 40 lin. interr.

| | LEWISIANUS | CURETONIANUS | PESHITTO |
|---|---|---|---|
| IX. 33 | om. | ܐܝܟ | om. |
| | ܡܛܠܠܢ | ܡ̈ܛܠܠܢ. | ܡ̈ܛܠܠܢ. |
| 35 | om. | ܗܘ ܕܐܡܪ. | ܕܐܡܪ: |
| | ܕܗܢܘ ܒܪܝ ܓܒܝܐ | ܗܢܘ ܒܪܝ ܘܚܒܝܒܝ | ܗܢܘ ܒܪܝ ܚܒܝܒܐ |
| 36 | ܫܬܩܘ ܘܠܐܢܫ ܐܢܫ ** ܕܚܙܘ | ܫܬܩܘ ܠܗܘܢ. ܘܠܐܢܫ ܐܢܫ ** ܕܚܙܘ ܗܘܘ | ܫܬܩܘ. ܘܠܐܢܫ ** ܕܚܙܘ |
| | ⁘ ·⁘ lin. interr. | punctum, lin. non interr. | ⁘ lin. interr.[1] |
| 37 | om. | ܠܘܬ | ܕܒܬܪܗ |
| | ܒܗܘܢ | ܒܗ | ܒܗܘܢ |
| 38 | ܒܥܝܐ ** ܐܬܦܢܐ ܥܠ ܒܪܝ ܕܝܚܝܕܝܐ | ܒܥܐ ܐܢܐ ** ܐܬܦܢܝܘ ܥܠ ܒܪܝ. ܝܚܝܕܝܐ | ܒܥܐ ܐܢܐ ** ܐܬܦܢܝ[2] ܥܠ. ܒܪܝ ܕܝܚܝܕܝܐ[3] |
| 39 | ܡܢ ** ܘܪܡܝܐ | ܘܡܢ ** ܪܡܝܐ | ܘܡܢ |
| | ܘܡܚܒܠ ܠܗ | om. | ܘܡܚܪܩ ܫܢ̈ܘܗܝ |
| 40 | ܕܢܦܩܘܢܗ | om. | ܕܢܦܩܘܢܝܗܝ |
| | ܠܡܥܩܪܘܬܗ | ܠܡܐܣܝܘܬܗ ܘܠܡܦܩܘܬܗ. | om. |
| 41 | ܓܝܠܐ ** ܕܠܐ ܡܗܝܡܢܬܐ ** ܡܥܩܡܝܢ ܥܕܡܐ ܠܐܡܬܝ | ܘܓܝܠܐ ** ܕܠܐ ܗܝܡܢܘ. ** ܡܥܩܡܝܢ ܠܝ ܥܕܡܐ ܠܐܡܬܝ. | ܓܝܠܐ ** ܕܠܐ ܡܗܝܡܢܬܐ ** ܡܥܩܡܝܢ ܥܕܡܐ ܠܐܡܬܝ. |
| 42 | ܘܡܥܟܣ ܗܘܐ | ܘܡܥܟܣ ܗܘܐ | ܘܡܥܟܣܗ. |
| 43 | ܟܠ ܐܝܟ ** ܟܠ | ܟܠܗܘܢ ** ܥܠ | ܟܠܗܘܢ[4] ** ܥܠ |
| 45 | ܕܡܠܬܐ ** ܘܗܢܘܢ ܕܚܠܝܢ ܥܠܝܗ. ܥܠ ܡܠܬܐ ܗܕܐ | ܕܡܠܬܐ ** ܘܗܢܘܢ ܕܚܠܝܢ ܗܘܘ ܕܢܫܐܠܘܢܝܗܝ ܥܠܝܗ ܥܠ ܗܕܐ ܡܠܬܐ. | ܕܡܠܬܐ ** ܘܕܚܠܝܢ ܗܘܘ ܕܢܫܐܠܘܢܝܗܝ ܥܠܝܗ ܥܠ ܡܠܬܐ ܗܕܐ. |
| 46 | om. | ܗܕܐ | om. |
| 47 | ܡܚܫܒܬܐ ܕܠܒܗܘܢ ** ܛܠܝܐ ** ܠܘܬܗܘܢ | ܡܚܫ̈ܒܬܗܘܢ. ** ܛܠܝܐ ܚܕ ** ܠܘܬܗ | ܡܚܫܒܬܐ ܕܠܒܗܘܢ: ** ܛܠܝܐ ** ܠܘܬܗ: |
| 48 | ܐܝܢܐ ܓܝܪ ܕܙܥܘܪ ܘܛܠܝܐ ܒܟܘܢ ܗܘ ܪܒ ܗܘ | ܐܝܢܐ ܕܙܥܘܪ ܓܝܪ ܒܟܘܢ ܐܝܟ ܗܘ ܛܠܝܐ ܗܢܘ ܪܒ. | ܐܝܢܐ ܓܝܪ ܕܙܥܘܪ ܒܟܠܟܘܢ: ܗܘ ܢܗܘܐ ܪܒ. |
| 49 | ܥܢܐ | ܘܥܢܐ | ܘܥܢܐ |
| | ܪܒܢ | om. | ܪܒܢ:[5] |
| | ܚܕ ** ܡܛܠ ܕܠܐ ܐܬܐ ܥܡܢ | ܚܙܝܢ ܚܕ ** ܥܠ ܕܠܐ ܐܬܐ ܥܡܢ ܒܬܪܟ. | ܐܝܟ ** ܥܠ ܕܠܐ ܐܬܐ ܥܡܢ ܒܬܪܟ. |

[1] 40 lin. non interr. [2] 40. ܐܬܦܢ. [3] 40. ܕܐܝܚܝܕܝܐ. [4] 40. ܥܠ ܐܝܟ. [5] 40. ܪܒܝ.

| | Lewisianus | Curetonianus | Peshitto |
|---|---|---|---|
| IX. 50 | ܠܟܘܢ * * ܠܩܘܒܠܟܘܢ | ܠܟܘ * * ܠܩܘܒܠܟܘܢ | ܠܟܘܢ * * ܠܩܘܒܠܟܘܢ |
| | ܚܠܦܝܟܘܢ ܗܘ | ܚܠܦܟܘܢ ܗܘ. | ܚܠܦܝܟܘܢ ܗܘ |
| 51 | ܘܟܕ * * ܕܢܐܙܠ | ܘܗܘܐ ܟܕ * * ܕܢܐܙܠ ܠܗ | ܘܗܘܐ ܕܟܕ * * ܕܢܐܙܠ |
| 52 | ܘܥܠܘ ܠܩܪܝܬܐ | ܥܠܘ ܠܩܪܝܬܐ ܚܕܐ | ܥܠܘ ܠܩܪܝܬܐ |
| 53 | ܘܠܐ ܩܒܠܘܗܝ ܡܛܠ | ܘܠܐ ܩܒܠܘ ܐܢܘܢ. ܡܛܘܠ | ܘܠܐ ܩܒܠܘܗܝ. ܡܛܠ |
| 55 | ܘܟܐܐ ܒܗܘܢ | ܘܗܘ ܐܬܦܢܝ ܘܟܐܐ ܒܗܘܢ | ܘܐܬܦܢܝ ܘܟܐܐ ܒܗܘܢ ܘܐܡܪ. |
| | | ܘܐܡܪ ܠܗܘܢ. ܠܐ ܝܕܥܝܢ | ܠܐ ܝܕܥܝܢ ܐܢܬܘܢ ܕܐܝܕܐ |
| | | ܐܢܬܘܢ ܕܐܝܕܐ ܐܢܬܘܢ ܪܘܚܐ. | ܐܢܬܘܢ ܪܘܚܐ. |
| 56 | | ܒܪܗ ܓܝܪ ܕܐܢܫܐ ܠܐ ܐܬܐ | ܒܪܗ ܓܝܪ ܕܐܢܫܐ. ܠܐ ܐܬܐ |
| | | ܠܡܘܒܕܘ ܢܦܫܬܐ. ܐܠܐ | ܠܡܘܒܕܘ ܢܦܫܬܐ ܐܠܐ |
| | | ܠܡܚܝܘ. | ܠܡܚܝܘ. |
| | lin. non interr. | ·ܘ· lin. interr. | lin. non interr.[1] |
| 57 | ܐܡܪ ܠܗ ܐܢܫ | ܐܬܐ ܓܒܪܐ ܚܕ ܐܡܪ ܠܗ. | ܐܡܪ ܠܗ ܐܢܫ. |
| 58 | ܕܐܝ ܠܬܥܠܐ * * ܡܛܠ ܘܠܒܪܗ | ܠܬܥܠܐ**ܡܛܠܠܐ. ܠܒܪܗ ܕܝܢ | ܠܬܥܠܐ**ܡܛܠܠܐ. ܠܒܪܗ ܕܝܢ |
| 59 | ܐܬܐ | ܬܐ | ܬܐ |
| | om. | ܡܪܝ * * ܘܐܬܐ. | ܡܪܝ: |
| 60 | om. | ܝܫܘܥ | ܝܫܘܥ. |
| 62 | om. | ܬܘܒ | om. |
| | ܠܡܠܟܘܬܗ | ܠܡܠܟܘܬܐ | ܠܡܠܟܘܬܗ |
| X. 1 | ܡܢ ܬܠܡܝܕܘܗܝ ܐܚܪܢܐ | ܐܦ ܠܐܚܪܢܐ | ܡܢ ܬܠܡܝܕܘܗܝ ܐܚܪܢܐ |
| 2 | om. | ܗܟܝܠ | ܗܟܝܠ |
| 3 | ܐܙܠܘ ܗܐ ܐܢܐ ܡܫܕܪܢܐ | ܙܠܘ ܗܫܐ ܗܐ ܡܫܕܪ ܐܢܐ | ܙܠܘ. ܗܐ ܐܢܐ ܡܫܕܪ ܐܢܐ |
| | 3, 4 lacunae | | |
| 5 | ܒܒܝܬܐ | ܒܒܝܬܐ ܗܢܐ. | ܠܒܝܬܐ.[2] |
| 6 | ܐܢ * * ܐܢ | ܘܐܢ * * ܘܐܢ | ܘܐܢ * * ܘܐܢ |
| 7 | ܓܝܪ | om. | ܓܝܪ |
| | ܐܓܪܗ | ܡܣܒܪܬܗ. | ܐܓܪܗ. |
| 8 | om. | ܠܗ | om. |
| 10 | om. | ܕܝܢ | ܕܝܢ |
| | ܒܫܘܩܝܗܘܢ ܘܐܡܪܘ | ܘܐܡܪܘ ܒܫܘܩܝܗ. | ܒܫܘܩܐ[3] ܘܐܡܪܘ: |
| 11 | ܕܗܘܐ * * ܡܠܟܘܬܐ ܕܐܠܗܐ | ܘܗܘܐ * * ܡܠܟܘܬܗ ܕܐܠܗܐ. | om. * * ܡܠܟܘܬܗ ܕܐܠܗܐ. |

[1] 40 lin. interr.  [2] 40. ܒܒܝܬܐ ܗܢܐ.  [3] 40. ܠܫܘܩܐ.

| | Lewisianus | Curetonianus | Peshitto |
|---|---|---|---|
| X. 12 | ܕܠܣܕܘܡܝܐ ܗܘ. | ܕܠܗܘܢ ܣܕܘܡܝܐ. ⊙ ○ ⊙ | ܠܣܕܘܡܝܐ ܗܘ. |
| | lin. non interr. | lin. interr. | lin. non interr. |
| 13 | ܕܒܟܝܢ ܗܘܘ | ܕܗܘܘ ܒܟܝܢ. | ܕܗܘܘ ܒܟܝܢ܆ |
| 14 | ܒܕܘܢܐ ܗܘ | ܒܕܘܢܐ ܕܕܝܢܐ. | ܒܕܘܢܐ[1] ܕܕܝܢܐ |
| 15 | ܘܐܢܬܝ ܟܦܪܢܚܘܡ | ܘܐܦ ܐܢܬܝ ܟܦܪܢܚܘܡ | ܘܐܢܬܝ ܟܦܪܢܚܘܡ |
| | om. | ܐܠܐ | om. |
| | ܬܬܚܬܝܢ | ܬܚܬܝܢ. | ܬܬܚܬܝܢ ܀ |
| 16 | ܡܢ ܕܫܡܥ ܠܟܘܢ ** ܠܡܢ<br>ܕܫܕܪܢܝ ܣܠܐ ܘܡܢ ܕܠܝ<br>ܫܡܥ ܠܡܢ ܕܫܕܪܢܝ ܫܡܥ<br>lin. non interr. | ܡܢ ܕܠܟܘܢ ܫܡܥ * * ܠܝ<br>ܗܘ ܣܠܐ. ܘܡܢ ܕܠܝ ܣܠܐ<br>ܠܡܢ ܕܫܕܪܢܝ ܣܠܐ. ܘܡܢ<br>ܕܠܝ ܫܡܥ ܠܡܢ ܕܫܕܪܢܝ<br>lin. interr. ⊙ ○ ⊙ ܫܡܥ | ܡܢ ܕܠܟܘܢ ܫܡܥ * * ܠܝ<br>ܗܘ ܛܠܡ ܘܡܢ ܕܠܝ ܛܠܡ<br>ܛܠܡ ܠܡܢ ܕܫܠܚܢܝ ܀<br>lin. non interr.[2] |
| 17 | ܗܘܦܟܝܢ ܘܐܬܝܢ**ܐܡܪܝܢ**ܐܦ<br>lacunae | ܗܦܟܝܢ * * ܘܐܡܪܝܢ * * ܘܐܦ | ܗܦܟܝܢ * * ܘܐܡܪܝܢ * * ܐܦ |
| 18 | lacuna | | |
| | ܡܫܡܝܐ * * om. | ܡܢ ܫܡܝܐ * * ܕܢܦܠ (b) | ܡܢ ܫܡܝܐ܆ * * om. |
| 19 | ܝܗܒܬ * * ܘܐܦ | ܝܗܒ ܐܢܐ * * ܘܟܠܗ | ܝܗܒ ܐܢܐ * * ܘܟܠܗ |
| 20 | ܕܝܢ | om. | om. |
| | ܕܫܡܗ̈ܐ * * ܕܐܬܟܬܒܘ | ܕܫܡܗ̈ܐ * * ܕܟܬܝܒܝܢ | ܕܫܡܗ̈ܐ * * ܐܬܟܬܒܘ |
| 21 | unum verb. deest | | |
| 22 | ܐܒܐ ܘܡܢܘ ܝܕܥ ܠܒܪܐ ܐܠܐ ܐܒܐ<br>ܘܡܢܘ ܝܕܥ ܠܐܒܐ ܐܠܐ ܐܢ<br>ܒܪܐ | ܐܒܝ. ܘܠܐ ܐܢܫ ܝܕܥ ܡܢܘ ܒܪܐ<br>ܐܠܐ ܐܢ ܐܒܐ. ܘܠܐ ܡܢܘ ܐܒܐ<br>ܐܠܐ ܐܢ ܒܪܐ. | ܐܒܝ. ܘܠܐ ܐܢܫ ܝܕܥ ܡܢܘ ܒܪܐ<br>ܐܠܐ ܐܢ ܐܒܐ. ܘܡܢܘ ܐܒܐ ܐܠܐ<br>ܐܢ ܒܪܐ. |
| 23 | ܡܐ ܕܚܙܝܢ ܐܢܬܘܢ | ܡܕܡ ܕܚܙܝܬܘܢ. | ܡܕܡ ܕܐܢܬܘܢ ܚܙܝܢ. |
| 24 | ܣܓܝ̈ܐ | om. | ܣܓܝ̈ܐ܆ |
| | ܕܐܢܬܘܢ ܫܡܥܝܢ | ܕܫܡܥܝܢ ܐܢܬܘܢ | ܕܐܢܬܘܢ ܫܡܥܝܢ. |
| 25 | ܟܕ | ܘܟܕ | aliter. |
| 26 | ܩܪܐ ܐܢܬ | ܩܪܝܬ. | ܩܪܐ ܐܢܬ. |
| 27 | ܗܘ ܕܝܢ ܥܢܐ ܘܐܡܪ ܠܗ * *<br>ܒܟܠܗ ܠܒܟ * * ܢܦܫܟ * *<br>ܚܝܠܟ * * ܟܠܗ ܪܥܝܢܟ | ܐܡܪ ܠܗ * * ܟܠܗ ܠܒܟ. * *<br>ܚܝܠܟ. * * ܢܦܫܟ. * * ܒܟܠܗ<br>ܪܥܝܢܟ. | ܥܢܐ ܘܐܡܪ ܠܗ. * * ܟܠܗ<br>ܠܒܟ * * ܢܦܫܟ. * * ܚܝܠܟ.<br>ܟܠܗ ܪܥܝܢܟ. |

[1] 40 om. ܒܕܘܢܐ, habet ܒܕܝܢܐ.

[2] 40 lin. interr.

| | LEWISIANUS | CURETONIANUS | PESHITTO |
|---|---|---|---|
| X. 30 | om. | ܝܫܘܥ. | ܝܫܘܥ. |
| | ܘܢܦܠܘ ܓܝܣܐ | ܘܢܦܠ ܒܐܝܕܝ ܓܝܣܐ. | ܘܢܦܠܘ ܥܠܘܗܝ ܠܓܝܣܐ. |
| 31 | ܢܚܬ | ܢܚܬ ܗܘܐ | ܢܚܬ ܗܘܐ |
| 32 | ܘܗܟܢܐ ܐܦ | ܘܐܦ | ܘܗܟܢܐ ܐܦ |
| 33 | ܪܕܐ ܗܘܐ ܒܐܘܪܚܗ ܡܛܝܗ | ܪܕܐ ܗܘܐ ܒܗ ܒܐܘܪܚܐ ܘܡܛܝܗ | ܪܕܐ ܗܘܐ: ܐܬܐ ܐܝܟܐ ܕܐܝܬܘܗܝ |
| 34 | ܘܩܪܒ ܥܨܒ ܡܚܘܬܗ. ܘܐܪܡܝ<br>ܥܠܝܗܝܢ ܡܫܚܐ ܘܚܡܪܐ | ܘܐܬܩܪܒ ܘܥܨܒ ܡܚܘܬܗ.<br>ܘܢܨܠ ܥܠܝܗܝܢ ܚܡܪܐ<br>ܘܡܫܚܐ. | ܘܐܬܩܪܒ ܘܥܨܒ ܡܚܘܬܗ.<br>ܘܢܨܠ ܥܠܝܗܝܢ ܚܡܪܐ<br>ܘܡܫܚܐ. |
| 35 | ܘܝܗܒ * * ܘܡܐ ܕܗܦܟܬ ܠܘܬ<br>ܡܕܡ ܕܬܦܩ ܠܟ ܒܟܠܗܘܢ<br>ܦܢܐ ܐܢܐ ܠܟ | ܝܗܒ * * ܘܡܐ ܕܗܦܟܬ ܡܕܡ<br>ܕܬܦܩ ܠܟ ܠܘܬ ܦܢܐ ܐܢܐ<br>ܠܟ. | ܝܗܒ * * ܘܐܢ ܡܕܡ ܬܘܣܦ<br>ܠܗ: ܡܐ ܕܗܦܟ ܐܢܐ<br>ܝܗܒ ܐܢܐ ܠܟ. |
| 36 | ܩܪܝܒܗ | ܩܪܝܒܐ | ܩܪܝܒܐ |
| 39 | ܕܝܫܘܥ * * ܡܠܬܗ | ܕܡܪܢ. * * ܡ̈ܠܘܗܝ. | ܕܡܪܢ܆ * * ܡ̈ܠܘܗܝ |
| 40 | om. | ܣܓܝܐܬܐ. | ܣܓܝܐܬܐ. |
| | ܠܬܫܡܫܬܐ | ܕܐܫܡܫ. | ܠܬܫܡܫܬܐ܂ |
| 41 | ܥܢܐ ܝܫܘܥ. ܘܐܡܪ ܠܗ ܡܪܬܐ<br>ܡܪܬܐ | ܐܡܪ ܠܗ̇ ܡܪܬܐ ܡܪܬܐ ܪܢܝܐ<br>ܘܡܬܪܓܙܐ ܕܡܢ ܐܢܬܝ ܒܟܠܗܝܢ<br>ܥܠ ܣܓܝ̈ܐܬܐ. | ܥܢܐ ܝܫܘܥ ܘܐܡܪ ܠܗ̇. ܡܪܬܐ<br>ܡܪܬܐ: ܪܢܝܐ ܘܡܬܪܓܙܐ<br>ܥܠ ܣܓܝ̈ܐܬܐ. |
| 42 | ܡܪܝܡ ܡܢܬܐ ܛܒܬܐ ܓܒܬ<br>ܠܗ̇ ܕܠܐ ܬܬܢܣܒ ܡܢܗ̇ | ܚܕܐ ܗܘ ܕܝܢ ܡܬܒܥܝܐ. ܡܪܝܡ<br>ܡܢܬܐ ܛܒܬܐ ܓܒܬ ܠܗ̇<br>ܘܠܐ ܬܬܢܣܒ ܡܢܗ̇. ܀ | ܚܕܐ ܗܝ ܕܝܢ ܕܡܬܒܥܝܐ.<br>ܡܪܝܡ ܕܝܢ ܡܢܬܐ ܛܒܬܐ<br>ܓܒܬ ܠܗ̇: ܗܝ ܕܠܐ ܬܫܬܩܠ<br>ܡܢܗ̇ ܀ |
| XI. 1 | om. | ܕܝܢ | om. |
| | unum verb. deest | | |
| | om. | ܡܟܝܠ | om. |
| 2 | ܘܐܡܪ | ܐܡܪ | ܐܡܪ |
| 3<br>4 | Oratio Dominica | Oratio Dominica | Oratio Dominica |
| | ܐܒܐ ܢܬܩܕܫ ܫܡܟ ܘܬܐܬܐ<br>ܡܠܟܘܬܟ ܘܗܒ ܠܢ ܠܚܡܐ<br>ܐܡܝܢܐ ܕܟܠܝܘܡ ܘܫܒܘܩ ܠܢ<br>ܚܛܗܝܢ ܘܐܦ ܐܢܚܢ ܫܒܩܝܢ<br>ܐܢܫ ܟܠ ܕܚܝܒ ܠܢ ܘܠܐ<br>ܬܥܠܢ ܠܢܣܝܘܢܐ | ܐܒܘܢ ܕܒܫܡܝܐ ܢܬܩܕܫ<br>ܫܡܟ. ܘܬܐܬܐ ܡܠܟܘܬܟ.<br>ܘܗܒ ܠܢ ܠܚܡܐ ܐܡܝܢܐ<br>ܕܟܠܝܘܡ. ܘܫܒܘܩ ܠܢ<br>ܚܛܗܝܢ. ܐܦ ܚܢܢ ܢܫܒܘܩ<br>ܠܟܠ ܕܚܝܒ ܠܢ. ܘܠܐ<br>ܬܥܠܢ ܠܢܣܝܘܢܐ. ܐܠܐ ܦܨܢ | ܐܒܘܢ ܕܒܫܡܝܐ: ܢܬܩܕܫ<br>ܫܡܟ. ܬܐܬܐ ܡܠܟܘܬܟ.<br>ܢܗܘܐ ܨܒܝܢܟ. ܐܝܟܢܐ ܕܒܫܡܝܐ<br>ܐܦ ܒܐܪܥܐ. ܗܒ ܠܢ<br>ܠܚܡܐ ܕܣܘܢܩܢܢ ܝܘܡܢܐ.<br>ܘܫܒܘܩ ܠܢ ܚܛܗ̈ܝܢ. ܐܦ<br>ܚܢܢ ܓܝܪ ܫܒܩܢ ܠܟܠ |

| | LEWISIANUS | CURETONIANUS | PESHITTO |
|---|---|---|---|
| XI. 4 | | ܡܢ ܒܝܫܐ. | ܘܫܒܘܩ ܠܢ. ܘܠܐ ܬܥܠܢ<br>ܠܢܣܝܘܢܐ. ܐܠܐ ܦܪܘܩܝܢ[1]<br>ܡܢ ܒܝܫܐ. |
| | lin. interr. | punctum, lin. non interr. | punctum, lin. non interr.[2] |
| 5 | ܕܐܝܬ ܠܗ | ܕܢܗܘܐ ܠܗ | ܕܐܝܬ ܠܗ |
| 6 | ܡܛܠ ܕܪܚܡܐ ܚܕ ܠܝ | ܡܛܘܠ ܕܪܚܡܝ ܐܬܐ ܠܘܬܝ | ܡܛܠ ܕܪܚܡܐ ܐܬܐ ܠܘܬܝ |
| 7 | ܘܗܘ ܢܥܢܐ * * ܘܢܐܡܪ: * *<br>ܡܛܘܠ * * ܒܢܝ * * ܡܫܟܚ<br>ܐܢܐ | ܘܢܥܢܐ * * ܘܢܐܡܪ: * * ܡܛܘܠ<br>* * ܘܛܠܝܐ * * ܡܫܟܚܢܐ | ܘܗܘ * * ܢܥܢܐ[3] ܘܢܐܡܪ: * * ܕܗܐ<br>* * ܘܒܢܝ * * ܡܫܟܚ ܐܢܐ |
| 8 | ܐܡܪܢܐ | ܐܡܪ ܐܢܐ | ܐܡܪ ܐܢܐ |
| | om. | ܢܩܘܡ (a) | om. |
| | ܘܡܛܠ ܚܨܝܦܘܬܐ | ܡܛܠ ܚܨܝܦܘܬܗ | ܡܛܠ ܚܨܝܦܘܬܐ[4] |
| 9 | ܒܥܘ ܘܬܫܟܚܘܢ | om. | ܒܥܘ ܘܬܫܟܚܘܢ. |
| 10 | ܟܘܠ * * ܘܟܠ ܕܒܥܐ | ܟܠ * * ܘܟܘܠ ܕܒܥܐ | ܟܠ * * ܘܕܒܥܐ |
| 11 | lacuna | | |
| | ܕܢܫܐܠܝܘܗܝ ܒܪܗ ܢܘܢܐ ܕܠܡܐ<br>ܚܠܦ ܢܘܢܐ ܚܘܝܐ ܝܗܒ | ܕܢܫܐܠܝܘܗܝ ܒܪܗ ܠܚܡܐ.<br>ܠܡܐ ܗܘ ܟܐܦܐ ܡܘܫܛ<br>ܠܗ. ܐܘ ܐܢ ܢܘܢܐ<br>ܢܫܐܠܝܘܗܝ. ܕܠܡܐ ܚܠܦ<br>ܢܘܢܐ ܚܘܝܐ ܝܗܒ ܠܗ. | ܕܢܫܐܠܝܘܗܝ ܒܪܗ ܠܚܡܐ.<br>ܠܡܐ ܟܐܦܐ ܡܘܫܛ ܠܗ:<br>ܘܐܢ ܢܘܢܐ ܢܫܐܠܝܘܗܝ:<br>ܠܡܐ ܚܠܦ ܢܘܢܐ ܚܘܝܐ<br>ܡܘܫܛ ܠܗ: |
| 12 | ܐܢ | ܘܐܢ | ܘܐܢ |
| 13 | ܝܬܝܪ: ܐܒܐ ܕܒܫܡܝܐ ܕܢܬܠ<br>ܛܒܬܐ | ܝܬܝܪܐܝܬ ܐܒܐ ܡܢ ܫܡܝܐ.<br>ܢܬܠ ܪܘܚܐ ܩܕܝܫܬܐ | ܝܬܝܪ[5] ܐܒܘܟܘܢ ܡܢ ܫܡܝܐ:<br>ܢܬܠ ܪܘܚܐ ܕܩܘܕܫܐ |
| 14 | ܫܐܕܐ * * ܚܪܫܐ | ܗܘ ܫܐܕܐ * * ܚܪܫܐ ܗܘܐ. | ܗܘ ܫܐܕܐ * * ܚܪܫܐ. |
| 15 | ܫܐܕܐ lacuna ܡܦܩ | ܡܦܩ ܗܘܐ ܫܐܕܐ. | ܡܦܩ ܗܘܐ ܕܝܘܐ. |
| 16 | ܫܐܠܝܢ ܗܘܘ ܠܗ ܐܬܐ ܡܢ<br>ܫܡܝܐ | ܐܬܐ ܡܢ ܫܡܝܐ ܫܐܠܝܢ ܗܘܘ<br>ܠܗ. | ܐܬܐ ܡܢ ܫܡܝܐ ܫܐܠܝܢ ܗܘܘ<br>ܠܗ. |
| 17 | ܝܕܥ * * ܟܘܠ (a) | ܗܘ ܝܕܥ * * ܟܠ (a) | ܕܝܕܥ * * ܟܠ |
| 18 | ܢܬܦܠܓ | ܐܬܦܠܓ | ܐܬܦܠܓ:[6] |

[1] 40. ܦܪܘܩܢ. [2] 40 lin. interr. [3] 40 eundem verborum ordinem habet ac cod. Lp.
[4] 40. ܚܨܝܦܘܬܗ. [5] 40. ܝܬܝܪܐܝܬ. [6] 40. ܡܬܦܠܓ.

| | Lewisianus | Curetonianus | Peshitto |
|---|---|---|---|
| XI. 19 | lacunae | | |
| 20 | ܡܠܟܘܬܐ | ܡܠܟܘܬܗ | ܡܠܟܘܬܗ |
| 21 | ܚܣܝܢܐ | ܕܚܣܝܢܐ | ܕܚܣܝܢܐ |
| 23 | lin. non interr. | ⊙ ○ ⊙ lin. interr. | lin. non interr.[1] |
| 24 | lacuna | | |
| | ܡܢ ܗܟܝܠ | om. | om. |
| | ܒܗܝܢ * * ܐܬܪܘܬܐ | ܒܗܘܢ * * ܡܢ ܐܬܪܘܬܐ | ܒܗܘܢ. * * ܐܬܪܘܬܐ |
| 25 | ܡܐ * * ܐܫܟܚ | ܘܡܐ * * ܘܐܫܟܚ | ܘܐܢ * * ܐܫܟܚܗ |
| 26 | ܗܝܕܝܢ | om. | ܗܝܕܝܢ |
| | om. | ܙ̈ܘܫܡ | ܙ̈ܘܫܡ |
| | ܚܪܬܗ * * ܒܪ ܐܢܫܐ | ܕܚܪܬܗ * * ܒܪܢܫܐ | ܕܚܪܬܗ * * ܕܒܪܢܫܐ |
| | lin. non interr. | ⊙ ○ ⊙ lin. interr. | :: lin. interr.[2] |
| 28 | ܕܫܡܥܝܢ | ܕܫܡܥܝܢ | ܕܫܡܥܝܢ |
| | lin. non interr. | ⊙ ○ ⊙ lin. interr. | lin. non interr.[3] |
| 29 | ܐܬܐ (b) * * ܠܗܘܢ | ܘܐܬܐ (b) * * ܠܗ. | ܘܐܬܐ (b) * * ܠܗ: |
| | ܕܫܡܝܐ | om. | om. |
| | ܐܠܐ ܐܬܐ ܕܝܘܢܢ ܢܒܝܐ | om. | ܐܠܐ ܐܬܗ ܕܝܘܢܢ ܢܒܝܐ. |
| 30 | ܐܝܟܢܐ ܓܝܪ ܕܗܘܐ ܝܘܢܢ ܐܬܐ ܠܢܝܢܘܝܐ | ܐܠܐ ܐܝܟܢܐ ܕܗܘܐ ܝܘܢܢ ܐܬܐ ܠܢܝܢܘܝܐ. | ܐܝܟܢܐ ܓܝܪ ܕܗܘܐ ܝܘܢܢ ܐܬܐ ܠܢܝܢܘܝ̈ܐ: |
| 32 | ܢܝܢܘܝ | ܢܝܢܘܐ | ܢܝܢܘܝ̈ܐ |
| 33 | ܒܛܘܫܐ | ܬܚܝܬ ܣܐܬܐ. ܐܘ ܒܝܬ ܓܘܢܐ. | ܒܛܘܫܝܐ. ܐܘ ܬܚܝܬ ܣܐܬܐ. |
| 34 | ܘܟܠܗ * * ܦܓܪܟ ܢܗܝܪ ܗܘ | ܟܠܗ * * ܦܓܪܟ ܟܠܗ ܢܗܝܪ ܗܘ. | ܟܠܗ * * ܦܓܪܟ ܗܘܐ ܢܗܝܪ. |
| 35 | ܢܗܝܪ ܗܘ | ܢܗܝܪ ܠܟ. | ܢܘܗܪܐ ܗܘ. |
| 36 | ܐܦ ܦܓܪܟ ܗܘܠܟ ܟܠܗ ܕܠܝܬ ܒܗ ܚܘܫܟܐ ܕܡܢܗܪ ܗܘܐ ܫܪܓܐ. ܗܘܠܟ ܟܠܗ ܕܡܢܗܪ ܗܘܐ ܢܗܪ ܡܢܗܪ ܠܟ. | ܐܢ ܢܗܘܪܐ ܕܒܟ ܢܗܝܪ ܗܘ. ܟܠܗ ܦܓܪܟ ܢܗܘܐ. | ܐܢ ܕܝܢ ܟܠܗ ܦܓܪܟ[4] ܢܗܝܪ ܗܘ:[5] ܘܠܝܬ ܒܗ ܡܕܡ ܚܫܘܟܐ. ܢܗܘܐ ܡܢܗܪ ܟܠܗ. ܐܝܟ ܕܫܪܓܐ ܒܙܠܓܗ ܡܢܗܪ ܠܟ. |
| 37 | ܘܟܕ ܐܫܬܥܝ | ܘܟܠ ܐܫܬܥܝ. | ܘܟܠ ܐܫܬܥܝ. |

[1] 40 lin. interr. [2] 40 lin. non interr. [3] 40 lin. interr. [4] 40. ܦܓܪܟ ܟܠܗ.
[5] 40 om.

| | Lewisianus | Curetonianus | Peshitto |
|---|---|---|---|
| XI. 38 | ܐܬܕܡܪ ܕܠܡܢܐ ܠܐ ܥܡܕ ܩܕܡ ܫܪܘܬܗ | ܘܡܪܝܢ ܗܘܐ ܦܪܝܫܐ ܗܘ ܐܡܪ ܒܪܥܝܢܗ. ܕܠܡܢܐ ܠܐ ܥܡܕ ܡܢ ܩܕܡ ܫܪܘܬܗ. | ܗܘ ܕܝܢ ܦܪܝܫܐ ܟܕ ܚܙܝܗܝ: ܐܬܕܡܪ ܕܠܐ ܠܘܩܕܡ ܥܡܕ ܡܢ ܩܕܡ ܫܪܘܬܗ. |
| 39 | ܢܡܘܣܐ ** ܒܪܗ ܗܘ ܕܝܢ ܕܟܣܐ | ܡܪܢ. * * ܒܪܗ ܗܘ ܕܟܣܐ | ܢܡܘܣܐ. * * ܒܪܗ ܕܟܣܐ |
| 40 | ܐܦ ܕܠܓܘ | ܘܐܦ ܕܠܓܘ | ܘܕܠܓܘ |
| 41 | ܠܙܕܩܬܐ | ܙܕܩܬܐ. | ܠܙܕܩܬܐ: |
| 42 | ܘܠܟܘܢ ܦܪܝܫܐ ** ܗܠܝܢ ܘܠܐ ܗܘܐ ܕܬܫܒܩܘܢ ܐܘ ܗܠܝܢ ܠܐ ܢܫܬܒܩܘܢ | ܘܝ ܠܟܘܢ ܣܦܪܐ ܘܦܪܝܫܐ. * * ܗܠܝܢ ܕܝܢ ܠܡܥܒܕܗܝܢ ܘܗܠܝܢ ܕܝܢ ܠܐ ܡܫܒܩܘܢ | ܘܝ ܠܟܘܢ ܦܪܝܫܐ: * * ܗܠܝܢ ܕܝܢ ܘܠܐ ܗܘܐ ܕܬܥܒܕܘܢ ܘܗܠܝܢ ܠܐ ܠܡܫܒܩܘ. |
| 43 | ܦܪܝܫܐ | ܣܦܪܐ ܘܦܪܝܫܐ. | ܦܪܝܫܐ |
| 44 | ܕܠܐ ܚܙܝܢ ܐܢܘܢ | om. | ܕܠܐ ܝܕܝܥܝܢ. |
| | ܠܥܠ ܡܢܗܘܢ ܘܠܐ ܝܕܥܝܢ ܐܢܘܢ | ܠܥܠ ܡܢܗܘܢ ܘܠܐ ܝܕܥܝܢ. | ܒܗܘܢ ܘܠܐ ܝܕܥܝܢ. |
| 45 | ܐܦ | ܘܐܦ | ܘܐܦ[1] |
| 46 | ܐܦ ܠܟܘܢ ܘܝ ܠܟܘܢ ܣܦܪܐ ܕܡܛܥܢܝܢ ܐܢܬܘܢ ܠܒܢܝ ܐܢܫܐ ܡܘܒܠܐ ܝܩܝܪܐ ܘܐܢܬܘܢ ܚܕܐ ܡܢ ܨܒܥܬܟܘܢ ܠܐ ܡܬܩܪܒܝܢ ܐܢܬܘܢ ܠܗܘܢ | ܐܦ ܠܟܘܢ ܘܝ ܣܦܪܐ. ܕܡܛܥܢܝܢ ܐܢܬܘܢ ܡܘܒܠܐ ܝܩܝܪܐ. ܘܣܝܡܝܢ ܐܢܬܘܢ ܥܠ ܟܬܦܬܐ ܕܒܢܝ ܐܢܫܐ. ܘܐܢܬܘܢ ܐܦܠܐ ܚܕܐ ܡܢ ܨܒܥܬܟܘܢ ܩܪܒܝܢ ܐܢܬܘܢ ܠܗܘܢ. | ܐܦ[2] ܠܟܘܢ ܣܦܪܐ ܘܝ. ܕܡܛܥܢܝܢ ܐܢܬܘܢ ܠܒܢܝܢܫܐ[3] ܡܘܒܠܐ ܝܩܝܪܐ: ܘܐܢܬܘܢ ܚܕܐ ܡܢ ܨܒܥܬܟܘܢ ܠܐ ܩܪܒܝܢ ܐܢܬܘܢ ܠܗܘܢ ܠܡܘܒܠܐ. |
| 47 | ܘܠܟܘܢ | ܘܝ ܠܟܘܢ | ܘܝ ܠܟܘܢ. |
| 48 | ܕܗܢܘܢ ܩܛܠܘ ܐܢܘܢ ܘܐܢܬܘܢ ܒܢܝܢ ܐܢܬܘܢ | ܘܐܢܬܘܢ ܒܢܝܐ ܐܢܬܘܢ ܕܗܢܘܢ ܩܛܘܠܐ. | ܕܗܢܘܢ ܩܛܠܘ ܐܢܘܢ: ܘܐܢܬܘܢ ܒܢܝܢ ܐܢܬܘܢ |
| 49 | ܕܐܡܪ | ܐܡܪ | ܐܢܐ ܐܡܪ |
| 50 | ܕܢܬܬܒܥ * * ܕܐܬܐܫܕ ܗܘܐ ܡܢ ܕܐܬܒܪܝ ܥܠܡܐ * * | ܕܢܬܬܒܥ * * ܕܐܬܐܫܕ. ܗܐ ܡܢ ܕܐܬܒܪܝ ܥܠܡܐ. * * | ܕܢܬܬܒܥ * * ܕܐܬܐܫܕ. ܡܢ ܕܐܬܒܪܝ ܥܠܡܐ * * |
| 51 | ܠܒܝܬܐ | ܘܠܒܝܬܐ | ܠܒܝܬܐ |
| | om. | ܒܪ ܒܪܟܝܐ. | om. |
| | ܐܡܪ ܐܢܐ ܠܟܘܢ ܕܢܬܬܒܥ ܡܢ ܐܬܒܥ ܫܪܒܬܐ ܗܕܐ. | ܐܡܪܢܐ ܠܟܘܢ ܕܢܬܬܒܥ ܡܬܒܥ ܡܢ ܫܪܒܬܐ ܗܕܐ. | ܐܡܪ ܐܢܐ ܠܟܘܢ: ܕܡܬܬܒܥ[4] ܡܢ ܫܪܒܬܐ ܗܕܐ ܀ |
| | lin. non interr. | ◎ ◎ ○ ◎ lin. interr. | lin. non interr. |

[1] 40. ܐܦ. [2] 40. ܘܐܦ. [3] 40. ܠܒܢܝ ܐܢܫܐ. [4] 40. ܕܡܬܬܒܥ.

| | Lewisianus | Curetonianus | Peshitto |
|---|---|---|---|
| XI. 52 | ܘܠܟܘܢ * * ܕܝܕܥܬܐ | ܘܝ ܠܟܘܢ * * ܕܐܝܕܥܬܐ. | ܘܝ ܠܟܘܢ * * ܕܝܕܥܬܐ. |
| 53 | ܠܡܚܟܠܘܗܝ * * ܡܟܠܗ * * ܘܠܦܪ̈ܝܫܐ | ܠܡܩܕܠܘܗܝ * * ܩܘܠܗ * * ܘܦܪ̈ܝܫܐ. | aliter |
| 54 | om. | ܕܢܫܟܚܘܢ ܢܐܟܠܘܢ ܩܪ̈ܨܘܗܝ. | ܕܢܫܟܚܘܢ ܢܐܟܠܘܢ ܩܪ̈ܨܘܗܝ ܀ |
| XII. 1 | ܕܢܕܫܘܢ | ܕܢܕܘܫܘܢ | ܕܢܕܫܘܢ |
| | om. | ܠܘܩܕܡ | ܠܘܩܕܡ |
| 3 | ܒܬܘܢ̈ܐ * * ܢܬܟܪܙܢ | ܒܬܘܢܝ̈ܐ * * ܢܬܟܪܙ ܀ | ܒܬܘܢ̈ܐ * * ܢܬܟܪܙ. |
| | lin. non interr. | lin. interr. | lin. non interr. |
| 4 | ܐܡܪ ܐܢܐ | ܐܡܪܢܐ | ܐܡܪ ܐܢܐ |
| 5 | ܐܚܘܝܟܘܢ ܕܝܢ ܡܢ ܡܢ ܬܕܚܠܘܢ؛ * * ܐܝ | ܐܚܘܝܟܘܢ ܕܝܢ ܡܢ ܡܢܘ ܬܕܚܠܘܢ. * * ܐܝܬ | ܐܚܘܝܟܘܢ ܕܝܢ ܡܢ ܡܢ ܬܕܚܠܘܢ. * * ܐܝܬ |
| | ܠܓܗܢܐ | ܘܠܐ ܠܓܗܢܐ. | ܕܚܠܘ. |
| 6 | ܓܝܪ | om. | om. |
| | ܒܬܪܝܢ ܐܣܪ̈ܝܢ | ܒܐܣܪ. | ܒܬܪܝܢ ܐܣܪ̈ܝܢ: |
| 7 | om. | ܠܗ. | om. |
| | ܨܦܪ̈ܐ ܣܓܝܐܐ ܝܬܝܪܝܢ ܐܢܬܘܢ | ܣܓܝܐܐ ܕܨܦܪ̈ܐ ܣܓܝ ܡܝܬܪܝܢ ܐܢܬܘܢ. | ܣܓܝܐܐ ܕܨܦܪ̈ܐ ܡܝܬܪܝܢ ܐܢܬܘܢ. |
| 8 | ܓܝܪ * * ܡܠܐܟܘܗܝ ܕܐܠܗܐ | ܕܝܢ * * ܡܠܐܟܘܗܝ ܩܕܝܫܐ. | ܕܝܢ: * * ܡܠܐܟܘܗܝ ܕܐܠܗܐ. |
| 9 | om. | ܘܐܝܢܐ ܕܢܟܦܪ ܒܝ ܩܕܡ ܒ̈ܢܝ ܐܢܫܐ. ܢܬܟܦܪ ܒܗ ܩܕܡ ܡܠܐܟܘܗܝ ܕܐܠܗܐ. | ܐܝܢܐ ܕܝܢ[1] ܕܢܟܦܪ[2] ܒܝ ܩܕܡ ܒܢ̈ܝܢܫܐ:[3] ܢܬܟܦܪ ܒܗ ܩܕܡ ܡܠܐܟܘܗܝ ܕܐܠܗܐ. |
| 11 | ܘܫܠܝܛܢܐ * * ܡܢܐ * * ܬܐܡܪܘܢ | ܘܫܠܝܛܢܐ. * * ܘܐܝܟܢܐ * * ܬܡܠܠܘܢ. | ܘܫܘܠܛܢܐ. * * ܐܝܟܢܐ * * ܬܐܡܪܘܢ. |
| 12 | ܕܝܢ | ܓܝܪ | ܓܝܪ |
| | om. | ܕܘܠܐ | ܕܘܠܐ |
| 13 | ܡܢܬܐ | ܐܪܒܐ ܘܡܢܬܐ. | ܡܢܬܐ. |
| 14 | ܡܢܘ | ܡܢ | ܡܢܘ |
| 15 | om. | ܩܢܝܢܐ | om. |
| 16 | ܘܐܡܪ ܠܗܘܢ ܡܬܠܐ ܗܢܐ. | ܘܐܡܪ ܗܘܐ ܡܬܠܐ ܗܢܐ ܠܗܘܢ. | ܘܐܡܪ ܡܬܠܐ ܠܗܘܢ. |
| 18 | ܐܠܐ ܘܠܐ ܠܝ ܕܐܣܬܘܪ ܒܝܬ ܩܦܣܝ | ܐܣܬܘܪ ܒܝܬ ܩ̈ܦܣܝ | ܘܐܡܪ[4] ܗܕܐ ܐܥܒܕ: ܐܣܬܘܪ ܒܝܬ ܩ̈ܦܣܝ: |

[1] 40. ܓܝܪ. [2] 40. ܕܢܟܦܘܪ ut videtur. [3] 40. ܒܢ̈ܝ ܐܢܫܐ.

[4] 40 Tria ver. 17 verba postrema et ver. 18 omnia litteris parvis scripta sunt.

| XII. | LEWISIANUS | CURETONIANUS | PESHITTO |
|---|---|---|---|
| 19 | ܠܫܢܝܢ | ܠܫܢܝܐ. | ܠܫܢܝܢ. |
| 20 | om. | ܗܐ | om. |
| 21 | ܡܢ | ܗܘ ܡܢ | ܗܘ ܡܢ |
| 22 | ܐܡܪܬ * * ܕܢܦܫܐ | ܐܡܪ ܐܢܐ * * ܕܢܦܫܟܘܢ | ܐܡܪ ܐܢܐ. * * ܠܢܦܫܟܘܢ |
| 24 | ܘܐܦ ܠܐ * * ܡܟܢܫܝܢ: * * ܡܢ ܦܪܚܬܐ | ܘܐܦܠܐ * * ܡܛܪܬܐ * * ܡܢܗܘܢ. | ܡܛܪܬܐ * * ܡܢ ܦܪܚܬܐ. |
| 27 | ܒܫܘܫܢܐ ܐܝܟܢܐ ܕܠܐ * * ܘܐܡܪܬ<br>* * ܠܟܘܢ | ܒܫܘܫܢܐ ܕܕܒܪܐ ܐܝܟܢܐ ܠܐ * *<br>ܘܐܡܪ ܐܢܐ * * ܠܟܘܢ | ܒܫܘܫܢܐ * * ܕܠܐ * * ܐܡܪ ܐܢܐ * *<br>ܠܟܘܢ |
| 28 | ܠܥܣܒܐ * * ܢܦܠ * * ܒܢܘܪܐ | ܠܥܣܒܐ ܕܒܪܐ * * ܡܚܪ<br>ܘܢܦܠ * * ܒܢܘܪܐ ܗܘ ܢܦܠ | ܠܥܣܒܐ * * ܢܦܠ * * ܒܢܘܪܐ |
| 29 | om. | ܘܬܬܒܥܘܢ ܒܗܠܝܢ. | ܘܠܐ ܢܗܘܐ ܪܥܝܢܟܘܢ ܒܗܠܝܢ. |
| 30 | ܒܗܠܝܢ * * ܕܥܠܡܐ | ܗܠܝܢ * * ܕܐܪܥܐ | ܗܠܝܢ: * * ܕܥܠܡܐ |
| 31 | ܗܟܝܠ | ܡܟܝܠ | ܒܪܡ |
| | om. | ܡܢ ܩܕܡ | ܗܠܝܢ |
| | lin. non interr. | (13) lin. interr. | ♦ lin. interr.[1] |
| 32 | ܕܐܨܛܒܝ | ܕܨܒܐ | ܕܨܒܐ |
| 33 | ܘܣܝܡܬܐ * * ܟܝܣܐ ܟܝܣܝܢ<br>ܐܦ ܠܐ ܣܣܐ | ܘܐܦ ܣܝܡܬܐ * * ܟܝܣܐ<br>ܡܛܠ. ܘܐܦܠܐ ܣܣܐ | ܘܣܝܡܬܐ * * ܕܟܝܣܐ ܠܐ ܩܪܒ<br>ܘܣܣܐ |
| 34 | ܘܐܬܪ ܕܣܝܡܬܟܘܢ ܐܦ | ܘܐܬܪ ܕܣܝܡܬܟܘܢ ܬܡܢ ܘܐܦ | aliter |
| 36 | ܕܐܡܬܝ ܢܦܢܐ * * ܡܚܕܐ | ܐܡܬܝ ܕܢܦܢܐ * * ܒܪܫܥܬܗ | ܕܐܡܬܝ ܢܦܢܐ * * ܡܚܕܐ |
| 37 | ܗܢܘܢ ܕܢܐܬܐ ܢܫܟܚ ܐܢܘܢ<br>ܡܪܗܘܢ ܟܕ ܥܝܪܝܢ ܐܡܝܢ<br>ܐܡܪܬ ܠܟܘܢ ܕܢܐܙܘܪ<br>ܚܨܘܗܝ ܘܢܣܡܟ ܐܢܘܢ<br>ܘܢܥܒܪ ܢܫܡܫ ܐܢܘܢ: | ܗܠܝܢ ܐܝܠܝܢ ܕܢܐܬܐ ܡܪܗܘܢ<br>ܢܫܟܚ ܐܢܘܢ ܟܕ ܥܝܪܝܢ.<br>ܐܡܝܢ ܐܡܪܬ ܠܟܘܢ<br>ܕܢܐܙܘܪ ܚܨܘܗܝ ܘܢܣܡܟ<br>ܐܢܘܢ ܘܢܫܡܫ. | ܗܢܘܢ: ܐܝܠܝܢ ܕܢܐܬܐ ܡܪܗܘܢ<br>ܘܢܫܟܚ ܐܢܘܢ ܟܕ ܥܝܪܝܢ.<br>ܐܡܝܢ ܐܡܪ ܐܢܐ ܠܟܘܢ:<br>ܕܢܐܣܘܪ ܚܨܘܗܝ ܘܢܣܡܟ<br>ܐܢܘܢ: ܘܢܥܒܪ ܢܫܡܫ ܐܢܘܢ. |
| 38 | ܘܐܢ ܒܡܛܪܬܐ ܕܬܪܬܝܢ ܐܘ<br>ܕܬܠܬ ܢܐܬܐ ܢܫܟܚ ܐܢܘܢ<br>ܗܟܢܐ ܛܘܒܝܗܘܢ ܠܗܢܘܢ | ܘܐܢ ܒܡܛܪܬܐ ܩܕܡܝܬܐ ܢܐܬܐ<br>ܘܢܫܟܚ ܐܢܘܢ ܟܕ ܥܝܪܝܢ.<br>ܛܘܒܝܗܘܢ ܕܢܫܡܫ ܐܢܘܢ<br>ܘܢܫܡܫ. ܐܘ ܐܢ ܒܡܛܪܬܐ<br>ܕܬܪܬܝܢ ܐܘ ܕܬܠܬ ܢܐܬܐ<br>ܘܢܫܟܚ ܐܢܘܢ ܟܕ ܥܝܪܝܢ.<br>ܛܘܒܝܗܘܢ ܠܗܢܘܢ. | ܘܐܢ ܒܡܛܪܬܐ ܕܬܪܬܝܢ ܐܘ<br>ܕܬܠܬ ܢܐܬܐ ܘܢܫܟܚ ܗܟܢܐ:<br>ܛܘܒܝܗܘܢ ܠܥܒܕܐ ܗܢܘܢ. |

[1] 40 lin. non interr.

| XII. | Lewisianus | Curetonianus | Peshitto |
|---|---|---|---|
| 39 | ܐܬܐ ܗܘܐ | ܐܬܐ | ܐܬܐ |
| 40 | ܘܐܦ | ܐܦ | ܐܦ |
| 41 | ܕܐܦ * * ܠܟܠ ܐܢܫ. | ܕܐܦ. * * ܠܟܠܢܫ. | ܫܡܥܘܢ ܕܐܦ.**ܠܟܠ ܐܢܫ◆ |
| 42 | ܡܪܢ | ܡܪܢ. | ܡܪܢ. |
| | om. | ܘܡܗܝܡܢܐ ܘܚܟܝܡܐ. | ܘܡܗܝܡܢܐ |
| | ܕܢܩܝܡܝܘܗܝ * * ܒܬܘܠܬܗ | ܕܢܩܝܡܝܘܗܝ * * ܒܥܒܕܘܗܝ. | ܕܢܩܝܡܝܘܗܝ * * ܠܬܫܡܫܬܗ : |
| 43 | om. | ܥܒܕܐ | ܥܒܕܐ |
| 44 | ܐܡܪܢܐ * * ܕܢܫܠܛܝܘܗܝ ܥܠ ܟܠ ܕܐܝܬ ܠܗ | ܐܡܪ ܐܢܐ * * ܕܢܩܝܡܝܘܗܝ ܥܠ ܟܠܗ ܩܢܝܢܗ. | ܐܡܪ ܐܢܐ * * ܕܢܩܝܡܝܘܗܝ ܥܠ ܟܠܗ ܩܢܝܢܗ. |
| 45 | ܠܡܐܬܐ | ܠܡܐܬܐ ܗܘܐ | ܠܡܐܬܐ |
| 46 | ܡܪܗ. ܘܢܦܠܓܝܘܗܝ ܡܢܬܗ ܘܢܣܝܡܝܘܗܝ ܥܡ ܗܢܘܢ | ܡܪܗ. ܘܢܦܠܓܝܘܗܝ. ܘܢܣܝܡ ܡܢܬܗ ܥܡ ܐܠܝܢ | ܡܪܗ: ܘܢܦܠܓܝܘܗܝ. ܘܢܣܝܡ ܡܢܬܗ ܥܡ ܗܢܘܢ |
| 48 | ܘܠܗ ܕܐܬܓܥܠ ܠܗ * * ܢܬܒܥܘܢܗ. | ܘܠܗܘ ܕܐܬܓܥܠ ܠܗ * * ܢܬܒܥܘܢܝܗ. | ܘܠܗܘ ܕܐܬܓܥܠ[1] ܠܗ * * ܢܬܒܥܘܢ |
| 49 | ܘܢܘܪܐ ܕܪܡܐ | ܘܢܘܪܐ ܪܡܐ ܐܢܐ | ܘܪܡܐ ܐܢܐ |
| 50 | ܡܥܡܘܕܝܬܐ * * ܐܠܝܨܢܐ * * ܕܬܬܓܡܪ | ܘܡܥܡܘܕܝܬܐ * * ܐܠܝܨ ܐܢܐ * * ܕܬܬܓܡܪ. | ܘܡܥܡܘܕܝܬܐ * * ܐܠܝܨ ܐܢܐ * * ܕܬܫܬܡܠܐ. |
| 51 | ܕܐܪܥܐ | ܕܐܬܝܬ | ܕܐܪܥܐ |
| 53 | om. | ܢܬܦܠܓܘܢ | ܢܬܦܠܓܘܢ |
| | ܐܡܐ ܥܠ ܟܠܬܗ | ܐܡܗܬܐ ܥܠ ܟܠܬܗ. | ܐܡܐ ܥܠ ܟܠܬܗ. |
| | lin. non interr. | ⊙ ○ ⊙ lin. interr. | ◆ lin. non interr.[2] |
| 54 | ܐܡܪ * * ܠܟܢܫܐ ܐܡܪܝܢ ܐܢܬܘܢ | ܘܐܡܪ * * ܐܡܪܝܢ ܐܢܬܘܢ | ܘܐܡܪ * * ܠܟܢܫܐ ܐܡܪܝܢ ܐܢܬܘܢ |
| 55 | ܕܚܘܡܐ | ܕܟܘܪܐ | ܕܚܘܡܐ |
| 56 | ܕܝܢܝܢ * * ܕܐܢܫܝܢ | ܕܝܢܝܢ * * om. | ܦܪܫܝܢ * * om. |
| 57 | ܠܡܢܐ ܡܢ ܢܦܫܟܘܢ ܠܐ ܕܝܢܝܢ | ܘܒܢܦܫܟܘܢ ܠܐ ܕܝܢܝܢ | ܠܡܢܐ ܕܝܢ ܡܢ ܢܦܫܟܘܢ ܠܐ ܕܝܢܝܢ |
| 58 | ܟܕ ܐܙܠ * * ܥܡ ܒܥܠܕܝܢܟ ܐܢܬ ܗܒ ܠܗ ܥܡܠܗ * * ܘܢܫܬܪܐ | ܡܐ ܕܐܙܠ * * ܥܡ ܒܥܠܕܝܢܟ ܐܢܬ ܒܥܠܕܝܢܐ ܗܒ ܠܗ ܗܘܝܘ * * ܘܕܝܢܐ ܢܫܬܪܐ | ܡܠܟܐ ܕܐܙܠ * * ܥܡ ܒܥܠܕܝܢܟ ܐܢܬ: ܗܒ ܐܬܦܪܩܢܐ * * ܘܕܝܠ ܢܫܬܪܐ |

[1] 49. ܕܐܬܓܥܠ.

[2] 49 lin. interr.

| | Lewisianus | Curetonianus | Peshitto |
|---|---|---|---|
| XII. 59 | ܕܬܦܪܘܥ | ܕܬܦܪܥܘܢ | ܕܬܬܠ |
| XIII. 1 | ܐܢܫ ܐܡܪܘ * * ܠܓܠܝܠܝܐ | ܐܬܝܘ ܘܐܡܪܘ * * ܠܓܠܝܠܝܐ. | ܐܢܫܝܢ ܐܡܪܘ * * ܠܓܠܝܠܝܐ: |
| 2 | ܥܢܐ ܝܫܘܥ ܘܐܡܪ ܠܗܘܢ * * | ܥܢܐ ܘܐܡܪ ܠܗܘܢ ܝܫܘܥ. * * | ܘܥܢܐ ܝܫܘܥ ܘܐܡܪ ܠܗܘܢ. |
| | ܓܠܝܠܝܐ * * ܘܟܠܗܘܢ | ܓܠܝܠܝܐ * * ܟܠܗܘܢ | * * ܓܠܝܠܝܐ: * * ܟܠܗܘܢ |
| | ܓܠܝܠܝܐ * * ܗܘܐ ܐܝܟ | ܓܠܝܠܝܐ * * ܕܚܫ ܠܗܘܢ. | ܓܠܝܠܝܐ: * * ܗܘܐ ܐܝܟ: |
| 3 | ܠܐܠܐ ܐܢܬܘܢ ܗܟܢܐ | ܠܐܠܐ ܗܟܢܐ | ܠܐܠܐ. ܗܟܢܐ |
| 4 | ܘܟܠܗܘܢ * * ܕܒܐܘܪܫܠܡ. | ܟܠܗܘܢ * * ܕܒܐܘܪܫܠܡ. | ܟܠܗܘܢ * * ܕܒܐܘܪܫܠܡ[1]: |
| 5 | ܠܐܠܐ ܐܢܬܘܢ ܗܟܢܐ ܬܐܒܕܘܢ | ܠܐܠܐ ܗܟܢܐ ܬܐܒܕܘܢ | ܠܐܠܐ ܟܠܟܘܢ ܐܦ ܐܢܬܘܢ ܬܐܒܕܘܢ |
| 6 | ܕܢܨܝܒܐ | om. | ܕܢܨܝܒܐ |
| | ܒܟܪܡܗ | ܒܟܪܡܗ | ܒܟܪܡܗ |
| 7 | ܐܬܐ ܘܒܥܐ * * ܡܫܟܚ ܐܢܐ | ܗܐ ܡܢ ܕܐܬܝܬ ܐܢܐ ܒܥܐ ܐܢܐ ܒܗ * * ܡܫܟܚ ܐܢܐ. ܦܣܘܩܝܗ * * ܡܛܠܠ | ܐܬܐ ܐܢܐ ܒܥܐ ܐܢܐ * * ܡܫܟܚ ܐܢܐ. ܦܣܘܩܝܗ. * * ܡܛܠܠ |
| | ܦܣܘܩܝܗ * * ܡܛܠܠ | | |
| 8 | ܥܢܐ ܘܐܡܪ * * ܐܟܪܐ | ܐܡܪ * * ܘܐܟܪܐ. | ܐܡܪ * * ܘܐܟܪܐ. |
| 10 | ܡܠܦ | ܡܠܦ ܗܘܐ | ܡܠܦ |
| 11 | om. | ܠܡܬܚ | ܠܡܬܚ |
| 13 | ܒܪ ܫܥܬܐ | ܒܪ ܫܥܬܗ | ܘܡܚܕܐ |
| 14 | ܕܫܒܬܐ | ܕܫܒܬܐ. | ܕܫܒܬܐ. |
| 15 | ܘܐܡܪ ܡܪܢ ܠܗ ܒܝܘܡܐ ܕܫܒܬܐ | ܒܝܘܡܐ ܕܫܒܬܐ ܘܐܡܪ ܡܪܢ ܠܗ. | ܒܫܒܬܐ: * * ܘܐܡܪ ܡܪܢ: |
| 16 | ܘܒܪܬܗ ܗܝ ܕܐܒܪܗܡ ܗܕܐ | ܗܕܐ ܕܝܢ ܕܒܪܬܗ ܗܝ ܕܐܒܪܗܡ. ܐܣܝܪܐ | ܗܕܐ ܕܝܢ ܕܒܪܬܗ ܗܝ ܕܐܒܪܗܡ: ܐܣܝܪܐ[2] |
| 17 | ܐܡܪ ܗܘܐ ܗܠܝܢ | ܗܠܝܢ ܐܡܪ ܗܘܐ. | ܗܠܝܢ ܐܡܪ ܗܘܐ. |
| | lacunae | | |
| 18 | ܐܡܪ | ܘܐܡܪ | ܐܡܪ |
| 19 | lacunae | | |
| | ܘܐܫܕܝܗ | ܘܐܫܕܝܗ | ܐܫܕܝܗ |
| 21 | ܕܢܣܒܬ | ܕܢܣܒܬܗ | ܕܢܣܒܬ |
| | lacuna | | |

[1] 40. ܕܐܘܪܫܠܡ.  [2] 40. ܐܣܝܪܐ ܗܘܬ.

| | Lewisianus | Curetonianus | Peshitto |
|---|---|---|---|
| XIII. 23 | ܐܬܐ ܓܒܪܐ ܚܕ ܡܢ ܬܠܡܝܕܐ * *<br>ܘܐܡܪ ܠܗ | ܐܬܐ ܚܕ ܡܢ ܬܠܡܝܕܐ * * ܘܐܡܪ. | ܫܐܠܗ ܕܝܢ ܐܢܫ: |
| 24 | ܠܡܥܠ ܒܗ | ܠܡܥܠ | ܠܡܥܠ |
| 25 | ܡܢ | om. | om. |
| | ܡܪܗ * * ܘܬܩܘܫܘܢ * * ܡܪܢ<br>* * ܝܕܥܢܐ ܠܟܘܢ ܡܢ<br>ܐܝܟܐ | ܡܪܐ * * ܘܬܩܫܘܢ * * ܡܪܢ<br>ܡܪܢ * * ܝܕܥ ܐܢܐ ܠܟܘܢ<br>ܐܝܟܐ | ܡܪܐ * * ܘܬܩܫܘܢ * * ܡܪܢ<br>ܡܪܢ * * ܝܕܥ ܐܢܐ ܠܟܘܢ<br>ܐܝܟܐ |
| 26 | ܐܟܠܢ | ܘܐܟܠܢ. | ܐܟܠܢ. |
| 27 | ܘܢܐܡܪ * * ܡܢ ܐܝܟܐ | ܘܢܐܡܪ ܕܐܡܪ ܠܟܘܢ. * *<br>ܐܝܟܐ | ܘܢܐܡܪ ܠܟܘܢ: * * ܐܝܟܐ |
| 28 | ܘܠܐܝܣܚܩ * * ܘܠܝܥܩܘܒ<br>* * ܒܡܠܟܘܬܗ | ܘܠܐܝܣܚܩ * * ܘܠܝܥܩܘܒ * *<br>ܒܡܠܟܘܬܐ | ܘܠܐܝܣܚܩ * * ܘܠܝܥܩܘܒ * *<br>ܒܡܠܟܘܬܐ |
| | om. | ܘܐܢܬܘܢ ܢܗܘܘܢ ܡܦܩܝܢ<br>ܠܒܪ. | ܐܢܬܘܢ ܕܝܢ ܢܗܘܘܢ ܡܦܩܝܢ<br>ܠܒܪ. |
| 29 | ܘܡܢ ܓܪܒܝܐ ܘܡܢ ܬܝܡܢܐ | ܘܡܢ ܬܝܡܢܐ ܘܡܢ ܓܪܒܝܐ. | ܘܡܢ ܬܝܡܢܐ ܘܡܢ ܓܪܒܝܐ: |
| 30 | ܘܗܐ ܐܝܬ | ܘܐܝܬ | ܘܗܐ ܐܝܬ |
| 31 | ܐܙܠ | ܙܠ | ܙܠ |
| 32 | ܠܬܥܠܬܐ ܗܢ * * ܡܫܬܠܡ | ܠܬܥܠܐ ܗܢܐ. * * ܡܫܬܠܡ | ܠܬܥܠܐ ܗܢܐ: * * ܡܫܬܠܡ |
| 33 | ܘܠܐ ܗܘ ܠܝ * * ܘܠܒܬܪ ܡܚܪ<br>ܐܙܠ | ܘܠܐ ܠܝ * * ܘܠܒܬܪ ܡܚܪ ܐܙܠ. | ܘܠܐ ܠܝ * * ܘܠܝܘܡܐ ܐܚܪܢܐ<br>ܐܙܠ. |
| | ܘ ܘ lin. interr. | punctum, lin. non interr. | punctum, lin. non interr. |
| 34 | ܕܩܛܠܬ ܢܒܝܐ * * ܠܡܟܢܫܘ<br>ܒܢܝܟܝ ܐܝܟ ܬܪܢܓܠܬܐ * *<br>ܒܢܝܗ | ܕܩܛܠܬ ܠܢܒܝܐ. * *<br>ܠܡܟܢܫܘ ܠܒܢܝܟܝ. ܐܝܟ<br>ܬܪܢܓܠܬܐ * * ܦܪܘܓܝܗ | ܩܛܠܬ ܢܒܝܐ * * ܠܡܟܢܫܘ<br>ܒܢܝܟܝ: ܐܝܟ ܬܪܢܓܠܬܐ<br>* * ܦܪܘܓܝܗ. |
| 35 | ܗܐ ܫܒܝܩ ܒܝܬܟܘܢ ܘܐܡܪ ܐܢܐ | ܗܐ ܫܒܝܩ ܠܟܘܢ ܒܝܬܟܘܢ<br>ܚܪܒ. ܐܡܪ ܐܢܐ | ܗܐ ܡܫܬܒܩ ܠܟܘܢ ܒܝܬܟܘܢ<br>ܚܪܒܐ. ܐܡܪ ܐܢܐ |
| | om. | ܡܘܡܐ | om. |
| XIV. 1 | ܘܢܛܪܝܢ ܗܘܘ ܗܢܘܢ ܡܢܐ<br>ܢܥܒܕ | ܢܛܪܝܢ ܗܘܘ ܕܢܚܙܘܢ ܡܢܐ<br>ܥܒܕ. | ܘܗܢܘܢ ܢܛܪܝܢ ܗܘܘ ܠܗ. |
| 2 | ܘܓܒܪܐ ܗܕܪܘܦܝܩܘܣ | ܘܓܒܪܐ ܚܕ ܗܕܪܘܦܝܩܘܣ | ܘܗܐ ܓܒܪܐ ܚܕ ܕܟܪܝܗ ܗܘܐ<br>ܡܝܐ |
| 3 | ܐܢ ܫܠܝܛ ܒܫܒܬܐ ܠܡܐܣܝܘ | ܕܐܢ ܫܠܝܛ ܠܡܐܣܝܘ ܒܫܒܬܐ<br>ܐܘ ܠܐ. | ܕܐܢ ܫܠܝܛ ܒܫܒܬܐ ܠܡܐܣܝܘ. |

| XIV. | Lewisianus | Curetonianus | Peshitto |
|---|---|---|---|
| 4 | ܫܬܩܝܢ ܗܘܘ | ܫܬܩܝܢ ܗܘܘ. | ܫܬܩܘ. |
| 5 | ܠܬܘܪܗ ܐܘ ܚܡܪܗ | ܒܪܗ ܐܘ ܠܬܘܪܗ. ܐܘ ܚܡܪܗ | ܒܪܗ ܐܘ ܠܬܘܪܗ |
| | om. | ܡܚܕܐ | ܡܚܕܐ |
| 6 | punctum, lin. non interr. | ⦁ ○ ⦁ lin. interr. | punctum, lin. non interr. |
| 7 | ܓܒܝ | ܓܒܝ | ܕܩܘܠܐ ܕܓܒܝ[1] |
| 8 | ܕܡܙܡܢ | ܕܡܙܕܡܢ | ܕܡܙܕܡܢ |
| | om. | ܠܡܫܬܘܬܐ | ܠܡܫܬܘܬܐ |
| | ܠܐܣܬܡܟܘ ܠܟ ** ܕܠܡܐ ܢܗܘܐ ܡܙܡܢ ܐܢܫ ܡܢ ܕܡܝܩܪ | ܠܐܣܬܡܟܘ ** ܕܠܐ ܢܗܘܐ ܠܟ ܒܗܬܬܐ ܡܢܟ ܕܡܝܩܪ | ܠܐܣܬܡܟܘ ܠܟ ** ܕܠܡܐ ܢܗܘܐ ܡܙܡܢ ܠܐܢܫ ܐܢܬ ܕܡܝܩܪ |
| 9 | ܗܘ ܕܐܬܐ | ܕܗܘ ܕܩܪܐ | ܕܗܘ ܕܩܪܐ |
| 10 | ܐܣܬܡܟ ܠܟ ** ܐܚܪܝܐ ** | ܐܣܬܡܟ ** ܐܚܪܝܐ. ** ܗܘ | ܐܣܬܡܟ ܠܟ ܒܚܪܝܐ. ** ܗܘ |
| | ܗܘ ܕܩܪܝܟ ** ܠܡܫܬܘܬܐ | ܡܢ ܕܩܪܝܟ. ** ܠܡܫܬܘܬܐ | ܕܩܪܟ ** ܠܡܫܬܘܬܐ |
| | om. | ܥܡܗܘܢ. | ܥܡܗܘܢ |
| 11 | ܟܠ ܕܪܡ ܢܦܫܗ | ܟܠ ܡܢ ܕܪܡ | ܡܛܠ ܕܟܠ ܕܪܡ |
| 12 | ܡܐ ܕܥܒܕ: ܐܢܬ[2]: ܐܢܬ ܠܐ ܬܩܪܐ ܠܪܚܡܝܟ ܘܠܐ ܠܐܚܝܟ ܘܠܐ ܠܐܚܝܢܝܟ ܘܠܐ ܠܫܒܒܝܟ ܥܬܝܪܐ ܕܠܡܐ ** ܦܘܪܥܢܐ ܢܗܘܐ | ܡܐ ܕܥܒܕ ܐܢܬ ܫܪܘܬܐ ܐܘ ܐܪܣܛܘܢ. ܠܐ ܬܩܪܐ ܪܚܡܝܟ. ܘܐܦ ܠܐ ܐܚܝܟ. ܘܠܐ ܐܚܝܢܝܟ. ܘܠܐ ܠܫܒܒܝܟ ܐܝܠܝܢ ܕܥܬܝܪܝܢ ܐܢܘܢ. ܕܠܡܐ ** ܦܘܪܥܢܐ. | ܡܐ ܕܥܒܕ ܐܢܬ ܫܪܘܬܐ ܐܘ ܐܪܣܛܘܢ: ܠܐ ܬܗܘܐ ܩܪܐ ܪܚܡܝܟ. ܘܐܦܠܐ[3] ܐܚܝܟ ܐܘ ܐܚܝܢܝܟ. ܘܠܐ ܫܒܒܝܟ ܥܬܝܪܐ. ܕܠܡܐ ** ܦܘܪܥܢܐ ܢܗܘܐ. |
| 13 | ܐܣܬܡܟ ܩܪܝ ܠܡܣܟܢܐ ܘܠܡܚܓܪܐ ܘܠܡܫܪܝܐ ܘܠܡܚܕܐ ܘܐܥܘܪܐ ܣܓܝܐܐ | ܐܣܬܡܟ. ܩܪܝ ܠܡܣܟܢܐ ܘܠܚܓܝܪܐ ܠܣܓܝܐܐ ܘܠܡܚܕܐ. | ܩܪܝ: ܩܪܝ ܠܡܣܟܢܐ. ܡܚܓܪܐ. ܣܓܝܐܐ. ܣܡܝܐ. |
| 14 | ܘ̈ lin. interr. | punctum, lin. non interr. | ⬩ lin. non interr. |
| 15 | om. | ܗܠܝܢ (a) | om. |
| | ܡܢ ܗܢܘܢ ** ܐܡܪ ܠܗܘܢ | ܡܢ ܗܠܝܢ ** ܐܡܪ ܠܗ | ܡܢ ܗܢܘܢ ** ܐܡܪ ܠܗ: |
| 16 | ܡܕܡ ** ܥܒܕ ܗܘܐ | ܡܢܗ. ** ܥܒܕ | ܡܕܡ. ** ܥܒܕ |
| 17 | ܗܐ ܟܠ ܡܕܡ ܡܛܝܒ | ܗܐ ܟܠ ܡܢܗ ܟܠ ܡܛܝܒ | ܗܐ ܡܛܝܒ[4] |
| 18 | ܘܫܪܝܘ ܟܠ ** ܚܕ ܚܕ | ܘܫܪܝܘ ܐܝܟ ** ܚܕ ܐܝܟ ܚܕ | ܘܫܪܝܘ ܐܝܟ ** ܚܕ ܐܝܟ ܚܕ |
| 19 | ܘܐܚܪܢܐ ** ܐܡܪ | ܘܐܚܪܢܐ ܐܡܪ ** ܐܝܟ ܚܕ ܐܝܟ | ܘܐܚܪܢܐ ܐܡܪ ** ܐܝܟ ܚܕ ܐܝܟ |

[1] 40. ܕܦܣ. [2] Vocabulum in codice deletum, ut notat F. C. B. [3] 40. ܐܘ ܠܐ.

[4] 40. ܟܠ, om. ܡܕܡ.

| | LEWISIANUS | CURETONIANUS | PESHITTO |
|---|---|---|---|
| XIV. 20 | ܐܢܬܬܐ | ܘܟܠܬܐ | ܐܢܬܬܐ |
| 21 | ܪܓܙ ܗܘ ܡܪܐ * * ܕܦܘܩ * *<br>ܠܟܐ ܠܡܣ̈ܟܢܐ ܘܠܡܚ̈ܒܠܐ<br>ܘܠܡܚ̈ܓܪܐ ܘܠܡܟ̈ܐܒܐ<br>ܘܠܥܘ̈ܝܪܐ | ܪܓܙ ܡܪܐ * * ܦܘܩ * * ܠܟܐ<br>ܠܡܣ̈ܟܢܐ ܘܠܡܚ̈ܓܪܐ<br>ܘܠܟ̈ܐܒܐ ܘܠܥ̈ܘܝܪܐ. | ܪܓܙ ܡܪܐ * * ܦܘܩ * * ܠܟܐ<br>ܠܡܣ̈ܟܢܐ ܘܠܡܟ̈ܐܒܐ.<br>ܘܠܡܚ̈ܓܪܐ ܘܠܥܘ̈ܝܪܐ. |
| 22 | ܗܘܐ ܗܘ ܡܕܡ | ܗܘܐ ܡܕܡ | ܗܘܐ ܐܝܟ |
| 23 | om. | ܡܪܐ | ܡܪܐ |
| 24 | ܐܡܪܢܐ * * ܡܢ ܗܢܘܢ * * ܡܢ<br>ܐܚܫܡܝܬܐ | ܐܡܪ ܐܢܐ * * ܡܢ ܗܠܝܢ * *<br>ܐܚܫܡܝܬܝ. | ܐܡܪ ܐܢܐ * * ܡܢ ܗܢܘܢ * *<br>ܡܢ ܚܫܡܝܬܝ |
| 25 | ܣܓܝܐܐ | om. | ܣܓܝ̈ܐܐ: |
| | ܘܐܡܪ: | ܐܡܪ: | ܘܐܡܪ: |
| 26 | ܘܐܦ * * ܬܠܡܝܕܝ | ܐܦ * * ܬܠܡܝܕܐ | ܘܐܦ * * ܬܠܡܝܕܐ |
| | om. | ܠܝ. | ܠܝ. |
| 27 | om. | ܘܡܢ ܕܠܐ ܫܩܠ ܨܠܝܒܗ ܘܐܬܐ<br>ܒܬܪܝ ܬܠܡܝܕܐ ܠܐ ܡܫܟܚ<br>ܕܢܗܘܐ ܠܝ. | ܘܡܢ ܕܠܐ ܫܩܠ ܨܠܝܒܗ ܘܐܬܐ<br>ܒܬܪܝ. ܬܠܡܝܕܐ ܠܐ ܡܫܟܚ<br>ܕܢܗܘܐ ܠܝ. |
| 28 | ܢܦܩܬܐ ܕܐܢ ܐܝܬ ܠܗ | ܢܦܩܬܗ. ܕܐܢ ܗܘ ܐܝܬ ܠܗ | ܢܦܩܬܗ: ܐܢ ܐܝܬ ܠܗ |
| 29 | ܣܡ | ܢܣܝܡ | ܢܣܝܡ |
| 30 | om. | ܡܫܟܚ. | om. |
| 32 | om. | ܡܢ ܟܕ ܪܚܝܩ. | ܫܠܡܐ: |
| 33 | ܟܘܠ ܐܢܫ | ܟܠ ܐܢܫ | ܟܠ[1] ܐܢܫ |
| 34 | om. | ܐܦ | ܐܦ |
| 35 | ܠܐ ܠܐܪܥܐ ܘܠܐ ܠܙܒܠܐ ܐܠܐ ܐܠܐ<br>ܡܫܬܕܝܐ ܠܒܪ | ܠܐ ܠܐܪܥܐ ܐܠܐ ܐܦܠܐ ܠܙܒܠܐ. ܐܠܐ<br>ܠܒܪ ܡܫܬܕܝܐ. | ܠܐ ܠܐܪܥܐ ܘܠܐ ܠܙܒܠܐ ܐܠܐ. ܠܒܪ<br>ܫܕܝܢ ܠܗ. |
| | lin. non interr. | ⊙ ○ ⊙ lin. interr. | ♦ lin. non interr.[2] |
| XV. 1 | ܠܘܬܗ | ܠܗ | ܠܘܬܗ |
| 2 | om. | ܣܦܪ̈ܐ | om. |
| 3 | om. | ܗܘ | ܡܬܠܐ |
| 4 | ܡܢܐ * * ܘܬܫܥ ܒܡܕܒܪܐ * *<br>ܕܐܒܝܕ | ܡܢܘ * * ܘܬܫܥܐ ܒܡܕܒܪܐ. * *<br>ܕܐܒܝܕ | ܡܢܘ * * ܘܬܫܥܐ ܒܡܕܒܪܐ: * *<br>ܕܐܒܝܕ |
| 5 | ܫܩܠ | ܣܐܡ | ܘܫܩܠ |

[1] 40. ܟܠܢܫ.

[2] 40 lin. interr.

| XV. | Lewisianus | Curetonianus | Peshitto |
|---|---|---|---|
| 6 | ܘܠܫܒܒܘܗܝ ܘܐܡܪ * * ܕܚܕܘ | ܐܦ ܠܫܒ̈ܒܘܗܝ ܘܐܡܪ<br>ܠܗܘܢ. * * ܕܚܕܘ | ܘܠܫܒ̈ܒܘܗܝ ܘܐܡܪ ܠܗܘܢ.<br>* * ܕܚܕܘ |
| 7 | om. | ܕܝ | om. |
| | ܐܘ ܥܠ ܬܫ̈ܥܝܢ ܘܬܫܥ ܙܕܝܩܝܢ<br>ܕܠܐ ܣܢܝܩܝܢ ܥܠ ܬܝܒܘܬܐ | ܝܬܝܪ ܡܢ ܬܫ̈ܥܝܢ ܘܬܫܥܐ<br>ܙ̈ܕܝܩܝܢ ܕܠܐ ܡܬܒܥܝܐ<br>ܠܗܘܢ ܬܝܒܘܬܐ. | ܐܘ ܥܠ ܬܫܥܝܢ ܘܬܫܥܐ<br>ܙ̈ܕܝܩܝܢ ܕܠܐ ܡܬܒܥܝܐ<br>ܠܗܘܢ ܬܝܒܘܬܐ. |
| 8 | ܘܬܐܚܕ * * ܘܬܟܢܫ ܒܝܬܐ * *<br>ܣܦܝܛܐܝܬ | ܘܬܘܕ * * ܘܬܟܢܫ ܒܝܬܐ. * *<br>ܒܚܦܝܛܘܬܐ | ܘܬܘܕ * * ܘܬܟܢܫ ܒܝܬܐ: * *<br>ܒܚܦܝܛܘܬܐ |
| 10 | om. | ܠܗܘܢ | ܠܗܘܢ: |
| 11 | ܐܡܪ | ܐܡܪ ܗܘܐ | ܘܐܡܪ ܗܘܐ |
| | om. | ܠܗܘܢ. | ܠܗܘܢ |
| | ܓܒܪܐ | ܠܓܒܪܐ | ܓܒܪܐ[1] |
| 12 | ܐܡܪ ܗܘ ܙܥܘܪܐ ܠܐܒܘܗܝ.<br>ܗܒ ܠܝ ܡܢܬܐ ܕܡܛܝܐ<br>ܠܝ ܡܢ ܩܢܝܢܟ ܘܦܠܓ<br>ܠܗܘ lacuna | ܐܡܪ ܠܗ ܙܥܘܪܐ. ܐܒܝ ܗܒ<br>ܠܝ ܝܪܬܘܬܐ ܕܡܛܝܐ ܠܝ<br>ܡܢ ܒܝܬܟ. ܘܦܠܓ ܠܗܘܢ | ܘܐܡܪ ܠܗ ܒܪܗ ܙܥܘܪܐ. ܐܒܝ:<br>ܗܒ ܠܝ ܦܠܓܘܬܐ ܕܡܛܝܐ<br>ܠܝ ܡܢ ܒܝܬܟ. ܘܦܠܓ<br>ܠܗܘܢ |
| 13 | ܘܒܬܪ * * ܟܘܠ ܡܕܡ * *<br>ܒܪܗ ܙܥܘܪܐ ܡܦܩ ܕܚܝܐ<br>ܗܘܐ ܦܪܚܝܐܝܬ ܥܡ ܙܢܝܬܐ. | ܘܡܢ ܒܬܪ * * ܡܟܢܫ * *<br>ܒܪܗ ܙܥܘܪܐ ܒܦܘܚܪܬܐ<br>ܐܟܠܝܢ ܘܠܐ ܦ̈ܣܩܝܢ. ܡܦܩ<br>ܕܚܝܐ ܗܘܐ ܦܪܚܝܐܝܬ ܥܡ<br>ܙܢܝܬܐ. | ܘܡܢ ܒܬܪ * * ܟܠ ܡܕܡ * *<br>ܒܪܗ ܙܥܘܪܐ ܟܕ ܚܝܐ ܦܪܚܝܐܝܬ. |
| 14 | ܟܘܠ * * ܟܦܢܐ | ܟܠ * * ܟܦܢܐ ܚܣܝܢܐ | ܟܠ * * ܟܦܢܐ ܪܒܐ |
| 15 | ܗܘ ܐܬܪܐ | ܐܬܪܐ ܗܘ. | ܡܕܝܢܬܐ ܕܐܬܪܐ ܗܘ. |
| 16 | ܡܬܪܓܪܓ ܗܘܐ ܡܢ ܗܢܘܢ<br>ܩ̈ܪܛܐ ܕܐܟܠܝܢ ܗܘܘ ܚܙ̈ܝܪܐ<br>ܕܢܣܒܥ ܟܪܣܗ | ܘܡܬܪܓܪܓ ܗܘܐ ܠܡܣܒܥ<br>ܡܢ ܚܪ̈ܘܒܐ ܗܢܘܢ ܕܡܫܚܐ<br>ܕܐܟܠܝܢ ܗܘܘ ܚܙ̈ܝܪܐ. | ܘܡܬܪܓܪܓ ܗܘܐ ܠܡܡܠܐ<br>ܟܪܣܗ ܡܢ ܚܪ̈ܘܒܐ ܗܢܘܢ<br>ܕܐܟܠܝܢ ܗܘܘ ܚܙ̈ܝܪܐ |
| 17 | ܟܕ * * ܠܓܝܪܝܢ * * ܐܒܕܐ | ܘܟܕ * * ܐ̈ܓܝܪܐ * * ܐܒܕ ܐܢܐ | ܘܟܕ * * ܐ̈ܓܝܪܐ * * ܐܒܕ ܐܢܐ. |
| 19 | ܫܘܐ | ܫܘܐ ܐܢܐ | ܫܘܐ ܐܢܐ |
| 21 | ܡܩܒܠ | ܘܡܩܒܠ | om. |
| ScB.[2] | | | |
| 22 | ܠܥܒܕܘܗܝ. | ܠܥܒܕܘܗܝ.[3] | ܠܥ̈ܒܕܘܗܝ. |

[1] 40. ܠܓܒܪܐ. [2] Vide Praef. vii.

[3] ܠܥܒܕܘܗܝ] In MSto ܕ puncto diacritico caret, ut monet Wright.

| | LEWISIANUS | CURETONIANUS | PESHITTO |
|---|---|---|---|
| XV. 23 | ܘܐܟܠܘܗ | ܘܐܟܠܘ | ܘܐܟܠܘ[1] |
| 26 | ܡܢܘ ܗܘܐ | ܡܢܘ ܗܘܐ ܗܢܐ ܕܙܡܪܐ ܡܫܡܥ ܐܢܐ. | ܡܢܘ[2] ܗܘܐ. |
| 27 | ܐܡܪ * * ܚܝܠܐ * * ܐܩܒܠܗ. | ܘܐܡܪ * * ܚܝܠܐ ܗܘ * * ܩܒܠܗ. | ܐܡܪ * * ܠܬܘܪܐ * * ܐܩܒܠܗ. |
| 29 | ܥܢܐ ܘܐܡܪ * * ܦܠܚܢܐ | ܐܡܪ * * ܦܠܚ ܐܢܐ | ܐܡܪ * * ܦܠܚ ܐܢܐ |
| 31 | ܒܟܠܙܒܢ ܥܡܝ ܐܢܬ. ܘܟܠ ܡܕܡ | ܐܢܬ ܒܟܠܙܒܢ ܥܡܝ ܐܢܬ. ܘܟܠܡܕܡ | ܐܢܬ ܒܟܠܙܒܢ ܥܡܝ ܐܢܬ. ܘܟܠܡܕܡ[3] |
| 32 | ܠܡܒܣܡܘ ܕܝܢ ܘܠܐ ܗܘܐ ܘܠܡܚܕܐ | ܠܡܒܣܡܘ ܕܝܢ ܘܠܡܚܕܐ ܘܠܐ ܗܘܐ ܠܢ. | ܠܡܒܣܡܘ ܕܝܢ ܘܠܐ ܗܘܐ ܠܢ ܘܠܡܚܕܐ. |
| XVI. 1 | om. | ܠܗܘܢ | om. |
| | ܪܒ ܒܝܬܐ | ܪܒܝܬܐ.[4] | ܪܒܝܬܐ.[5] |
| 2 | ܕܡܫܬܡܥܐ ܥܠܝܟ ܗܒ * * ܚܘܫܒܢܐ * * ܬܘܒ ܪܒܝܬܐ ܕܬܗܘܐ ܠܝ | ܕܫܡܥ ܐܢܐ ܥܠܝܟ. ܗܒ * * ܚܘܫܒܢܐ * * ܕܬܘܒ ܪܒܝܬܐ ܬܗܘܐ ܠܝ. | ܕܫܡܥ ܐܢܐ ܥܠܝܟ. * * ܚܘܫܒܢܐ * * ܡܫܟܚܬ ܪܒܝܬܐ[6] ܕܬܗܘܐ ܠܝ. |
| 3 | ܪܒܝܬܐ * * ܡܢܝ ܪܒܘ ܒܝܬܘܬܐ ܘܠܡܦܠܚ: ܠܐ ܡܫܟܚ ܐܢܐ ܘܠܡܚܕܪ ܒܗܬ ܐܢܐ | ܪܒ ܒܝܬܐ * * ܪܒܘ ܒܝܬܘܬܐ ܡܢܝ. ܕܐܦܠܘܚ ܠܐ ܡܫܟܚܢܐ. ܘܠܡܚܕܪ ܒܗܬܢܐ. | ܪܒ[7] ܒܝܬܐ * * ܡܢܝ ܪܒܘ ܒܝܬܘܬܐ. ܕܐܦܠܘܚ ܠܐ ܡܫܟܚ ܐܢܐ. ܘܠܡܚܕܪ ܒܗܬ ܐܢܐ. |
| 4 | ܝܕܥܬ ܠܝ * * ܪܒ ܒܝܬܘܬܐ | ܝܕܥܬ * * ܪܒܝܬܘܬܐ | ܝܕܥܬ * * ܪܒ ܒܝܬܘܬܐ |
| 5 | ܘܩܪܐ ܠܚܕ ܡܢ ܚܝܒܐ * * ܚܝܒ ܐܢܬ | ܘܩܪܐ ܗܢܐ ܠܚܕ ܚܕ[8] ܡܢ ܚܝܒܐ * * ܚܝܒܬ | ܘܩܪܐ ܠܚܕ[9] ܚܕ ܡܢ ܚܝܒܐ * * ܚܝܒ ܐܢܬ |
| 6 | om. | ܐܡܪ ܠܗ ܡܐܐ ܡܬܪܝܢ | ܐܡܪ ܠܗ ܡܐܐ ܡܬܪܝܢ. |
| | ܘܟܬܒ ܒܟܬܒܟ ܘܟܬܒ | ܘܬܒ ܒܟܬܒܟ ܟܬܘܒ | ܘܬܒ ܒܟܬܒܟ ܟܬܘܒ |
| 7 | ܘܒܬܪܟܢ lacuna * * ܠܗ ܐܡܪ ܠܗ ܡܐܐ ܟܘܪܝܢ ܚܛܐ ܘܟܬܘܒ ܡܚܕܐ ܟܬܘܒ ܐܢܘܢ ܬܡܢܝܢ | ܘܡܢ ܒܬܪܟܢ * * ܠܚܒܪܗ. ܐܡܪ ܠܗ ܡܐܐ ܟܘܪܝܢ ܚܛܐ. ܐܡܪ ܠܗ ܣܒ ܟܬܒܟ ܘܟܬܘܒ ܐܢܘܢ ܬܡܢܝܢ ܟܘܪܝܢ. | ܠܚܒܪܗ. ܐܡܪ ܠܗ ܡܐܐ ܟܘܪܝܢ ܚܛܐ. ܐܡܪ ܠܗ ܣܒ ܟܬܒܟ. ܘܬܒ ܟܬܘܒ ܬܡܢܝܢ (sic) ܟܘܪܝܢ. |
| 8 | ܘܫܒܚ ܡܪܗ * * ܘܚܟܝܡܝܢ ܐܢܘܢ ܒܢܘܗܝ ܕܥܠܡܐ ܗܢܐ ܒܕܪܗܘܢ | ܘܫܒܚ ܡܪܐ * * ܒܢܘܗܝ ܓܝܪ ܕܥܠܡܐ ܗܢܐ ܚܟܝܡܝܢ ܐܢܘܢ ܒܫܪܒܬܗܘܢ | ܘܫܒܚ ܡܪܢ * * ܒܢܘܗܝ ܓܝܪ ܕܥܠܡܐ ܗܢܐ. ܚܟܝܡܝܢ ܐܢܘܢ * * ܒܫܪܒܬܗܘܢ |

[1] In cod. 40, vocabula ܘܢܣܒܘܢ v. 22 usque ad ܠܬܘܪܐ v. 23 characteribus minutioribus scripta sunt.

[2] 40. ܕܡܢܘ. [3] 40. ܘܟܠ ܡܕܡ.

[4] Notat Wright verba ܘܐܝܬ ܗܘܐ ܠܗ ܪܒܝܬܐ, item ܐ in ܗܘܐ praecedente, super aliquo deleto scripta videri, etsi a prima manu.

[5] 40. ܪܒܝܬܐ. [6] 40. ܪܒܝܬܐ. [7] 40. ܪܒܝܬܐ.

[8] Wright annotat: 'Vocabulum ܚܕ in exemplare meo deest. Prof. Rödiger autem vocabulum exhibet, quod sensus vindicat.'

[9] 40. ܚܕ ܚܕ.

| | Lewisianus | Curetonianus | Peshitto |
|---|---|---|---|
| XVI. 9 | ܘܐܦ ܐܢܐ * * ܡܡܘܢܐ ܕܥܘܠܐ<br>* * ܒܡܛܠܠܝܗܘܢ | ܘܐܢܐ * * ܡܡܘܢܐ ܗܢܐ ܕܥܘܠܐ.<br>* * ܒܡܛܠܝܗܘܢ | ܘܐܦ ܐܢܐ * * ܡܡܘܢܐ ܗܢܐ<br>ܕܥܘܠܐ. * * ܒܡܛܠܠܝܗܘܢ |
| 10 | ܡܗܝܡܢ (b) | ܡܗܝܡܢ ܗܘ. (b) | ܡܗܝܡܢ ܗܘ. |
| 11 | ܒܗܘ | lacuna[1] | ܗܟܝܠ |
| | ܒܡܡܘܢܐ | ܒܡܡܘܢܬܐ[2] | ܒܡܡܘܢܐ |
| | ܗܘܝܬܘܢ ܡܗܝܡܢܝܢ ܠܫܪܪܐ | ܡܗܝܡܢܝܢ ܐܝܬܝܟܘܢ ܫܪܪܐ | ܡܗܝܡܢܐ ܠܐ ܗܘܝܬܘܢ܆ ܫܪܪܐ |
| 12 | ܘܐܢ ܒܕܠܐ ܕܝܠܟܘܢ ܠܐ<br>ܐܫܬܟܚܬܘܢ ܡܗܝܡܢܝܢ<br>ܕܝܠܟܘܢ ܡܢܘ ܢܬܠ ܠܟܘܢ | ܘܐܢ ܒܕܠܐ ܕܝܠܟܘܢ ܠܐ ܡܗܝܡܢܝܢ<br>ܐܝܬܝܟܘܢ ܕܝܠܟܘܢ ܡܢ ܢܬܠ<br>ܠܟܘܢ ܀<br>deest usque ad xvii. 1 ܒܗܘ | ܘܐܢ ܒܕܠܐ ܕܝܠܟܘܢ ܠܐ<br>ܐܫܬܟܚܬܘܢ ܡܗܝܡܢܐ܇<br>ܕܝܠܟܘܢ ܡܢܘ ܢܬܠ ܠܟܘܢ. |
| XVII. 1 | om. | ܡܘܟܫܠܐ. (b) | om. |
| 2 | ܘܫܕܐ ܒܝܡܐ ܐܘ ܢܟܫܠ | ܘܡܫܬܕܐ ܒܝܡܐ. ܐܘ ܕܢܟܫܠ | ܘܫܕܐ ܒܝܡܐ. ܐܘ ܕܢܟܫܠ |
| 3 | ܐܢ ܢܣܟܠ ܐܚܘܟ ܟܐܐ ܒܗ | ܐܢ ܢܣܟܠ ܐܚܘܟ ܟܐܒ ܒܗ. | ܐܢ ܢܣܟܠ ܐܚܘܟ ܟܐܒ ܒܗ.. |
| 4 | ܢܣܟܠ ܫܒܥܐ ܙܒܢܝܢ * *<br>ܘܐܡܪ ܕܬܐܒܢܐ | ܢܣܟܠ ܒܟ. ܫܒܥܐ * * ܘܐܡܪ<br>ܠܟ ܕܬܐܒ ܐܢܐ. | ܢܣܟܠ ܒܟ܆ ܫܒܥܐ * *<br>ܘܐܡܪ ܕܬܐܒ ܐܢܐ. |
| 5 | ܫܠܝܚܘܗܝ ܠܡܪܢ | ܫܠܝܚܐ ܠܡܪܢ. | ܫܠܝܚܐ ܠܡܪܢ. |
| 6 | ܡܪܢ ܘܐܡܪ * * ܐܝܬ ܠܟܘܢ<br>* * ܐܡܪܝܢ ܗܘܝܬܘܢ<br>ܠܬܘܬܐ ܗܢܐ ܕܐܬܥܩܪܝ ܡܢ<br>ܗܪܟܐ ܘܐܬܢܨܒܝ ܒܝܡܐ.<br>ܘܡܫܬܡܥܐ ܗܘܐ ܠܟܘܢ܀ | ܐܡܪ * * ܐܝܬ ܗܘܐ ܠܟܘܢ * *<br>ܐܡܪܝܢ ܗܘܝܬܘܢ ܠܚܘܪܒܐ<br>ܕܢܦܠ ܡܢ ܗܪܟܐ ܘܗܘܝܐ<br>ܗܘܐ. ܘܥܩܪܬܐ ܕܐܬܥܩܪܝ<br>ܘܐܬܢܨܒܝ ܒܝܡܐ ܘܡܫܬܡܥܐ<br>ܗܘܐ ܠܟܘܢ܀ | ܐܡܪ * * ܐܝܬ ܗܘܐ[3] ܠܟܘܢ * *<br>ܐܡܪܝܢ ܗܘܝܬܘܢ ܠܬܘܬܐ<br>ܗܢܐ ܕܐܬܥܩܪܝ ܘܐܬܢܨܒܝ ܒܝܡܐ<br>ܘܡܫܬܡܥܐ ܗܘܐ ܠܟܘܢ. |
| 7 | ܘܡܢܘ * * ܥܒܕܐ ܕܐܬܐ ܡܢ<br>ܚܩܠܐ * * ܡܚܕܐ | ܡܢܘ * * ܥܒܕܐ ܕܐܬܐ ܡܢ<br>ܚܩܠܐ. * * ܥܒܪ ܐܣܬܡܟ | ܡܢܘ * * ܘܐܢ ܢܐܬܐ ܡܢ ܚܩܠܐ:<br>* * ܡܚܕܐ |
| 8 | ܡܫܡܫ * * ܘܒܬܪܟܢ ܐܦ | ܡܫܡܫ. * * ܘܒܬܪ ܡܢ ܗܕܐ | ܡܫܡܫ * * ܘܒܬܪܟܢ ܐܦ |
| 9 | ܕܦܩܝܕ * * ܐܝܟ ܕܦܩܕ | ܕܦܩܝܕ * * ܐܝܟ ܕܦܩܕ | ܕܐܬܦܩܕ * * aliter |
| 10 | om. | ܦܩܝܕ. | ܕܐܬܦܩܕ. |
| | lin. interr. | ○ ○ ○ lin. non interr. | lin. interr. |
| 11 | ܘܟܕ ܥܒܪ ܒܝܬ ܫܡܪܝܐ<br>ܠܓܠܝܠܝܐ | ܘܟܕ ܗܘܐ ܥܒܪ ܒܝܬ ܫܡܪܝܐ<br>ܠܓܠܝܠܐ ܠܐܘܪܫܠܡ. | ܟܕ ܗܘܐ ܥܒܪ ܒܝܬ ܫܡܪܝܐ<br>ܠܓܠܝܠܐ. |
| 12 | ܦܓܥܘ ܗܘܘ | ܦܓܥܘ | ܘܦܓܥܘ |
| 13 | ܘܐܪܝܡܘ (sic) | ܘܐܪܝܡܘ | ܘܐܪܝܡܘ |

[1] Notat Wright vocabulum hic derasum esse; conjicit ܒܗܘ. [2] 'Error librarii pro ܒܡܡܘܢܐ.' Wright.

[3] 40. ܗܘܐ.

| XVII. | Lewisianus | Curetonianus | Peshitto |
|---|---|---|---|
| 14 | ܘܟܕ * * ܟܕ | ܟܕ * * ܘܟܕ | ܘܟܕ * * ܘܟܕ |
| 15 | ܘܚܕ ܡܢܗܘܢ * * ܗܦܟ ܗܘܐ ܠܗ ܘܒܩܠܐ ܪܡܐ | ܚܕ ܡܢܗܘܢ ܕܝܢ * * ܗܦܟ ܠܗ ܘܒܩܠܐ ܪܡܐ | ܚܕ ܕܝܢ ܡܢܗܘܢ * * ܗܦܟ ܠܗ. ܘܒܩܠܐ ܪܡܐ |
| 16 | om. | ܥܒܕܐ | om. |
| 17 | ܥܢܐ ܝܫܘܥ ܘܐܡܪ ܠܗ ܠܐ ܥܣܪܐ ܗܘܘ ܗܠܝܢ ܕܐܬܕܟܝܘ ܐܝܟܐ ܐܢܘܢ ܬܫܥܐ | ܐܡܪ ܝܫܘܥ ܗܠܝܢ ܥܣܪܐ ܗܘܝܢ ܗܘܘ ܕܐܬܕܟܝܘ. ܬܫܥܐ ܐܝܟܐ ܐܢܘܢ. | ܥܢܐ ܕܝܢ ܝܫܘܥ ܘܐܡܪ. ܠܐ ܗܘܐ ܥܣܪܐ ܗܘܘ ܗܠܝܢ[1] ܕܐܬܕܟܝܘ: ܐܝܟܐ ܐܢܘܢ ܬܫܥܐ. |
| 18 | om. | ܕܝܢ | om. |
| | ܠܐ ܗܦܟ | ܠܐ ܐܫܬܟܚ ܕܗܦܟ | ܠܡܢܐ ܦܪܫܘ ܕܢܐܬܘܢ |
| 19 | lacuna | | |
| 20 | ܥܢܐ ܘܐܡܪ | ܐܡܪ | ܥܢܐ ܘܐܡܪ |
| 21 | ܘܠܐ ܐܡܪܝܢ * * ܐܘ | ܘܠܐ ܢܐܡܪܘܢ ܗܐ * * ܐܘ ܗܐ | ܘܠܐ ܐܡܪܝܢ ܗܐ * * ܘܗܐ |
| 22 | ܚܕ ܡܢ ܝܘܡܬܗ | ܠܚܕ ܡܢ ܝܘܡܬܐ | ܚܕ ܡܢ ܝܘܡܬܐ |
| 23 | ܗܐ (a) * * ܗܪܟܐ ܠܐ ܬܪܕܘܢ ܘܠܐ ܬܐܙܠܘܢ | ܕܗܐ (a) * * ܗܪܟܐ[2] ܗܘ. ܠܐ ܬܗܡܝܢܘܢ ܘܠܐ ܬܐܙܠܘܢ. | ܗܐ (a) * * ܗܪ[3] ܠܬܡܢ ܗܘ ܠܐ ܬܐܙܠܘܢ. |
| 24 | ܐܝܟܢܐ * * ܡܢ ܪܘܚܘܗܝ ܕܫܡܝܐ ܥܕܡܐ ܠܪܘܚܗ | ܐܝܟ * * ܡܢ ܪܘܚܐ ܕܫܡܝܐ ܘܥܕܡܐ ܠܣܘܦܗ. | ܐܝܟܢܐ * * ܡܢ ܫܡܝܐ : aliter |
| 25 | ܡܢ ܠܘܩܕܡ ܕܝܢ | ܠܘܩܕܡ ܕܝܢ | ܠܘܩܕܡ ܕܝܢ |
| 26 | ܒܝܘܡܬܐ ܕܢܘܚ * * ܒܝܘܡܬܗ | ܒܝܘܡܝ ܢܘܚ. * * ܒܝܘܡܘܗܝ | ܒܝܘܡܬܗ ܕܢܘܚ: * * ܒܝܘܡܬܗ[4] |
| 27 | ܘܝܗܒܝܢ * * ܠܡܫܘܬܐ. * * ܠܟܠܗܘܢ | ܘܝܗܒܝܢ ܗܘܘ * * ܠܟܠܗ. * * ܠܟܠܗܘܢ. | ܘܝܗܒܝܢ * * ܠܓܒܪܐ: * * ܠܟܠܗܘܢ. |
| 28 | ܘܐܝܟܢܐ ܕܗܘܐ ܒܝܘܡܬܗ ܕܠܘܛ | ܗܟܢܐ ܐܝܟܢܐ ܕܗܘܐ ܒܝܘܡܝ ܠܘܛ. | ܘܐܝܟܢܐ ܬܘܒ ܕܗܘܐ ܒܝܘܡܬܗ ܕܠܘܛ: |
| | om.. | ܘܙܒܢܝܢ ܗܘܘ ܘܡܙܒܢܝܢ. | ܘܙܒܢܝܢ ܗܘܘ ܘܡܙܒܢܝܢ: |
| 29 | ܢܘܪܐ ܘܟܒܪܝܬܐ | ܢܘܪܐ | ܢܘܪܐ ܘܟܒܪܝܬܐ |
| 31 | ܠܡܣܒ | ܕܢܣܒ | ܕܢܣܒ |
| 33 | ܢܚܝܗ. | ܢܩܢܝܗ. | ܢܚܝܝܗ. |
| 34 | om. | ܕܝܢ | om. |
| 35 | ܬܪܬܝܢ ܟܚܕܐ ܛܚܢܐ. ܚܕܐ | ܬܪܬܝܢ ܟܚܕܐ ܛܚܢܐ ܐܟܚܕܐ. ܚܕܐ | ܬܪܬܝܢ ܟܚܕܐ.[5] ܚܕܐ |
| 37 | ܠܐܝܟܐ * * ܢܬܟܢܫܘܢ | ܠܐܝܟܐ * * ܢܬܟܢܫܘܢ | ܠܐܝܟܐ * * ܢܬܟܢܫܘܢ |
| XVIII. 1 | ܒܟܠ ܥܕܢ | ܒܟܠܥܕܢ | ܕܒܟܠ ܥܕܢ |

[1] 40. ܗܢܘܢ. [2] ScB. vide Praef. vii. [3] 40. ܗܪܬܡܢ. [4] 40. ܒܝܘܡܘܗܝ.
[5] 40. ܐܟܚܕܐ.

| XVIII. | Lewisianus | Curetonianus | Peshitto |
|---|---|---|---|
| 2 | om. | ܚܕܐ. | ܚܕܐ: |
| | ܒܪ ܐܢܫܐ | ܒܢܝ ܐܢܫܐ | ܒܢܝܢܫܐ[1]. |
| 3 | ܘܐܪܡܠܬܐ ܐܝܬ ܗܘܬ | ܘܐܪܡܠܬܐ ܚܕܐ ܐܝܬ ܗܘܬ | ܐܪܡܠܬܐ ܕܝܢ ܚܕܐ ܐܝܬ ܗܘܬ[2] |
| | om. | ܢܦܫܐ ܥܫܝܢܬܐ. | om. |
| 4 | ܒܬܪܟܢ | ܘܒܬܪܟܢ | ܒܬܪܟܢ ܕܝܢ |
| | om. | ܗܘ ܕܝܢܐ. | om. |
| | ܒܪ ܐܢܫܐ | ܒܢܝܢܫܐ | ܒܢܝܢܫܐ |
| 5 | ܕܗܘܢܐ * * ܕܠܐ ܒܣܢܝܐ ܐܬܐܬܐ ܠܐܣܝܘܣ. | ܒܟܠܙܒܢ * * ܕܠܐ ܒܟܠܙܒܢ ܬܗܘܐ ܐܬܝܐ ܡܗܪܐ ܠܝ. | om. * * ܕܠܐ ܒܟܠܙܒܢ ܬܗܘܐ ܐܬܝܐ ܡܗܪܐ ܠܝ. |
| 6 | ܐܡܪ ܡܪܢ * * ܕܝܢܐ ܕܥܘܠܐ. | ܘܐܡܪ ܡܪܢ * * ܕܝܢܐ ܥܘܠܐ. | ܘܐܡܪ ܡܪܢ. * * ܕܝܢܐ ܕܥܘܠܐ. |
| 7 | ܘܡܢ | ܘܠܢ | ܘܡܢ |
| 8 | ܐܡܪ ܐܢܐ * * ܢܥܒܕ | ܐܡܪܢܐ * * ܘܢܥܒܕ | ܐܡܪ ܐܢܐ * * ܘܢܥܒܕ |
| | lin. non interr. | ܘܘ ܘܘ ܘܘ lin. interr. | punctum, lin. non interr. |
| 9 | ܠܡܬܠܐ * * ܕܙܕܝܩܝܢ | ܠܗܘ ܡܬܠܐ * * ܕܙܕܝܩܐ | ܠܗܘ ܡܬܠܐ * * ܙܕܝܩܐ |
| 11 | ܗܘ * * ܩܐܡ * * ܡܨܠܐ ܡܘܕܐ * * ܐܘ ܒܥܘܠܐ ܐܘ ܓܝܪܐ | ܘܗܘ * * ܩܐܡ ܗܘܐ * * ܘܗܟܢܐ ܡܨܠܐ ܗܘܐ. ܡܘܕܐ ܐܢܐ * * ܘܥܘܠܐ ܘܓܝܪܐ. | ܘܗܘ * * ܩܐܡ ܗܘܐ * * ܘܗܟܢܐ ܡܨܠܐ ܗܘܐ. * * ܡܘܕܐ ܐܢܐ * * ܘܥܠܘܒܐ ܘܓܝܪܐ. |
| 13 | ܘܠܐ ܨܒܐ ܗܘܐ ܕܐܦܠܐ * * ܥܝܢܗ | ܘܠܐ ܡܫܟܚ ܗܘܐ ܐܦܠܐ * * ܥܝܢܗ | ܘܠܐ ܨܒܐ ܗܘܐ ܐܦ ܠܐ |
| 14 | ܐܡܪܢܐ * * ܗܢܐ ܠܒܝܬܗ * * ܘܕܢܟܘ * * ܠܦܪܝܫܐ. | ܐܡܪ ܐܢܐ * * ܠܒܝܬܗ ܗܢܐ * * ܘܟܠ ܕܢܟܘ * * ܠܦܪܝܫܐ | ܐܡܪ ܐܢܐ * * ܗܢܐ * * ܠܒܝܬܗ * * ܘܟܠ ܡܢ ܕܢܟܘ * * |
| | punctum, lin. non interr. | ܘ ܘ ܘ ܘ ܘ lin. interr. | lin. non interr.[3] ܠܦܪܝܫܐ. |
| 15 | ܐܦ ܡܝܬܝܢ ܕܢܣܡ ܐܝܕܗ ܥܠܝܗܘܢ ܘܚܙܘ ܥܠܝܗܘܢ ܠܬܠܡܝܕܘܗܝ. | ܐܦ ܡܝܬܝܢ ܕܢܩܪܘܒ ܐܢܘܢ. ܘܟܕ ܚܙܘ ܬܠܡܝܕܘܗܝ ܟܐܐܡ ܗܘܘ ܒܗܘܢ. | ܡܝܬܝܢ ܕܢܩܪܘܒ ܠܗܘܢ. ܘܚܙܘ ܐܢܘܢ ܬܠܡܝܕܘܗܝ ܘܟܐܐ ܒܗܘܢ. |
| 16 | ܐܡܪ ܠܗܘܢ ܝܫܘܥ * * ܛܠܝܐ ܐܬܝܢ * * ܕܐܬܝܢ | ܘܗܘ ܝܫܘܥ ܐܡܪ ܠܗܘܢ. * * ܛܠܝܐ ܕܢܐܬܘܢ * * ܐܬܝܢ | ܗܘ ܕܝܢ ܝܫܘܥ ܩܪܐ ܐܢܘܢ ܘܐܡܪ ܠܗܘܢ. * * ܛܠܝܐ ܐܬܝܢ * * ܕܕܐܬܝܢ |
| 17 | ܐܡܪܢܐ * * ܡܡܠܟܘܬܐ * * ܕܢܩܒܠ * * ܛܠܝܐ | ܐܡܪ ܐܢܐ * * ܡܠܟܘܬܐ * * ܕܐܠܗܐ * * ܗܘ ܛܠܝܐ. | ܐܡܪ ܐܢܐ * * ܡܠܟܘܬܐ * * ܕܐܠܗܐ * * ܛܠܝܐ |
| 18 | om. | ܕܦܪܫܐ | om. |
| 19 | om. | ܘܡܢܐ ܡܫܐܠ ܐܢܬ ܠܝ ܥܠ ܛܒܐ. | om. |

[1] 40. ܒܢܝ ܐܢܫܐ. [2] 40. ܗܘܐ. [3] 40 lin. interr.

| | Lewisianus | Curetonianus | Peshitto |
|---|---|---|---|
| XVIII. 20 | om. | ܐܢ ܨܒܐ ܐܢܬ ܚܝܐ ܠܥܠܡܐ. | om. |
| | ܠܐ ܬܓܘܪ | ܘܠܐ ܬܓܘܪ. | ܘܠܐ ܬܓܘܪ |
| 21 | ܐܡܪ ܗܠܝܢ ܗܘ ܡܢ ܕܛܠܐ ܐܢܐ ܢܛܪܬ ܐܢܝܢ | ܐܡܪ ܠܗ ܗܠܝܢ ܟܠܗܝܢ ܢܛܪܬ ܐܢܝܢ ܗܘ ܡܢ ܕܛܠܐ ܐܢܐ. | ܐܡܪ ܠܗ. ܗܠܝܢ ܟܠܗܝܢ ܢܛܪܬ ܐܢܝܢ ܡܢ ܛܠܝܘܬܝ. |
| 22 | ܐܟܝܢ | ܐܟܢ | ܐܟܢ |
| 23 | ܥܬܝܪ ܗܘܐ ܛܒ ܠܗ. | ܥܬܝܪ ܗܘܐ ܛܒ. | ܥܬܝܪ ܗܘܐ ܛܒ ܠܗ. |
| 24 | om. | ܗܘ | om. |
| 25 | ܛܒ | ܛܒ | om. |
| | om. | ܕܢܥܘܠ | om. |
| 27 | ܠܘܬ ܐܠܗܐ ܡܫܟܚܢ ܕܢܗܘܝܢ | ܠܘܬ ܐܠܗܐ ܕܝܢ ܡܫܟܚܢ. | ܠܘܬ ܐܠܗܐ ܡܫܟܚܢ ܠܡܗܘܐ. |
| 28 | ܟܘܠ | ܟܠ | ܟܠ |
| 29 | ܐܡܪܢܐ ܠܟܘ ܕܠܝܬ ܕܫܒܩ | ܐܡܪ ܐܢܐ ܠܟܘܢ. ܕܡܢ ܕܫܒܩ | ܐܡܪ ܐܢܐ ܠܟܘܢ: ܕܠܝܬ ܐܢܫ ܕܫܒܩ |
| 30 | ܘܠܐ ܢܣܒ ܚܕ * * ܕܥܬܝܕ | ܢܣܒ ܚܕ * * ܕܐܬܐ | ܘܠܐ ܢܩܒܠ * * ܕܐܬܐ |
| 31 | ܫܠܡܝܢ ܐܚܝܢ | ܫܠܡܝܢ ܚܝܢ | ܫܠܡܝܢ |
| 32 | unum verb. deest | | |
| | ܒܐܢܦܘܗܝ | ܒܐ̈ܦܘܗܝ. | ܒܐ̈ܦܘܗܝ. |
| 34 | lin. non interr. | ○ ○ ○ lin. interr. | ◆ lin. interr. |
| 35 | ܘܟܕ ܩܪܒ ܗܘܐ ܕܝܢ ܠܐܝܪܝܚܘ | ܘܟܕ ܩܪܒ ܗܘܐ ܠܡܕܝܢܬܐ ܠܐܝܪܝܚܘ. | ܘܟܕ ܩܪܒ[1] ܠܐܝܪܝܚܘ܆ |
| 39 | ܘܐܡܪ | om. | om. |
| 40 | ܘܦܩܕ ܕܢܝܬܘܢܗ | ܘܦܩܕ ܗܘܐ ܕܢܝܬܘܢܝܗܝ. | ܘܦܩܕ ܕܢܩܪܒܘܢܝܗܝ[2] |
| 41 | ܕܐܥܒܕ * * ܕܐܚܙܐ | ܐܥܒܕ * * ܕܢܬܦܬܚܢ ܥܝܢܝ ܘܐܚܙܐ. | ܐܥܒܕ * * ܕܐܚܙܐ. |
| 42 | ܝܫܘܥ | om. | ܘܝܫܘܥ |
| 43 | ܘܒܗ ܒܫܥܬܐ ܚܙܐ ܘܢܩܦܗ ܡܫܒܚ ܠܐܠܗܐ ○ ○ | ܘܒܗ ܒܫܥܬܐ ܕܚܙܐ ܡܫܒܚ ܠܐܠܗܐ. ·ܿ· ○ | ܘܒܗ ܒܫܥܬܐ ܕܚܙܐ: ܢܩܦܗ ܗܘܐ ܡܫܒܚ ܠܐܠܗܐ ◆ |
| XIX. 1 | ܘܟܕ ܥܐܠ ܘܥܒܪ ܐܝܪܝܚܘ | ܘܟܕ ܥܠܗ ܘܥܒܪ ܒܐܝܪܝܚܘ. | ܘܟܕ ܥܐܠ ܝܫܘܥ ܘܥܒܪ ܒܐܝܪܝܚܘ܆ |
| 2 | ܘܓܒܪܐ ܚܕ ܕܫܡܗ ܗܘܐ ܙܟܝ | ܓܒܪܐ ܚܕ ܕܫܡܗ ܙܟܝ. | ܓܒܪܐ ܚܕ ܕܫܡܗ ܗܘܐ[3] ܙܟܝ܆ |
| 3 | ܡܢܘ * * ܡܛܠ ܟܢܫܐ | om. | ܕܡܢܘ܆ * * ܡܢ ܟܢܫܐ. |
| | om. | ܙܟܝ. | ܙܟܝ. |

[1] 40 post ܩܪܒ habet ܝܫܘܥ.

[2] 40. ܕܢܝܬܘܢܝܗܝ.

[3] 40 om. ܗܘܐ.

| XIX. | LEWISIANUS | CURETONIANUS | PESHITTO |
|---|---|---|---|
| 4 | ܠܩܕܡܘܗܝ ** ܡܛܠ | ܩܕܡܘܗܝ. ** ܡܛܠ | ܩܕܡܘܗܝ ** ܡܛܠ |
| | lacunae | | |
| 5 | ܠܗ | om. | ܠܗ. |
| 6 | ܐܚܝ | om. | om. |
| 7 | ܚܙܘ ܗܘܘ | ܚܙܘ ܗܠܝܢ ܟܠܗܘܢ | ܚܙܘ ܕܝܢ ܟܠܗܘܢ: |
| | ܘܐܡܪܝܢ | om. | ܘܐܡܪܝܢ. |
| 8 | ܠܡܪܢ** ܡܘܗܒܢܐ**ܦܪܥܢܐ. | ܠܡܪܝ. ** ܡܘܗܒ ܐܢܐ ** ܦܪܥ ܐܢܐ. | ܠܡܪܢ. ** ܡܘܗܒ ܐܢܐ ** ܦܪܥ ܐܢܐ. |
| 9 | ܡܛܠ ܕܐܦ | ܘܐܦ | ܡܛܠ ܕܐܦ |
| 10 | ܡܕܡ ܕܐܒܝܕ ܘ | ܠܡܕܡ ܕܐܒܝܕ ܗܘܐ. ܘ ܘ ܘ | ܡܕܡ ܕܐܒܝܕ ܗܘܐ. |
| 11 | om. | ܠܡܫܡܠ | om. |
| | ܘܣܒܪܝܢ ܗܘܘ ܕܒܫܥܬܐ ܗܝ ܥܬܝܕܐ ܗܘܬ ܕܬܬܓܠܐ ܡܠܟܘܬܗ | ܘܣܒܪܝܢ ܗܘܘ ܕܒܗܝ ܫܥܬܐ ܥܬܝܕܐ ܕܬܬܓܠܐ ܡܠܟܘܬܗ | ܘܣܒܪܝܢ ܗܘܘ ܕܒܗܝ ܫܥܬܐ ܥܬܝܕܐ ܕܬܬܓܠܐ ܡܠܟܘܬܗ |
| 12 | ܕܒܪ ܛܘܗܡܐ | ܒܪ ܛܘܗܡܐ | ܒܪ ܛܘܗܡܐ |
| 13 | ܠܥܒܕܐ ** ܐܬܐ | ܠܥܒܕܘܗܝ ** ܐܬܐ ܐܢܐ. | ܠܥܒܕܐ ** ܐܬܐ ܐܢܐ. |
| 14 | ܡܫܠܚܐ | ܡܫܠܚܗ | ܡܫܠܚܗ |
| 15 | om. | ܘܟܕ ܢܣܒ ܡܠܟܘܬܐ | ܘܟܕ ܢܣܒ ܡܠܟܘܬܐ |
| | ܗܢܘܢ ** ܡܢܐ ܡܢܗ ܕܐܬܬܓܪܘ | ܠܗܢܘܢ ** ܡܢܐ ܐܬܬܓܪܘ. | ܗܢܘܢ ** ܡܢܐ[1] ܐܬܬܓܪ. |
| 17 | ܐܘ ** ܒܩܠܝܠ | ܐܘ ** ܕܒܩܠܝܠ | ܐܘ ** ܕܒܩܠܝܠ |
| 18 | ܐܚܪܢܐ ܘܐܡܪ | ܕܬܪܝܢ ܐܡܪ | ܕܬܪܝܢ ܘܐܡܪ. |
| 19 | ܐܡܪ ܠܗ ܐܦ ܠܗ ܐܦ ܐܢܬ | ܐܡܪ ܠܗ ܐܦ ܠܗܘ ܘܐܦ ܐܢܬ | ܐܡܪ ܐܦ ܠܗܢܐ. ܐܦ ܐܢܬ |
| 20 | ܗܘ ** ܡܪܝ | om. | om. ** ܡܪܝ: |
| 22 | om. | ܡܪܗ ** ܒܝܫܐ | om. ** ܒܝܫܐ. |
| | ܘܚܨܕܢܐ | ܘܚܨܕ ܐܢܐ | ܘܚܨܕ ܐܢܐ |
| 23 | ܠܟܣܦܐ ܠܐ | ܐܡܘ ܠܐ | ܠܟܣܦܐ ܠܐ |
| 26 | ܕܟܠ ** ܢܬܬܘܣܦ ܠܗ. ** ܡܕܡ ܕܐܝܬ ܠܗ | ܕܠܟܠ ** ܢܬܝܗܒ ܠܗ ܘܢܬܬܘܣܦ ܠܗ. ** ܕܡܢ ܕܐܝܬ ܠܗ | ܕܠܟܠ ** ܢܬܝܗܒ ܠܗ. ** ܕܐܝܬ ܠܗ |
| 28 | ܠܐܘܪܫܠܡ lin. non interr. | ܠܐܘܪܫܠܡ ·܀· lin. interr. | ܀ lin. non interr. |
| 29 | ܛܘܪܐ ܕܙܝܬܐ. | ܛܘܪܐ ܕܡܬܩܪܐ ܕܒܝܬ ܙܝܬܐ. | ܛܘܪܐ ܕܡܬܩܪܐ ܕܒܝܬ[2] ܙܝܬܐ. |

[1] 40 habet ܡܢܐ post ܕܝܗܒ.

[2] 40. ܕ superadditum charactere minutiori ab eadem manu.

| | LEWISIANUS | CURETONIANUS | PESHITTO |
|---|---|---|---|
| XIX. | | | |
| 29 | ܠܩܕܡ | ܒܩܕܡ | ܠܩܕܡ |
| 30 | ܕܠܩܒܠܢ * * ܐܝܬܐܘܗܝ ܠܟܐ | ܕܠܘܩܒܠܟܘܢ. * * ܐܝܬܐܘܗܝ. | ܕܠܘܩܒܠܟܘܢ. * * ܐܝܬܐܘܗܝ. |
| 31 | ܗܟܢܐ | om. | ܗܟܢܐ |
| 32 | ܐܫܟܚܘ ܗܟܢܐ ܗܢܘܢ ܕܐܫܬܕܪܘ<br>ܐܝܟ ܕܐܡܪ ܠܗܘܢ | ܘܐܫܟܚܘ ܗܟܢܐ. | ܗܢܘܢ ܕܐܫܬܕܪܘ ܘܐܫܟܚܘ<br>ܐܝܟܢܐ ܕܐܡܪ ܠܗܘܢ. |
| 33, 34 | ܘܟܕ ܫܪܝܢ ܠܗ. ܠܥܝܠܐ ܐܡܪܘ<br>ܠܗܘܢ ܠܡܪܗ ܡܬܒܥܐ. | ܘܟܕ ܫܐܠܘ ܐܢܘܢ. ܐܡܪܘ ܐܢܘܢ<br>ܦܓܥܐ ܕܠܡܪܗ ܡܬܒܥܐ. | ܘܟܕ ܫܪܝܢ ܠܗ ܠܥܝܠܐ: ܐܡܪܝܢ<br>ܠܗܘܢ ܡܪ̈ܘܗܝ. ܡܢܐ ܫܪܝܢ<br>ܐܢܬܘܢ ܠܥܝܠܐ ܗܢܐ. ܘܐܡܪܘ<br>ܠܗܘܢ. ܕܠܡܪܢ ܡܬܒܥܐ. |
| 35 | ܘܐܝܬܝܘ | ܘܐܝܬܝܘܗܝ | ܘܐܝܬܝܘܗܝ |
| | ܥܠܘܗܝ (b) | om. | ܥܠܘܗܝ ◆ |
| 36 | ܘܟܕ ܪܕܐ ܗܘܐ ܘܐܙܠ ܘܦܪܫܝܢ<br>ܗܘܘ ܡܪ̈ܛܘܛܝܗܘܢ ܒܐܘܪܚܐ | ܘܟܕ ܪܕܐ ܗܘܐ. ܦܪܫܝܢ ܗܘܘ<br>ܡܪ̈ܛܘܛܝܗܘܢ ܒܐܘܪܚܐ. | ܟܕ ܕܝܢ ܐܙܠ: ܦܪܫܝܢ ܗܘܘ<br>ܡܐ̈ܢܝܗܘܢ ܒܐܘܪܚܐ. |
| 37 | ܟܕ * * ܕܛܘܪ ܙܝܬܐ * * ܟܠܗ<br>ܟܢܫܐ ܕܬܠܡܝܕܘܗܝ ܚܕܝܢ | ܘܟܕ * * ܕܛܘܪܐ ܕܒܝܬ ܙܝܬܐ.<br>ܟܠܗ ܟܢܫܐ ܚܕܝܢ ܗܘܘ | ܘܟܕ * * ܕܛܘܪܐ ܕܒܝܬ ܙܝܬܐ:<br>* * ܟܠܗ ܟܢܫܐ ܕܬܠܡܝ̈ܕܐ<br>ܚܕܝܢ: |
| 38 | ܘܫܘܒܚܐ | ܘܬܫܒܘܚܬܐ | ܘܫܘܒܚܐ |
| 39 | ܡܢ ܥܡܐ * * ܡܠܦܢܐ ܦܩܘܕ<br>ܟܐܐ ܒܬܠܡܝܕܝܟ | ܡܢ ܦܪ̈ܝܫܐ * * ܪܒܢ ܟܐܐ ܒܗܘܢ | ܡܢ ܦܪ̈ܝܫܐ * * ܪܒܝ ܟܐܐ<br>ܒܬܠܡܝ̈ܕܝܟ. |
| 40 | ܗܢܐ ܘܐܡܪ * * ܐܡܪܢܐ * *<br>ܟܐ̈ܦܐ | ܐܡܪ * * ܐܡܪ ܐܢܐ * * ܟܐ̈ܦܐ<br>ܗܠܝܢ | ܐܡܪ * * ܐܡܪ ܐܢܐ * * ܟܐ̈ܦܐ |
| 41 | ܡܕܝܢܬܐ | ܠܡܕܝܢܬܐ | ܠܡܕܝܢܬܐ: |
| 42 | ܒܝܘܡܐ ܗܫܐ ܕܝܢ ܝܕܥܬܝ<br>ܫܠܡܟܝ ܐܠܐ ܐܬܛܫܝ ܠܗ<br>ܡܢ ܥܝ̈ܢܝܟܝ | ܒܝܘܡܐ ܗܫܐ ܝܕܥܬܝ ܕܝܢ<br>ܫܠܡܟܝ. ܐܠܐ ܡܟܝܠ<br>ܐܬܛܫܝ ܠܗ ܡܢ ܥܝ̈ܢܝܟܝ. | ܝܕܥܬܝ ܐܠܝܢ ܕܐܝܬܝܗܝܢ<br>ܕܠܫܠܡܟܝ ܐܦ ܒܝܘܡܐ<br>ܗܢܐ. ܗܫܐ ܕܝܢ ܐܬܛܫܝ<br>ܠܗܝܢ ܡܢ ܥܝ̈ܢܝܟܝ: |
| 44 | ܘܢܣܚܦܢܟܝ ܥܠ ܐܪܥܐ. * *<br>ܫܥܬܐ ܕܣܘܥܪܢܟܝ | ܘܢܣܚܦܘܢܟܝ ܥܠ ܐܪܥܐ. * *<br>ܫܥܬܐ ܕܣܘܥܪܢܟܝ. | ܘܢܣܚܦܘܢܟܝ * * ܙܒܢܐ<br>ܕܣܘܥܪܢܟܝ. |
| 46 | om. | ܠܟܠܗܘܢ ܥܡ̈ܡܐ. | om. |
| | om. | ܕܝܢ | ܕܝܢ |
| 47 | ܡܠܦ * * ܘܪ̈ܫܝܗܘܢ | ܘܡܠܦ * * ܘܪ̈ܫܐ | ܡܠܦ ܗܘܐ * * ܘܩܫܝ̈ܫܐ |
| XX. 1 | ܘܟܗܢܐ * * ܘܣܦܪ̈ܐ ܘܩܫܝ̈ܫܐ | ܟܗܢܐ * * ܘܣܦܪ̈ܐ ܕܥܡܐ ܥܡ<br>ܩܫܝ̈ܫܐ | ܟܗܢܐ * * ܘܣܦܪ̈ܐ ܥܡ ܩܫܝ̈ܫܐ |

| | Lewisianus | Curetonianus | Peshitto |
|---|---|---|---|
| XX. 2 | om. | ܐܡܪܘ ܠܗ | ܐܡܪܘ ܠܗ |
| | ܫܘܠܛܢܐ (a) ** ܗܢܐ ܫܘܠܛܢܐ | ܫܘܠܛܢܟ (a) ** ܫܘܠܛܢܐ ܗܢܐ. | ܫܘܠܛܢܐ (a) ** ܫܘܠܛܢܐ ܗܢܐ. |
| 3 | ܚܕܐ ܘܐܡܪ̈ | ܐܡܪ̈ | ܚܕܐ ܡܢܟܘܢ ܘܐܡܪ̈ |
| | ܡܠܬܐ. | om. | ܡܠܬܐ |
| 4 | ܗܘ | ܗܘܬ | ܗܘܬ |
| 5 | ܘܗܢܘܢ | ܗܢܘܢ ܕܝܢ | ܗܢܘܢ ܕܝܢ |
| | om. | ܒܝܢܬܗܘܢ | ܒܢܦܫܗܘܢ |
| | ܕܐܢ ** ܐܡܪ | ܐܢ ** ܘܐܡܪ | ܕܐܢ ** ܘܡܬܚܫܒܝܢ[1] ܡܢܐ |
| 6 | ܪܓܡܝܢ ܠܢ ܟܠܗ ܓܝܪ ܥܡܐ<br>ܡܗܝܡܢ ܗܘܐ | ܪܓܡܝܢ ܠܢ ܟܠܗ ܥܡܐ.<br>ܡܗܝܡܢ ܓܝܪ | ܪܓܡ ܠܢ ܥܡܐ ܟܠܗ.<br>ܡܗܝܡܢ ܓܝܪ |
| 8 | ܐܦܠܐ ܐܢܐ ܐܡܪ ܐܢܐ | ܘܐܦܠܐ ܐܢܐ ܐܡܪܢܐ | ܘܠܐ ܐܢܐ ܐܡܪ ܐܢܐ |
| 9 | ܘܐܣܝܓܗ ܣܝܓܐ | om. | om. |
| 10 | ܦܠܚܐ * * ܘܡܚܘܗܝ | ܦܠܚ̈ܘܗܝ * * ܘܡܚܐܘܗܝ | ܦܠܚܐ[2] * * ܡܚܐܘܗܝ |
| 11 | ܠܗܘ | ܠܗܢܐ | ܠܗܘ: |
| | om. | ܘܫܕܪܘܗܝ. | ܘܨܥܪܘܗܝ |
| 12 | ܘܫܕܪ ܐܚܪܢܐ ܘܠܬܠܬܐ<br>ܘܐܦ... ܗܢܘܢ ܘܡܚܐܘܗܝ<br>ܐܦܩܘܗܝ | om. | ܘܐܘܣܦ ܘܫܕܪ ܕܬܠܬܐ. ܗܢܘܢ<br>ܕܝܢ ܐܦ ܠܗܘ ܓܪܚܘܗܝ<br>ܘܐܦܩܘܗܝ. |
| 13 | ܚܒܝܒܝ | ܚܒܝܒܐ. | ܚܒܝܒܐ: |
| 16 | ܐܡܪܝܢ ܢܘܒܕ ܐܢܘܢ ܠܦܠܚܐ<br>* * ܟܕ ܫܡܥܘ ܗܠܝܢ<br>ܝܕܥܘ ܓܝܪ ܕܥܠܝܗܘܢ<br>ܐܡܪ ܡܬܠܐ ܗܢܐ. | ܢܐܬܐ ܘܢܘܒܕ ܠܦܠܚܐ ܗܢܘܢ.<br>** ܟܕ ܫܡܥܘ ܕܝܢ ܗܠܝܢ.<br>ܐܡܪܝܢ ܚܣ ܘܠܐ ܢܗܘܐ. | ܢܐܬܐ ܘܢܘܒܕ ܠܦܠܚܐ ܗܢܘܢ:<br>** ܟܕ ܫܡܥܘ ܕܝܢ ܐܡܪܘ.<br>ܠܐ ܬܗܘܐ ܗܕܐ. |
| 17 | ܡܢܐ ܗܘ ܟܬܝܒ ܗܢܐ ** ܟܐܦܐ<br>ܡܢܐ. | ܘܡܢܐ ܗܘܐ ** ܟܐܦܐ ܕܣܠܝܘ. | ܘܡܢܐ ܗܝ ܗܝ * * ܟܐܦܐ<br>ܡܢܐ ܕܐܡܪܐ. |
| 18 | ܟܠ ܕܢܦܠ ܘܥܠ * *<br>ܠܡܫܚܩܘܗܝ | ܟܠ ܕܢܦܠ. ܘܥܠ **<br>ܠܡܫܚܩܘܗܝ. | ܟܠ ܕܢܦܠ. ܘܥܠ * *<br>ܬܕܪܩܝܘܗܝ. |
| 19 | om.<br>vide supra<br>ܘܕܚܠܘ ܗܘܘ ܡܢ ܥܡܐ | ܝܕܥܘ ܗܘܘ ܓܝܪ ܕܥܠܝܗܘܢ<br>ܐܡܪ.<br>ܘܕܚܠܘ ܡܢ ܥܡܐ. | ܘܕܚܠܘ ܡܢ ܥܡܐ. ܝܕܥܘ ܓܝܪ<br>ܕܥܠܝܗܘܢ ܐܡܪ ܡܬܠܐ ܗܢܐ. |
| 20 | ܕܢܬܡܚܠ**ܠܕܝܢܐ ܘܠܫܘܠܛܢܐ<br>ܕܗܓܡܘܢܐ | ܕܢܬܡܚܠ. * * ܠܗܓܡܘܢܐ. | ܕܢܬܡܚܠ * * ܠܕܝܢܐ.<br>ܘܠܫܘܠܛܢܐ ܕܗܓܡܘܢܐ. |

[1] 40. ܡܬܚܫܒ. [2] 40. ܦܠܚܐ : probabiliter alterum punctum ribui cum olaph confunditur.

| XX. | Lewisianus | Curetonianus | Peshitto |
|---|---|---|---|
| 21 | ܡܣܒ ܐܦܝܢ | ܡܣܒ ܐܦܐ | ܡܣܒ[1] |
| 24 | ܚܘܘܢܝ ܕܝܢܪܐ ܕܡܠܟܐ ܒܨܘܠܡܬܐ ܕܡܢܘ ܐܝܬ ܥܠܘܗܝ | ܚܘܐܘܢܝ ܕܝܢܪܐ. ܕܡܠܟܐ. ܘܨܘܠܡܬܐ ܕܡܢ ܐܝܬ ܥܠܘܗܝ. | ܚܘܐܘܢܝ ܕܝܢܪܐ ܕܡܢ ܐܝܬ ܒܗ ܨܠܡܐ ܘܟܬܒܬܐ |
| 26 | ܡܠܬܗ ܠܥܡܐ ** ܦܬܓܡܐ | ܠܥܡܐ ܡܠܬܗ ** ܦܬܓܡܗ | ܠܥܡܐ ܡܢܗ ܡܠܬܐ ** ܦܬܓܡܗ |
| 27 | ܐܢܫܐ | ܐ̈ܢܫܝܢ | ܐ̈ܢܫܝܢ |
| 28 | ܘܠܝܬ ** ܢܣܒ ܐܢܬܬܐ ܐܚܘܗܝ ܘܢܩܝܡ | ܡܢ ܠܝܬ ** ܢܣܒ ܐܢܬܬܗ ܐܚܘܗܝ. ܕܢܩܝܡ | ܕܠܐ ** ܢܣܒ ܐܚܘܗܝ ܐܢܬܬܗ ܘܢܩܝܡ |
| 29 | ܫܒܥܐ ܐܚܝܢ ܐܝܬ ܗܘܘ ܠܘܬܢ | ܫܒܥܐ ܐ̈ܚܝܢ ܐܝܬ ܗܘܘ. | ܫܒܥܐ ܕܝܢ ܐ̈ܚܝܢ ܐܝܬ ܗܘܘ. |
| 30 | ܘܬܢܝܢ ** ܘܐܦ | ܐܚܘܗܝ ** ܐܦ | ܘܬܢܝܢ |
| 31 | ܘܐܦ ܕܬܠܬܐ ** ܘܗܟܢܐ | ܐܦ ܗܘ ܕܬܠܬܐ ** ܘܐܦ | ܘܕܬܠܬܐ ܢܣܒܗ ** ܘܗܟܢܐ ܐܦ |
| 33 | ܠܐܢܫܐ | ܕܐܢܫܐ | ܕܐܢܫܐ |
|  | ܐܢܬܬܐ | om. | ordo alius ܐܢܬܬܐ. |
| 34 | ܒܢܝܐ ܥܠܡܐ ܘܐܡܪ | ܐܡܪ ܠܗܘܢ ܝܫܘܥ. | ܐܡܪ ܠܗܘܢ ܝܫܘܥ. |
| 35 | om. | ܠܡܫܡܠܝܘ. |  |
|  | ܠܐ ܢܫܐ ܗܘܝܢ ܠܓܒܪܐ | ܠܐ ܠܓܒܪܐ ܢܣܒܝܢ ܢܫܐ. ܘܐܦܠܐ ܢܫܐ ܗܘܝܢ ܠܓܒܪܐ. | ܠܐ ܢܣܒܝܢ ܢܫܐ. ܘܐܦ ܠܐ ܢܫܐ ܗܘ̈ܝܢ ܠܓܒܪܐ. |
| 36 | ܐܝܟ ܒܢܝܐ ܕܡܠܐܟܐ. | ܐܝܟ ܒܢܝܐ ܕܐܠܗܐ ܒܢܝܐ ܕܡܠܐܟܐ. | ܘܒܢܝܐ ܐܢܘܢ ܕܐܠܗܐ. ܡܛܠ ܕܗܘܘ ܒܢܝܐ ܕܡܠܐܟܐ. |
| 37 | ܐܦ ** ܡܛܠ ܐܠܗܐ ܠܡܘܫܐ | ܘܐܦ ** ܡܛܠ ܠܡܘܫܐ ܐܠܗܐ | ܐܦ[2] aliter |
| 38 | punctum, lin. non interr. | ○ ◎ ○ lin. interr. | ◆ lin. non interr. |
| 39 | ܐܢܫܐ ** ܐܡܪܝܢ. | ܐ̈ܢܫܝܢ ** ܐܡܪ ܐܢܬ. | ܐ̈ܢܫܝܢ ** ܐܡܪ ܐܢܬ. |
| 42 | ܕܡܙܡܘܪܘܗܝ | ܕܡܙܡܘܪܐ. | ܕܡܙܡܘܪ̈ܐ: |
| 43 | ܠܗܘܢ | om. | om. |
| 46 | ܒܐܫܩܠܡܬܐ | ܒܫܠܡܬܐ. | ܒܫܩܠܡܬܐ.[3] |
| 47 | ܗܢܘܢ | ܘܗܢܘܢ | ܗܢܘܢ |
| XXI. 1 | ܕܪܡܝܢ ܩܘܪܒܢܝܗܘܢ | ܕܪܡܝܢ ܗܘܘ ܩܘܪ̈ܒܢܝܗܘܢ | ܕܪܡܝܢ ܗܘܘ ** ܩܘܪ̈ܒܢܝܗܘܢ. |
| 2 | ܘܚܙܐ ܐܦ ܐܢܬܬܐ ܚܕܐ ܡܣܟܢܬܐ ܐܪܡܠܬܐ | ܘܚܙܐ ܘܐܦ ܐܪܡܠܬܐ ܡܣܟܢܬܐ ܕܐܪܡܠܬܐ | ܘܚܙܐ ܐܦ ܐܪܡܠܬܐ ܚܕܐ ܡܣܟܢܬܐ. ܕܐܪܡܠܬܐ |
| 3 | ܐܡܪ ܒܩܘܫܬܐ ** ܡܢܗܘܢ | ܐܡܪ ܫܪܝܪܐ ** ܡܢܗܘܢ. | ܘܐܡܪ. ܫܪܝܪܐ ** ܡܢ ܟܠܗܘܢ. |

[1] 40. ܡܣܒ ܐܦܐ. [2] 40. ܘܐܦ. [3] 40. ܒܐܫܩܠܡܬܐ.

| XXI. | Lewisianus | Curetonianus | Peshitto |
|---|---|---|---|
| 4 | ܕܝܬܝܪ * * ܟܠܗ ܩܘܪܒܢܐ. | ܕܝܬܝܪ ܗܘܐ * * ܟܠܗ ܥܠ ܩܘܪܒܢܐ. | ܕܝܬܝܪ ܗܘܐ * * ܟܠܗ ܩܘܪܒܢܐ |
| 5, 6 | ܠܗܘܢ * * ܩܐܡܐ | om. | ܠܗܘܢ * * om. |
| | ܒܗ | ܗܪܟܐ | om. |
| | punctum, lin. non interr. | ○○ ○○ ○○ lin. interr. | ✦ lin. non interr. |
| 7 | ܘܫܐܠܘܗܝ | ܘܫܐܠܘܗܝ ܗܘܘ | ܘܫܐܠܝܢ ܗܘܘ |
| 11 | ܒܕܘܟܐ ܕܘܟܐ (b) | om. | om. |
| | om. | ܘܚܙܘܐ ܪܘܪܒܐ. | ܘܚܙܘܐ ܪܘܪܒܐ. |
| 12 | ܘܗܓܡܢܐ | ܘܗܓܡܘܢܐ | ܘܗܓܡܘܢܐ |
| 13 | ܣܗܕܘܬܐ | ܣܗܕܘܬܐ ܗܝ. | ܠܣܗܕܘܬܐ: |
| 15 | ܠܘܩܒܠܗܘܢ | ܠܘܩܒܠܗ | ܠܘܩܒܠܗ |
| 16 | ܢܫܠܡܘܢܟܘܢ ܓܝܪ ܐܚܝܟܘܢ ܘܐܒܗܝܟܘܢ ܘܐܚܝܢܝܟܘܢ ܘܪܚܡܝܟܘܢ | ܢܫܠܡܘܢܟܘܢ ܐ̄ܒܗܝܟܘܢ ܘܐ̄ܚܝܟܘܢ ܘܐ̄ܚܝܢܝܟܘܢ ܘܪܚܡܝܟܘܢ. | ܢܫܠܡܘܢܟܘܢ ܕܝܢ ܐܒܗܝܟܘܢ ܘܐܚܝܟܘܢ. ܘܐܚܝܢܝܟܘܢ ܘܪܚܡܝܟܘܢ. |
| 17 | ܟܠܐܢܫ ܡܛܘܠ | ܟܠ ܐܢܫ ܡܛܠ | ܟܠ ܐܢܫ ܡܛܠ |
| 18 | ܘܡܢܬܐ ܚܕܐ ܡܢ ܡܙܥܪܐ ܕܪܝܫܟܘܢ ܠܐ ܬܐܒܕ | om. | ܘܡܢܬܐ ܡܢ ܪܝܫܟܘܢ[1] ܠܐ ܬܐܒܕ:[2] |
| 19 | ܓܝܪ * * ܢܦܫܬܟܘܢ | ܕܝܢ * * ܢܦܫܟܘܢ. | ܕܝܢ * * ܢܦܫܟܘܢ. |
| 21 | ܘܐܝܠܝܢ ܕܒܩܘܪܝܐ | ܘܐܝܠܝܢ ܘܕܒܩܘܪܝܐ | ܘܕܒܩܘܪܝܐ |
| 22 | ܟܠܡ ܕܟܬܝܒ ○ ○ | ܟܠ ܕܟܬܝܒ. | ܟܠ ܕܟܬܝܒ. |
| | lin. interr. | lin. non interr. | lin. non interr. |
| 23 | ܒܝܘܡܬܐ ܗܢܘܢ | ܒܗܢܘܢ ܝܘܡܬܐ. | ܒܗܢܘܢ ܝܘܡܬܐ. |
| | om. | ܒܐܪܥܐ. | ܒܐܪܥܐ: |
| | ܘܪܘܓܙܐ | ܘܪܘܓܙܐ ܣܓܝܐܐ | ܘܪܘܓܙܐ |
| 24 | ܕܣܘܝܦܐ[3] * * ܠܟܠܗ ܐܬܪ ܘܐܘܪܫܠܡ | ܕܣܝܦܐ. * * ܠܟܠܗܘܢ ܥܡܡܐ. ܘܐܘܪܫܠܡ | ܕܣܝܦܐ. * * ܠܟܠܗ ܐܬܪ. ܘܐܘܪܫܠܡ[4] |
| 25 | ܘܢܗܘܘܢ * * ܘܒܣܗܪܐ ܐܬܘܬܐ ܘܒܟܘܟܒܐ ܘܥܠ ܐܪܥܐ. | ܢܗܘܘܢ ܕܝܢ * * ܘܒܣܗܪܐ ܐ̄ܬܘܬܐ ܘܒܟܘܟܒܐ. ܘܥܠ ܕܐܪܥܐ ܒܫܡܝܐ. | ܘܢܗܘܝܢ * * ܘܒܣܗܪܐ ܐܬܘܬܐ. ܡܢ ܫܡܝܐ ܘܥܠ ܐܪܥܐ. |
| 26 | ܘܢܦܩܢ * * ܘܢܬܙܝܥܘܢ | ܕܫܡܝܐ * * ܘܢܬܬܙܝܥܘܢ | ܕܫܡܝܐ * * ܘܢܬܬܙܝܥܘܢ |
| 27 | ܢܚܙܘܢܗ | ܢܚܙܘܢܝܗܝ | ܢܚܙܘܢܝܗܝ |
| 30 | ܦܪܥܝܢ | ܡܦܪܥܝܢ | ܕܡܦܪܥܝܢ: |

[1] 40. ܪܝܫܟܘܢ. [2] 40. ܬܐܒܕ. [3] Littera ܘ a codicis scriptore deleta, ut notat F. C. B.
[4] 40. ܘܐܘܪܫܠܡ.

| | LEWISIANUS | CURETONIANUS | PESHITTO |
|---|---|---|---|
| XXI. 31 | ܡܠܟܘܬܐ ܕܐܠܗܐ | ܡܠܟܘܬܐ ܕܫܡܝܐ ⊙ o ⊙ | ܡܠܟܘܬܐ ܕܐܠܗܐ. |
| | lin. non interr. | lin. interr. | lin. non interr. |
| 33 | .o lin. interr. | punctum, lin. non interr. | punctum, lin. non interr. |
| 34 | ܒܫܒܥܘܬܐ | ܒܫܒܥܬܐ | ܒܪܘܝܘܬܐ |
| 35 | ܕܥܠ ܐܦܝܗ̇ | ܕܝܬܒܝܢ ܥܠ ܦܪܨܘܦܗ̇ | ܕܝܬܒܝܢ ܥܠ ܐܦܝܗ̇ |
| 36 | lin. non interr. | .⁘. lin. interr. | lin. non interr. |
| 37 | ܘܒܐܝܡܡܐ * * ܘܒܠܠܝܐ * * | ܘܒܐܝܡܡܐ * * ܘܒܠܠܘܬܐ | ܒܐܝܡܡܐ * * ܘܒܠܠܝܐ * * |
| | ܘܒܐܬ | * * ܒܐܬ | ܒܐܬ |
| 38 | ܘܟܠܗ * * ܕܢܫܡܥܘܢܝܗܝ | ܘܟܠܗ * * ܕܢܫܡܥܘܢܗ | ܘܟܠܗ * * ܠܡܫܡܥ ܡܠܬܗ |
| | lin. non interr. | ⊙ lin. interr. | ⁘ lin. interr. |
| XXII. 2 | ܢܩܛܠܘܢܝܗܝ. | ܢܩܛܠܘܢܝܗܝ. | ܢܩܛܠܘܢܝܗܝ. |
| | punctum, lin. non interr. | ⊙ lin. interr. | punctum, lin. non interr.[1] |
| 3 | ܫܟܪܝܘܛܐ | ܐܫܟܪܝܘܛܐ. | ܫܟܪܝܘܛܐ: |
| 5 | ܘܐܫܬܘܕܝܘ | ܘܐܫܬܘܕܝܘ ܗܘܘ | ܘܐܫܬܘܕܝ |
| | om. | ܘܐܫܬܘܕܝܘ ܠܗܘܢ. | ܘܐܫܬܘܕܝܘ ܠܗܘܢ. |
| 6 | ܘܒܥܝܢ ܗܘܐ ܠܗ ܦܠܓܐ * * | ܘܒܥܐ ܗܘܐ ܠܗ ܦܠܓܐ * * | ܘܒܥܐ ܗܘܐ ܠܗ ܦܠܓܐ * * |
| | ܕܢܫܐ | ܡܢ ܕܢܫܐ | ܡܢ ܕܢܫܐ |
| 9 | om. | ܗܢܘܢ | ܗܢܘܢ |
| | ܐܝܟܢܐ | ܐܝܟܐ | ܐܝܟܐ |
| 10 | ܐܠܗ | ܐܠܗ | ܐܠܗ |
| 11 | ܘܐܡܪܘ * * ܐܝܟܢܐ * * ܐܢܐ | ܐܡܪܘ * * ܐܝܟܐ * * ܥܡ | ܐܡܪܘ * * ܐܝܟܘ * * ܥܡ |
| | ܘܠܬܠܡܝܕܝ | ܬܠܡܝܕܝ. | ܬܠܡܝܕܝ. |
| 12 | ܠܟܘܢ. | om. | om. |
| 13 | ܘܐܙܠܘ ܘܐܫܟܚܘ ܐܝܟ ܕܐܡܪ: | ܘܐܙܠܘ ܐܫܟܚܘ ܐܝܟ ܡܐ ܕܐܡܪ: | ܘܐܙܠܘ ܐܫܟܚܘ ܐܝܟ[2] ܕܐܡܪ: |
| | punctum, lin. non interr. | ⊙ o ⊙ lin. interr. | punctum, lin. non interr. |
| 14 | ܘܟܕ ܗܘܬ ܫܥܬܐ ܐܣܬܡܟܘ | ܘܟܕ ܗܘܐ ܕܢܐ ܐܣܬܡܟ | ܘܟܕ ܗܘܬ ܥܕܢܐ ܐܬܐ ܣܡܟ |
| | ܗܘ ܘܫܠܝܚܘܗܝ ܥܡܗ | ܗܘ ܘܫܠܝܚܘܗܝ ܥܡܗ. | ܐܣܬܡܟ ܘܬܪܥܣܪ ܫܠܝܚܐ |
| | | | ܥܡܗ. |
| 15 | ܪܓܬ ܦܨܚܐ ܥܡ * * ܕܠܐ | ܪܓܬ ܦܨܚܐ ܗܢܐ * * ܕܠܐ | ܦܨܚܐ ܗܢܐ: * * ܥܕܡ |
| 16 | ܕܢܫܬܠܡ ܡܠܟܘܬܐ ܕܐܠܗܐ | ܕܢܫܬܠܡ ܒܡܠܟܘܬܗ | ܕܢܫܠܡ ܒܡܠܟܘܬܗ ܕܐܠܗܐ. |
| | | ܕܐܠܗܐ .⁘. | |

[1] 40 lin. interr.

[2] 40. ܐܝܟܐ.

| XXII. | Lewisianus | Curetonianus | Peshitto |
|---|---|---|---|
| 16 | lin. non interr. | lin. interr. | lin. non interr. |
| 19 | ܘܢܣܒ ܠܚܡܐ ܘܐܘܕܝ<br>ܥܠܘܗܝ. ܘܩܨܐ ܘܝܗܒ<br>ܠܗܘܢ. ܘܐܡܪ ܕܗܢܘ ܦܓܪܝ<br>ܕܥܠ ܐ̈ܦܝܟܘܢ ܡܬܝܗܒ ܗܟܢܐ<br>ܗܘܝܬܘܢ ܥܒܕܝܢ ܠܥܘܗܕܢܝ | 19 ܘܢܣܒ ܠܚܡܐ ܘܐܘܕܝ<br>ܥܠܘܗܝ. ܘܩܨܐ ܘܝܗܒ<br>ܠܗܘܢ. ܘܐܡܪ ܗܢܘ ܦܓܪܝ<br>ܕܥܠ ܐ̈ܦܝܟܘܢ. ܗܟܢܐ<br>ܗܘܝܬܘܢ ܥܒܕܝܢ ܠܥܘܗܕܢܝ. | 19 ܘܢܣܒ ܠܚܡܐ ܘܐܘܕܝ<br>ܘܩܨܐ ܘܝܗܒ ܠܗܘܢ ܘܐܡܪ.<br>ܗܢܘ ܦܓܪܝ ܕܥܠ ܐ̈ܦܝܟܘܢ<br>ܡܬܝܗܒ. ܗܕܐ ܗܘܝܬܘܢ<br>ܥܒܕܝܢ ܠܥܘܗܕܢܝ. |
| 20 a | ܘܡܢ ܒܬܪ ܕܐܚܫܡܘ | om. | ܘܗܟܢܐ[1] ܐܦ ܥܠ ܟܣܐ. 20<br>ܡܢ ܒܬܪ ܕܐܚܫܡܘ ܐܡܪ. |
| 17 | ܢܣܒ ܟܣܐ ܘܐܘܕܝ ܥܠܘܗܝ<br>ܘܐܡܪ ܣܒܘ ܗܢܐ ܦܠܓܘ<br>ܒܝܢܬܟܘܢ | 17 ܘܢܣܒ ܟܣܐ ܘܐܘܕܝ<br>ܥܠܘܗܝ. ܘܐܡܪ ܣܒܘ ܗܢܐ<br>ܦܠܓܘ ܒܝܢܬܟܘܢ. | ܗܢܐ ܟܣܐ ܕܝܬܩܐ ܚܕܬܐ<br>ܒܕܡܝ ܕܚܠܦܝܟܘܢ<br>ܡܬܐܫܕ. |
| 20 b | ܗܢܘ ܕܡܝ ܕܝܬܩܐ ܚܕܬܐ | om. | 17, 18 omittuntur |
| 18 | ܐܡܪܢܐ ܠܟܘܢ ܓܝܪ ܕܡܢ ܗܫܐ<br>ܠܐ ܐܫܬܐ ܡܢ ܦܐܪܐ ܗܢܐ<br>ܥܕܡܐ ܕܬܐܬܐ ܡܠܟܘܬܗ<br>ܕܐܠܗܐ. | 18 ܐܡܪܢܐ ܠܟܘܢ ܕܡܢ ܗܫܐ<br>ܠܐ ܐܫܬܐ ܡܢ ܐܕܫܐ ܗܢܐ<br>ܕܓܦܬܐ. ܥܕܡܐ ܕܬܐܬܐ<br>ܡܠܟܘܬܗ ܕܐܠܗܐ. | |
| 22 | ܐܝܟ | ܐܝܟܢܐ | ܐܝܟܢܐ |
| | om. | ܥܠܘܗܝ. | om. |
| | ܠܗܘ | ܠܗ ܠܗܘ | ܠܗܘ ܓܒܪܐ |
| 23 | ܕܡܢܘ ܗܘ ܒܗ | ܕܡܢܘ ܒܗ ܗܘ | ܕܡܢܘ ܒܗ ܡܢܗܘܢ ܗܘ |
| 24 | ܕܡܢܘ | ܕܡܢ | ܕܡܢ |
| 25 | om. | ܡܪܝ. | ܫܠܝܛ |
| | ܕܡܫܬܠܛܝܢ ܐܢܘܢ ܘܕܡܫܪܢ | ܕܫܠܝܛܝܢ ܐܢܘܢ ܘܕܡܫܪܢ | ܘܕܫܠܝܛܝܢ ܥܠܝܗܘܢ |
| 26 | om. | ܘܠܐ ܐܝܟ ܗܟܢܐ. | om. |
| 27 | ܠܐ ܗܘ ܕܣܡܝܟ ܐܢܐ ܐܝܟ<br>ܡܫܡܫܢܐ ܒܝܢܬܟܘܢ | ܠܐ ܗܘܐ ܐܢܐ ܐܝܟ ܡܫܡܫܢܐ<br>ܐܝܬܝ ܒܝܢܬܟܘܢ. | ܠܐ ܗܘܐ ܗܘ ܕܣܡܝܟ ܐܢܐ ܕܝܢ<br>ܐܝܬܝ ܒܝܢܬܟܘܢ ܐܝܟ ܗܘ<br>ܕܡܫܡܫ. |
| 29 | ܘܐܢܐ ܡܫܠܡܢܐ ܠܟܘܢ ܐܝܟ | ܘܐܢܐ ܡܫܠܡܢܐ ܐܢܐ ܠܟܘܢ ܐܝܟܢܐ | ܘܐܢܐ ܡܫܠܡܢܐ ܐܢܐ ܠܟܘܢ܆ ܐܝܟ |
| 30 | ܦܬܘܪܐ ܕܝܠܝ ܒܡܠܟܘܬܝ * *<br>ܐܝܣܪܐܝܠ | ܦܬܘܪܝ ܒܡܠܟܘܬܐ. * *<br>ܐܝܣܪܝܠ. | ܦܬܘܪܐ ܕܡܠܟܘܬܝ ܕܝܠܝ. * *<br>ܕܐܝܣܪܝܠ |
| | • ο • lin. interr. | punctum, lin. non interr. | :: lin. interr. |

[1] 40 om. ܘܗܟܢܐ.

| XXII. | Lewisianus | Curetonianus | Peshitto |
|---|---|---|---|
| 31 | ܫܡܥܘܢ ܫܡܥܘܢ ܗܐ ܣܛܢܐ<br>ܒܥܐ ܕܢܕܪܒܟܘܢ | ܘܐܡܪ ܡܪܢ ܠܫܡܥܘܢ.<br>ܫܡܥܘܢ. ܗܐ ܣܛܢܐ ܒܥܐ<br>ܕܢܕܪܘܟܘܢ | ܘܐܡܪ ܝܫܘܥ ܠܫܡܥܘܢ.<br>ܫܡܥܘܢ܆ ܗܐ ܣܛܢܐ ܫܐܠ<br>ܕܢܕܪܘܟܘܢ |
| 32 | ܐܬܗܦܟ | ܐܬܦܢܝ | ܐܬܦܢܝ |
| 33 | om. | ܗܘ. | ܫܡܥܘܢ |
| | ܐܦ * * ܐܦ | ܘܐܦ * * ܘܐܦ | habet ܘ |
| 34 | om. | ܝܫܘܥ. | ܝܫܘܥ. |
| | ܟܐܦܐ | om. | ܫܡܥܘܢ܆ |
| | om. | ܠܬܠܬ ܙܒܢܝܢ. | om. |
| | ܬܟܦܘܪ ܒܝ ܕܝܕܥ ܐܢܬ ܠܝ | ܬܟܦܘܪ ܒܝ ܕܠܐ ܝܕܥ ܐܢܬ ܠܝ. | ܬܟܦܘܪ ܕܠܐ ܝܕܥ ܐܢܬ ܠܝ. |
| 35 | ܐܦܠܐ ܡܕܡ | ܐܦ ܠܐ ܡܕܡ. | ܘܠܐ ܡܕܡ. |
| 36 | ܡܢ ܗܫܐ ܕܐܝܬ ܠܗ ܟܝܣܐ | ܡܢ ܗܫܐ ܡܢ ܕܐܝܬ ܠܗ ܟܝܣܐ | ܡܢ ܗܫܐ ܡܢ ܕܐܝܬ ܠܗ ܟܝܣܐ |
| | om. | ܫܩܘܠ (a) | ܫܩܘܠ܆ (a) |
| 37 | ܐܡܪ ܐܢܐ * * ܕܟܬܝܒܐ * *<br>ܠܡܫܡܠܝܘ . | ܐܡܪ ܐܢܐ * * ܟܬܝܒܐ * *<br>ܠܡܬܡܠܝܘ | ܐܡܪ ܐܢܐ * * ܘܐ̇ܠܐ * * ܐܬܬܠܡ. |
| 38 | ܘܗܢܘܢ ܐܡܪܝܢ ܠܗ ܠܝܫܘܥ<br>ܗܐ ܗܪܟܐ ܐܝܬ ܬܪܝܢ ܣܝܦܝܢ.<br>ܐܡܪ ܠܗܘܢ ܣܦܩܝܢ<br>ܠܟܘܢ | ܘܗܢܘܢ ܐܡܪܝܢ ܠܗ. ܡܪܢ ܗܐ<br>ܐܝܬ ܠܢ ܗܪܟܐ ܬܪܝܢ ܣܝܦܝܢ.<br>ܐܡܪ ܠܗܘܢ ܣܦܩܝܢ ܗܘܘ<br>ܠܟܠ | ܘܗܢܘܢ ܐܡܪܝܢ ܠܗ. ܡܪܢ܆ ܗܐ<br>ܗܪܟܐ ܐܝܬ ܬܪܝܢ ܣܝܦܝܢ.<br>ܐܡܪ ܠܗܘܢ ܣܦܩܝܢ. |
| 39 | ܘܬܠܡܝܕܘܗܝ ܒܬܪܗ | ܘܐܙܠܘ ܒܬܪܗ ܘܐܦ<br>ܬܠܡܝܕܘܗܝ. | ܘܐܙܠܘ ܒܬܪܗ ܘܐܦ[1]<br>ܬܠܡܝܕܘܗܝ. |
| 40 | ܒܢܣܝܘܢܐ. | ܒܟܠ ܢܣܝܘܢ. | ܒܢܣܝܘܢܐ. |
| 41 | ܘܒܪܟ | ܘܗܘܐ ܒܪܟ | ܘܗܘܐ ܒܪܟ |
| 42 | ܐܒܐ ܐܢ ܨܒܐ ܐܢܬ * * ܨܒܝܢܟ<br>ܘܕܝܠܟ ܢܗܘܐ ܐܠܐ ܠܝ ܕܝܠܟ. | ܐܒܝ ܡܫܟܚܐ * * ܨܒܝܢܟ<br>ܢܗܘܐ ܐܠܐ ܕܝܠܟ. | ܐܒܐ܆ ܐܢ ܨܒܐ ܐܢܬ * * ܨܒܝܢܟ[2]<br>ܐܠܐ ܕܝܠܟ ܢܗܘܐ. |
| 43, 44 | om. | ܘܐܬܚܙܝ ܠܗ ܡܠܐܟܐ ܕܡܚܝܠ<br>ܠܗ. ܘܗܘܐ ܒܙܘܥܐ ܪܒܐ.<br>ܘܡܨܠܐ ܐܡܝܢܐܝܬ ܗܘܐ.<br>ܘܗܘܬ ܕܘܥܬܗ ܐܝܟ ܢܛܦܐ<br>ܕܕܡܐ. ܘܢܦܠܐ ܗܘܬ ܥܠ<br>ܐܪܥܐ. | ܘܐܬܚܙܝ ܠܗ ܡܠܐܟܐ ܡܢ ܫܡܝܐ<br>ܕܡܚܝܠ ܠܗ. ܘܟܕ ܗܘܐ<br>ܒܙܘܥܐ ܐܡܝܢܐܝܬ ܡܨܠܐ<br>ܗܘܐ. ܘܗܘܬ ܕܘܥܬܗ ܐܝܟ<br>ܢܛܦܐ ܕܕܡܐ. ܘܢܦܠܐ ܥܠ<br>ܐܪܥܐ. |

[1] 40. ܐܦ.

[2] 40. ܕܝܠܟ post ܨܒܝܢܟ ut videtur; sed, codice manco, incertum est.

| XXII. | Lewisianus | Curetonianus | Peshitto |
|---|---|---|---|
| 45 | ܠܬܠܡܝܕܘܗܝ ܐܫܟܚ | ܠܘܬ ܠܬܠܡܝܕܘܗܝ ܘܐܫܟܚ | ܠܘܬ ܠܬܠܡܝܕܘܗܝ. ܘܐܫܟܚ |
| 46 | ܘܐܡܪ * * ܠܗܘܢ | ܐܡܪ * * ܘܠܗܘܢ | ܘܐܡܪ * * ܘܠܗܘܢ |
| 47 | ܘܟܕ | ܘܟܕ | ܘܟܕ |
| 48 | ܠܒܪ (sic) ܕܐܢܫܐ. | ܠܒܪܗ ܕܓܒܪܐ. | ܠܒܪܗ ܕܐܢܫܐ: |
| 49 | ܠܬܠܡܝܕܘܗܝ | ܐܝܠܝܢ ܕܥܡܗ | ܐܝܠܝܢ ܕܥܡܗ |
| 50 | ܠܥܒܕܐ | ܠܥܒܕܗ | ܠܥܒܕܗ |
| 51 | ܠܐܕܢܐ | ܠܐܕܢܗ | ܠܐܕܢܗ |
| 52 | om. | ܘܐܦ | om. |
| | ܕܐܬܘ ܥܠܘܗܝ | om. | ܕܐܬܘ ܥܠܘܗܝ: |
| | ܘܐܣܛܪ̈ܛܓܐ | ܘܐܣܛܪ̈ܛܓܐ ܕܗܝܟܠܐ | ܘܪ̈ܫܝ ܚܝܠܐ ܕܗܝܟܠܐ. |
| 54 | post ܚܘܛܪ̈ܐ, ܀ lin. interr. | punctum, lin. non interr. | punctum, lin. non interr. |
| | ܟܐܦܐ ܕܝܢ | ܫܡܥܘܢ ܕܝܢ ܟܐܦܐ | ܘܫܡܥܘܢ |
| 56 | ܕܐܦ | ܘܐܦ | ܐܦ |
| 58 | ܚܙܝܗܝ ܐܦ ܐܚܪܢܐ ܘܐܡܪ ܠܗ ܐܦ ܐܢܬ ܡܢܗܘܢ ܐܢܬ. ܗܘ ܕܝܢ ܐܡܪ ܠܗ ܡܢܘ ܓܒܪܐ ܠܐ ܝܕܥܢܐ. | ܚܙܝܗܝ ܘܐܦ ܐܚܪܢܐ ܘܐܘܕܥ ܐܡܪ. ܘܐܡܪ ܟܐܦܐ ܠܐ ܗܘܝܬ ܡܢܗܘܢ. | ܚܙܝܗܝ ܐܚܪܢܐ. ܘܐܡܪ ܠܗ. ܐܦ ܐܢܬ ܡܢܗܘܢ ܐܢܬ. ܟܐܦܐ ܕܝܢ ܐܡܪ ܠܐ ܗܘܝܬ. |
| 59 | ܘܗܘܐ ܐܝܟ ܫܥܬܐ ܚܕܐ ܡܫܬܠܡܐ ܗܘܐ ܐܚܪܢܐ ܘܐܡܪ ܐܦ ܗܢܐ ܫܪܝܪܐܝܬ ܥܡܗ ܗܘܐ ܘܐܦ ܓܠܝܠܝܐ ܗܘ ܓܝܪ | ܘܒܬܪ ܚܕܐ ܫܥܬܐ ܡܫܬܠܡܐ ܗܘܐ ܐܚܪܢܐ ܘܐܡܪ. ܫܪܝܪܐܝܬ ܘܐܦ ܗܢܐ ܥܡܗ ܗܘܐ. ܐܦ ܓܠܝܠܝܐ ܗܘ ܓܝܪ. | ܘܒܬܪ ܫܥܬܐ ܚܕܐ: ܐܚܪܢܐ ܡܬܚܪܐ ܗܘܐ ܘܐܡܪ. ܫܪܝܪܐܝܬ ܐܦ ܗܢܐ ܥܡܗ ܗܘܐ. ܐܦ ܓܠܝܠܝܐ ܗܘ ܓܝܪ. |
| 60 | ܐܡܪ ܟܐܦܐ * * ܠܐ ܝܕܥܢܐ ܡܢܐ ܐܡܪܬ | ܘܐܡܪ ܫܡܥܘܢ * * ܠܐ ܝܕܥ ܐܢܐ ܡܢܐ ܐܡܪ ܐܢܬ. | ܐܡܪ ܟܐܦܐ. * * ܠܐ ܝܕܥ ܐܢܐ ܡܢܐ ܐܡܪ ܐܢܬ. |
| 61 | ܝܫܘܥ * * ܟܐܦܐ (b) * * ܕܝܫܘܥ * * ܕܥܕܠܐ ܢܩܪܐ ܬܪܢܓܠܐ ܝܘܡܢܐ ܬܠܬ ܙܒ̈ܢܝܢ ܬܟܦܘܪ ܒܝ. | ܡܪܢ * * ܟܐܦܐ (b) * * ܕܡܪܢ * * ܕܥܕܠܐ ܢܩܪܐ ܬܪܢܓܠܐ ܬܪܬܝܢ ܙܒ̈ܢܝܢ. ܬܠܬ ܙܒ̈ܢܝܢ ܬܟܦܘܪ ܒܝ. | ܝܫܘܥ * * ܡܠܬܗ * * ܕܡܪܢ * * ܕܐܡܪ ܕܢܩܪܐ ܬܪܢܓܠܐ ܬܟܦܘܪ ܒܝ ܬܠܬ ܙܒ̈ܢܝܢ. |
| 62 | ܘܢܦܩ ܠܒܪ ܘܒܟܐ ܡܪܝܪܐܝܬ<br>lin. non interr. | ܘܢܦܩ ܒܟܐ ܡܪܝܪܐܝܬ ܘ ܘ<br>lin. interr. | ܘܢܦܩ ܠܒܪ ܫܡܥܘܢ ܒܟܐ<br>lin. non interr.[1] ܡܪܝܪܐܝܬ. |
| 63 | ܠܗ. | ܠܗ ܠܝܫܘܥ | ܠܝܫܘܥ: |
| 65 | ܣܓܝܐܬܐ ܡܓܕܦܝܢ | ܣܓܝܐܬܐ. ܘܡܓܕܦܝܢ | ܣܓܝܐܬܐ ܡܓܕܦܝܢ |

[1] 40 lin. interr.

| | Lewisianus | Curetonianus | Peshitto |
|---|---|---|---|
| XXXII. 66 | ܕܟܗܢܐ. | om. | om. |
| 67 | ܬܘܡܫܝܚܐ | ܬܘܡܫܝܚܐ. | ܬܘܡܫܝܚܐ. |
| 69 | ܝܡܝܢܐ ܕܐܠܗܐ. | ܝܡܝܢܐ ܕܚܝܠܐ ܕܐܠܗܐ. | ܝܡܝܢܐ ܕܚܝܠܐ ܕܐܠܗܐ. |
| 70 | ܒܪܗ ܕ | om. | ܡܟܝܠ |
| | ܐܢܬܘܢ ܐܡܪܝܢ | ܐܢܬܘܢ ܐܡܪܝܢ ܐܢܬܘܢ | ܐܢܬܘܢ ܐܡܪܝܢ ܠܐܢܬܘܢ |
| 71 | om. | ܬܘܒ | ܬܘܒ |
| XXIII. 2 | ܘܐܡܪܝܢ | ܘܐܡܪܝܢ ܗܘܘ. | ܘܐܡܪܝܢ. |
| 3 | ܒܪܗ ܕ | om. | om. |
| | ܒܠܐ ܘܐܡܪ | ܐܡܪ | ܐܡܪ |
| | ܕܐܢܐ ܐܢܐ | om. | om. |
| 4 | ܡܫܟܚܢܐ | ܡܫܟܚ ܐܢܐ | ܡܫܟܚ ܐܢܐ |
| 5 | ܡܠܝܢ ܗܘܘ * * ܒܥܡܗ * * ܒܟܠܗ | ܡܬܚܡܝܢ * * ܒܥܡܗ * * ܒܟܠܗ | ܡܬܚܡܝܢ ܗܘܘ * * ܒܥܡܗ * * ܒܟܠܗ |
| 6 | ܓܠܝܠܝܐ ܗܘ. | ܓܠܝܠܐ. | ܕܓܠܝܠܐ. |
| | om. | ܫܐܠ ܕܐܢ ܡܢ ܓܠܝܠܐ ܗܘ. | ܫܐܠ ܕܐܢ ܓܒܪܐ ܗܘ ܓܠܝܠܝܐ. |
| 7 | ܠܘܬ ܗܪܘܕܣ * * ܗܘ | ܠܘܬܗ. * * ܗܘ ܕܝܢ | ܠܘܬܗ ܕܗܪܘܕܣ. |
| | om. | ܕܩܛܝܪܐ. | om. |
| 8 | ܗܪܘܕܣ * * ܠܡܚܙܝܗ | ܗܪܘܕܣ * * ܠܡܚܙܝܗ | ܗܪܘܕܣ * * ܠܡܚܙܝܗ |
| 10–12 | om. | 9 post ܠܡܠܬܗ addit :<br>ܐܝܟ ܗܘ ܕܠܐ ܗܘܐ ܠܗ ܗܘܐ.<br>ܪ̈ܒܝ ܟܗܢܐ ܕܝܢ ܘܣܦܪܐ 10–12<br>ܡܩܝܡܝܢ ܗܘܘ ܘܐܟܠܝܢ<br>ܩܪ̈ܨܘܗܝ ܡܫܟܠܢ. ܘܟܕ<br>ܚܙܐ ܗܪܘܕܣ ܘܦܠܚܘܗܝ.<br>ܘܐܒܣܪܗ ܢܫܐܠ ܦܬܓܡܐ<br>ܒܡܕܡ. ܘܐܠܒܫܗ ܠܒܘܫܐ<br>ܕܙܘܪܐ. ܘܗܘ ܗܘܐ<br>ܦܝܠܛܘܣ ܗܘܐ ܠܗܘܢ ܪܚܡܐ ܒܝܘܡ<br>ܗܪܘܕܣ ܠܦܝܠܛܘܣ.<br>ܥܒܕܐ ܕܩܕܡܘܗܝ ܗܘܘ. | post ܠܡܠܬܗ sequuntur vv.<br>10–12 :<br>ܡܩܝܡܝܢ ܗܘܘ ܕܝܢ ܪ̈ܒܝ ܟܗ̈ܢܐ<br>ܘܣܦܪ̈ܐ܆ ܘܡܬܚܪܝܢ ܐܟܠܩܪܨܐ<br>ܗܘܘ ܩܕܡܘܗܝ. ܗܪܘܕܣ<br>ܕܝܢ ܥܡ ܗܘ ܘܦܠܚܘܗܝ.<br>ܘܟܕ ܡܨܛܠܝܘ: ܐܠܒܫܗ<br>ܢܚܬܐ ܕܙܚܘܪܬܐ ܘܫܕܪܗ<br>ܠܘܬ ܦܝܠܛܘܣ. ܘܗܘܘ<br>ܪ̈ܚܡܐ ܗܘܘ ܦܝܠܛܘܣ<br>ܘܗܪܘܕܣ ܒܗܘ ܝܘܡܐ ܒܝܢ<br>ܕܝ̈ܢܐ. ܕܒܥܠܕܒܒܘܬܐ ܗܘܐ<br>ܓܝܪ ܩܕܡ ܩܕܡ ܒܝܢܬܗܘܢ. |
| 14 | ܘܐܡܪ ܠܗܘܢ ܕܐܝܬܝܬܘܢ ܠܘܬܝ<br>ܘܐܢܐ ܥܒܕܬܗ ܒܥܘܩܒܐ | ܘܐܡܪ ܠܗܘܢ ܕܐܝܬܝܬܘܢ<br>ܠܝ ܓܒܪܐ ܗܢܐ. ܘܗܐ ܐܢܐ<br>ܒܥܒܕܬܗ ܒܩܕܡܝܟܘܢ | ܐܝܟ ܡܗܦܟ ܥܡܐ. ܘܗܐ<br>ܐܢܐ ܒܥܒܕܬܗ ܩܕܡܝܟܘܢ. |

| XXIII. | Lewisianus | Curetonianus | Peshitto |
|---|---|---|---|
| 15 | ܘܗܪܘܕܣ * * ܡܕܡ * * ܐܦܠܐ (b) | ܗܪܘܕܣ * * ܘܡܕܡ ** ܘܐܦܠܐ (b) | ܗܪܘܕܣ * * ܠܐ ܡܕܡ |
| 16 | ܐܪܕܘܗܝ ܗܟܝܠ ܘܐܫܒܩܘܗܝ | ܐܪܕܝܘܗܝ ܗܟܝܠ ܘܐܫܒܩܝܘܗܝ. | ܐܪܕܝܘܗܝ ܗܟܝܠ ܘܐܫܒܩܝܘܗܝ.<br>hic 17 ; vide infra |
| 18 | ܘܩܥܘ ܟܠܗ ܟܢܫܐ ܡܠܐ | ܘܩܥܘ ܡܠܐ ܟܘܠܗ ܟܢܫܐ | ܩܥܘ ܕܝܢ ܟܠܗ ܟܢܫܐ |
| | om. | ܠܡ | ܠܡ |
| 19 | ܒܫܓܫܐ ܘܩܛܠܐ ܐܪܡܐ ܗܘܐ | ܗܓܪܘܬܐ ܘܩܛܠܐ ܪܡܐ ܗܘܐ | ܐܣܛܣܝܣ ܘܩܛܠܐ[1] ܕܗܘܐ<br>ܒܡܕܝܢܬܐ ܪܡܐ ܗܘܐ |
| 17 | ܐܣܝܪܐ ܚܕ ܒܥܐܕܥܐܕܐ. | ܚܕ ܐܝܟ ܒܥܐܕܥܐܕ. | ܚܕ ܒܥܐܕܥܐܕ. vide supra |
| 20 | ܡܛܠ * * ܕܢܫܪܝܘܗܝ | ܡܛܘܠ * * ܕܢܫܪܝܘܗܝ | ܟܕ * * ܕܢܫܪܐ |
| | ܕܠܟܡ ܙܕܩ ܐܢܬܘܢ ܕܐܫܪܐ<br>ܠܟܘܢ | om. | om. |
| 21 | ܙܩܘܦܝܗܝ ܙܩܘܦܝܗܝ | ܘܐܡܪܝܢ ܙܩܘܦܝܗܝ ܙܩܘܦܝܗܝ. | ܘܐܡܪܝܢ. ܙܩܘܦܝܗܝ ܙܩܘܦܝܗܝ. |
| 22 | ܡܫܟܚ ܐܢܐ ܒܥܠܬܗ ܐܪܕܝܘܗܝ<br>* * ܘܐܫܒܩܘܗܝ | ܡܫܟܚܢܐ ܒܗ. ܐܪܕܝܘܗܝ * *<br>ܘܐܫܒܩܝܘܗܝ. | ܐܫܟܚܬ ܒܗ. ܐܪܕܝܘܗܝ * *<br>ܘܐܫܒܩܝܘܗܝ |
| 23 | ܢܙܕܩܦ * * ܘܥܫܢ | ܕܢܙܕܩܦ. * * ܘܥܫܢ | ܕܢܙܩܦܘܢܝܗܝ. * * ܘܥܫܢ |
| 24 | ܘܦܣܩ ܗܘܐ ܦܝܠܛܘܣ ܕܢܗܘܐ<br>ܨܒܝܢܗܘܢ | ܘܦܣܩ ܦܝܠܛܘܣ ܕܬܗܘܐ<br>ܫܐܠܬܗܘܢ. | ܦܝܠܛܘܣ ܕܝܢ ܦܣܩ ܕܬܗܘܐ<br>ܫܐܠܬܗܘܢ. |
| 25 | ܕܡܛܠ ܩܛܠܐ ܘܒܫܓܫܐ ܐܪܡܐ<br>ܗܘܐ ܒܒܝܬ ܐܣܝܪܐ | ܕܡܛܠ ܩܛܠܐ ܘܗܘܦܟܐ ܗܘܐ<br>ܒܒܝܬ ܐܣܝܪܐ | ܕܡܛܠ ܐܣܛܣܝܣ ܘܩܛܠܐ ܪܡܐ<br>ܗܘܐ ܒܒܝܬ ܐܣܝܪܐ |
| | punctum, lin. non interr. | ◎ ○ ◎ lin. interr. | ⁘ ⁘ ⁘ lin. interr. |
| 26 | ܠܒܪܗ ܕܫܡܥܘܢ. | ܠܒܪ ܫܡܥܘܢ. | ܠܒܪܗ ܕܫܡܥܘܢ. |
| 27 | lin. interr. | punctum, lin. non interr. | punctum, lin. non interr. |
| 28 | om. | ܠܘܬܗܝܢ | ܠܘܬܗܝܢ |
| 29 | ܢܐܬܘܢ ܝܘܡܐ | ܕܢܐܬܘܢ ܝܘܡܐ | ܕܗܐ ܐܬܝܢ |
| 30 | ܠܛܘܪܝܢ | ܠܛܘܪܐ | ܠܛܘܪܐ |
| 31 | ܡܢܐ ܢܥܒܕܘܢ; | ܡܢܐ ܢܗܘܐ. | ܡܢܐ ܢܗܘܐ. |
| 32 | ܬܪܝܢ | ܬܪܝܢ ܐ̄ܚܪܢܝܢ | ܬܪܝܢ ܐܚܪ̈ܢܝܢ |
| 34 | om. | ܘܡܢܐ ܝܫܘܥ ܘܐܡܪ ܐܒܝ<br>ܫܒܘܩ ܠܗܘܢ. ܠܐ ܓܝܪ<br>ܝܕܥܝܢ ܡܢܐ ܥܒܕܝܢ. | ܗܘ ܕܝܢ ܝܫܘܥ ܐܡܪ ܗܘܐ.<br>ܐܒܝ ܫܒܘܩ ܠܗܘܢ. ܠܐ ܓܝܪ<br>ܝܕܥܝܢ ܡܢܐ ܥܒܕܝܢ. |
| 35 | om. | ܘܐܦ | ܐܦ |

[1] 40. ܐܣܛܣܝܣ ܕܗܘܐ ܒܡܕܝܢܬܐ ܘܩܛܠܐ.

| | Lewisianus | Curetonianus | Peshitto |
|---|---|---|---|
| XXIII. 36 | ܐܦ * * ܘܡܒܙܚܝܢ ܗܘܘ ܠܘܬܗ | ܘܐܦ * * ܡܒܙܚܝܢ ܗܘܘ ܒܗ | ܐܦ * * ܟܕ ܩܪܒܝܢ ܠܘܬܗ |
| 38 | ܐܦ ܒܪܫܗ | ܒܪܫܗ | aliter |
| | ܦܬܓܡܐ * * ܗܢܐ ܗܘ | ܐܦ ܦܬܓܡܐ * * ܗܢܘ | ܐܦ ܟܬܒܐ * * ܗܢܘ |
| | lin. non interr. | ○ ○ ·⊙· lin. interr. | punctum, lin. non interr.[1] |
| 39 | om. | ܥܠܘܗܝ. | ܥܠܘܗܝ: |
| | ܘܐܡܪ ܠܗ * * ܘܐܦ ܠܢ. | ܘܐܡܪ. ܘܐܚܐ ܐܦ ܠܢ. | ܘܐܡܪ. * * ܘܦܪܘܩ ܐܦ ܠܢ. |
| 40 | ܐܚܪܢܐ * * ܕܚܠܬ * * ܐܝܬܝܟ ܒܗ ܐܝܬܝܟ | ܗܘ ܐܚܪܢܐ * * ܕܚܠܬ ܐܢܬ. * * ܚܝܒ ܒܗ ܚܝܒ | ܚܒܪܗ * * ܕܚܠ ܐܢܬ: * * ܐܢܬ ܒܗ ܐܢܬ |
| 41 | ܕܫܘܝܢ ܗܘܝܢ * * ܐܦܠܐ | ܕܫܘܝܢ ܗܘܝܢ. * * ܐܦ ܠܐ | ܕܫܘܝܢ ܗܘܝܢ * * ܠܐ |
| 42 | ܕܐܬܐܢܬ | ܕܐܬܐ ܐܢܬ | ܕܐܬܐ ܐܢܬ |
| 43 | ܐܡܪܢܐ ܠܟ ܕܝܘܡܢܐ ܥܡܝ ܬܗܘܐ ܒܦܪܕܝܣܐ | ܐܡܪ ܐܢܐ ܠܟ ܝܘܡܢܐ ܕܥܡܝ ܬܗܘܐ ܒܓܢܬ ܥܕܢ. | ܐܡܪ ܐܢܐ ܠܟ: ܕܝܘܡܢܐ ܥܡܝ ܬܗܘܐ ܒܦܪܕܝܣܐ ♦ |
| 44 | ܘܐܝܬ ܗܘܬ ܐܝܟ ܫܬ ܫܥܝܢ | ܘܐܝܬ ܗܘܬ ܕܝܢ ܐܝܟ ܫܥܐ ܫܬ. | ܐܝܬ ܗܘܬ ܕܝܢ ܐܝܟ ܫܥܐ ܫܬ. |
| 45 | ○ ·⊙ ○ lin. interr. | punctum, lin. non interr. | punctum, lin. non interr. |
| 46 | lin. non interr. ܘܫܠܡ | lin. interr. ܘ ܘܐܫܠܡ | lin. non interr.[1] ܘܫܠܡ |
| 47 | ܘܟܕ ܚܙܐ * * ܩܢܛܪܘܢܐ * * ܙܕܝܩܐ ܗܘܐ | ܟܕ ܚܙܐ ܕܝܢ * * ܩܢܛܪܘܢܐ * * ܙܕܝܩܐ ܗܘ. | ܟܕ ܚܙܐ ܕܝܢ * * ܩܢܛܪܘܢܐ * * ܙܕܝܩܐ ܗܘܐ. |
| 48 | ܘܟܘܠܗܘܢ | ܘܟܠܗܘܢ | ܘܟܠܗܘܢ |
| 49 | ܘܟܠܗܘܢ ܡܫܟܚܢܘܗܝ ܕܝܫܘܥ. | ܟܠܗܘܢ ܡܫܟܚܢܘܗܝ ܕܝܫܘܥ. | ܟܠܗܘܢ ܝܕܘܥܘܗܝ ܕܝܫܘܥ. |
| | punctum, lin. non interr. | ·⊙· lin. interr. | ♦ lin. interr. |
| 50 | ܒܠܘܛܐ | ܒܘܠܘܛܐ | ܒܘܠܘܛܘܣ:[2] |
| 52 | lacuna, ܠܘܬ ܦܝܠܛܘܣ | om. | ܠܘܬ ܦܝܠܛܘܣ: |
| 53 | lacunae | | |
| | ܠܝܬ lacuna ܗܘܐ ܒܗ | ܐܝܟܐ ܕܥܕܟܝܠ ܐܢܫ ܠܐ ܐܬܩܒܪ ܒܗ. | ܗܘ ܕܠܐ ܐܢܫ ܥܕܟܝܠ ܐܬܬܣܝܡ ܗܘܐ ܒܗ. |
| 54 | lacunae ܗܘ | ܘܗܘ | om. |
| 55 | ܘܢܫܐ ܗܠܝܢ * * ܒܥܩܒܗܘܢ | ܘܗܠܝܢ ܢܫܐ * * ܒܥܩܒܬܗܘܢ. | ܢܫܐ ܗܠܝܢ |
| 56 | ·⊙· lin. interr. | punctum, lin. non interr. | ♦ lin. non interr.[3] |
| XXIV. 1 | ܒܚܕ ܒܫܒܐ * * ܘܐܬܝܢ ܗܘܝ | ܒܚܕܒܫܒܐ * * ܘܐܬܝ ܗܘܝ | ܒܚܕ ܒܫܒܐ * * ܐܬܝ̈ |
| 2 | ܠܟܐܦܐ | ܠܟܐܦܐ ܗܝ | ܟܐܦܐ |

[1] 40 lin. interr. [2] 40. ܒܘܠܘܛܐ. [3] 40 lin. interr.

| XXIV. | Lewisianus | Curetonianus | Peshitto |
|---|---|---|---|
| 4 | ܐܬܡܗܝܘ | ܬܗܝܢ | aliter |
| 6 | ܠܐ ܗܘܐ ܗܪܟܐ * * ܩܡ | ܠܝܬ ܗܘ ܗܪܟܐ. * * ܩܡ | ܠܝܬܘܗܝ ܠܗ * * ܩܡ |
| 7 | ܕܒܢܝ ܐܢܫܐ | ܐܢܫܐ | ܐܢ̈ܫܐ |
| 9 | ܘܐܡܪ̈ܝ * * ܘܠܫܪܟܐ | ܐܡܪ̈ܝ * * ܘܠܫܪܟܐ | ܘܐܡܪ̈ܝܢ * * ܘܠܫܪܟܐ. |
| | om. | ܗܠܝܢ. (b) | om. |
| 11 | ܐܝܟ ܕܡܢ ܠܗܪܝܘܬܗܘܢ ܐܡܪ̈ܝ | ܕܐܝܟ ܕܡܢ ܠܗܪܝܘܬܗܘܢ ܗܘ ܐܡܪ̈ܝ ܗܘܝ | ܐܝܟ ܫܥ̈ܝܬܐ |
| | punctum, lin. non interr. | •܀• lin. interr. | punctum, lin. non interr. |
| 12 | ܡܕܡ ܕܗܘܐ •܀• lin. interr. | ܠܡܕܡ ܕܗܘܐ. lin. non interr. | ܥܠ ܡܕܡ ܕܗܘܐ ◆ lin. interr. |
| 13 | ܘܦܪ̈ܣܐ | ܕܦܪ̈ܣܐ | ܘܦܪ̈ܣܐ |
| 14 | ܒܟܠܗܝܢ | ܟܠܗܝܢ | ܟܠܗܝܢ |
| 15 | ܘܡܬܒܥܝܢ | om. | ܘܒܥܝܢ ܚܕ ܥܡ ܚܕ. |
| | ܘܡܛܝ | ܡܛܝ | ܘܡܛܝ |
| 16 | ܐܚܝܕܝܢ * * ܢܫܬܘܕܥܘܢܗܝ | ܐܚܝܕܢ * * ܢܫܬܘܕܥܘܢܝܗ. | ܐܚܝ̈ܕܢ * * ܢܫܬܘܕܥܘܢܝܗܝ. |
| 17 | lin. non interr. | •܀• lin. interr. | punctum, lin. non interr. |
| 18 | om. | ܕܩܠܝܘܦܐ | ܕܩܠܝܘܦܐ |
| | ܣܟܠܬ. | ܣܟܠ ܐܢܬ. | ܡܢܟ ܐܢܬ |
| 20 | ܘܙܩܦܘܗ | ܘܙܩܦܘܢܝ | ܘܙܩܦܘܗܝ |
| 21 | ܕܢܦܪܘܩܝܘܢ | ܕܢܦܪܘܩܝܗܘܢ | ܕܢܦܪܘܩܝܗܘܢ |
| 22 | ܘܐܦ | ܐܦ | ܐܦ |
| 23 | ܘܐܡܪ̈ܝܢ ܚܝܘܗܝ | ܘܐܡܪ̈ܝ ܚܝܘܗܝ | ܘܐܡܪ̈ܝܢ ܚܝܘܗܝ |
| 24 | ܐܬܘ * * ܐܝܟ ܡܐ | ܐܬܘ ܗܘܘ * * ܐܝܟ | ܐܬܘ * * ܐܝܟ ܡܐ |
| 25 | ܐܘ ܚܣܝܪ̈ܝ ܪܥܝܢܐ ܘܝܩܝܪ̈ܝ<br>ܠܒܐ ܠܡܗܝܡܢܘ ܡܢ<br>ܗܠܝܢ ܟܠܗܝܢ ܐܝܠܝܢ<br>ܕܡܠܠܘ ܢܒܝ̈ܐ. | ܐܘ ܣܟ̈ܠܐ ܘܡܚܝܠܝ ܠܒܐ<br>ܘܝܩܝܪ̈ܝ ܠܒܐ ܠܡܗܝܡܢܘ.<br>ܡܢ ܟܠܗܝܢ ܐܝܠܝܢ ܕܡܠܠܘ<br>ܢܒܝ̈ܐ. | ܐܘ ܚܣܝܪ̈ܝ ܪܥܝܢܐ ܘܝܩܝܪ̈ܝ<br>ܠܒܐ ܠܡܗܝܡܢܘ.<br>ܒܟܠܗܝܢ ܐܝܠܝܢ ܕܡܠܠܘ<br>ܢܒܝ̈ܐ: |
| 26 | ܠܫܘܒܚܗ | ܠܫܘܒܚܐ. | ܠܫܘܒܚܗ: |
| 29 | ܐܝܟ ܕܠܥܪܘܒܐ ܗܘܐ (a) | ܕܗܘܐ ܠܥܪܘܒܐ. (a) | ܗܐ ܥܕܢܐ. |
| 31 | ܘܡܚܙܐ ܐܬܦܠܚܝ | ܘܡܚܙܐ ܐܬܦܠܚܝ ܗܘܐ | ܘܡܚܙܐ ܐܬܦܠܚܬܝ[1] |
| 33 | ܕܥܡܗܘܢ ܘܐܡܪܝܢ | ܕܥܡܗܘܢ | ܕܥܡܗܘܢ. |
| 37 | ܚܙܝܢ | ܚܙܝܢ ܗܘܘ. | ܚܙܝܢ. |

[1] 40. ܐܬܦܠܚܝ.

| XXIV. | Lewisianus | Curetonianus | Peshitto |
|---|---|---|---|
| 38 | ܘܠܡܢܐ | ܘܥܠ ܡܢܐ | ܘܡܢܐ |
| 39 | ܘܚܙܘ (b) | ܚܙܘ (b) | ܘܕܥܘ܆ |
| | 39–41 nonnullae lacunae | | |
| | v. 40 om. | v. 40 om. | |
| 41 | ܥܘܕ | om. | om. |
| | ܠܡܐܟܠ. | ܠܡܠܥܣ. | ܠܡܐܟܠ܆ |
| 42 | om. | ܘܡܢ ܡܒܪܬܐ ܕܕܒܫܐ. | ܘܡܢ ܡܒܪܬܐ ܕܕܒܫܐ. |
| 43 | ܘܟܕ ܢܣܒ ܐܟܠ ܠܥܝܢܝܗܘܢ | ܘܟܕ ܢܣܒ ܐܟܠ ܗܘܐ ܠܥܝܢܝܗܘܢ. ܘܫܩܠ ܡܕܡ ܕܫܪܟ ܝܗܒ ܠܗܘܢ. | ܘܢܣܒ ܐܟܠ ܠܥܝܢܝܗܘܢ. |
| 44 | ܐܡܪ ܠܗܘܢ ܗܠܝܢ ܡܠܐ | ܐܡܪ ܠܗܘܢ. ܗܠܝܢ ܡ̈ܠܐ<br>Post haec verba reliquum Evangelii S. Luc. deest. | ܘܐܡܪ ܠܗܘܢ. ܗܠܝܢ ܐܢܝܢ ܡ̈ܠܐ |

---

In codice Lewisiano evangelium S. Johannis incipit a vocabulo ܗܘܣܛܠ cap. I. v. 25; versus priores desunt.

| S. Joh. | Lewisianus | Curetonianus | Peshitto |
|---|---|---|---|
| I. 25 | ܐܠܐ ܗܘܝܬ ܡܫܝܚܐ. * * ܘܐܦ | ܐܠܐ ܗܘܝܬ ܐܢܬ ܡܫܝܚܐ. * * | ܐܢ ܐܢܬ ܠܐ ܐܝܬܝܟ ܡܫܝܚܐ. |
| | ܠܐ (b) | ܐܦܠܐ (b) | * * ܘܠܐ |
| 27 | ܫܘܝܐ | ܫܘܐ ܐܢܐ | ܫܘܐ ܐܢܐ |
| 28 | ܒܝܬ ܥܒܪܐ | ܒܝܬ ܥܒ̈ܪܐ. | ܒܒܝܬ ܥܢܝܐ |
| | om. | ܢܗܪܐ. | om. |
| | ܐܝܟܢܐ | ܐܝܟܐ | ܐܝܟܐ |
| 29 | lacuna | | |
| | ܕܐܠܗܐ * * lacunae * * ܗܘ ܕܫܩܠ | ܗܐ ܐܠܗܐ * * ܗܘܐ ܗܘ ܕܫܩܠ | ܕܐܠܗܐ * * ܗܘ ܕܫܩܠ |
| 30 | ܕܐܢܐ ܐܡܪܬ * * ܡܛܠ | ܕܐܡܪܬ * * ܡܛܘܠ | ܕܐܢܐ ܐܡܪܬ * * ܡܛܠ |
| 31 | om. | ܡܛܠ ܗܢܐ | ܡܛܠ ܗܢܐ |
| 32 | ܕܚܙܝܬ * * lacunae | ܚܙܝܬ | ܕܚܙܝܬ |
| 33 | om. | ܒܡ̈ܝܐ. | ܒܡ̈ܝܐ܀ |
| 35 | ܘܠܝܘܡܐ ܐܚܪܢܐ ܩܐܡ ܗܘܐ ܝܘܚܢܢ | ܘܠܝܘܡܐ ܚܪܢܐ ܩܐܡ ܗܘܐ ܝܘܚܢܢ. | ܘܠܝܘܡܐ ܐܚܪܢܐ܆ ܩܐܡ ܗܘܐ ܝܘܚܢܢ |

| | Lewisianus | Curetonianus | Peshitto |
|---|---|---|---|
| I. 36 | ܟܕ ܥܒܪ * * ܗܐ ܐܬܐ ܚܙܐ ܐܡܪܗ<br>ܕܐܠܗܐ. | ܟܕ ܡܗܠܟ * * ܗܐ ܡܫܝܚܐ. ܗܐ<br>ܐܡܪܗ ܕܐܠܗܐ. | ܟܕ ܡܗܠܟ * * ܗܐ ܐܡܪܗ<br>ܕܐܠܗܐ. |
| 37 | ܫܡܥܘܗ ܗܢܘܢ ܬܠܡܝܕܐ<br>ܠܝܘܚܢܢ ܟܕ ܡܡܠܠ * *<br>ܒܬܪܗ. | ܫܡܥܘ ܗܢܘܢ ܬܠܡܝܕܘܗܝ<br>ܕܝܘܚܢܢ. * * ܒܬܪܗ<br>ܕܝܫܘܥ. | ܘܫܡܥܘ ܬܪܝܗܘܢ ܬܠܡܝܕܘܗܝ<br>ܟܕ ܐܡܪ. * * ܒܬܪܗ ܕܝܫܘܥ. |
| 38 | ܘܐܬܦܢܝ ܡܪܢ * * ܐܝܟܐ | ܘܐܬܦܢܝ ܗܘ ܝܫܘܥ ܘܚܙܐ ܐܢܘܢ<br>ܕܐܬܝܢ ܒܬܪܗ. * * ܐܝܟܐ | ܘܐܬܦܢܝ ܝܫܘܥ ܘܚܙܐ ܐܢܘܢ<br>ܕܐܬܝܢ ܒܬܪܗ: * * ܐܝܟܐ |
| 39 | ܐܝܟܐ * * ܥܡܪܐ. | ܐܝܟܐ * * ܥܳܡܰܪ. | ܐܝܟܐ * * ܥܡܪ. |
| 40 | ܘܚܕ ܡܢ ܗܢܘܢ ܬܠܡܝܕܘܗܝ | ܘܚܕ ܡܢܗܘܢ ܡܢ ܗܠܝܢ<br>ܬܠܡܝܕܘܗܝ | ܚܕ ܕܝܢ ܡܢ ܗܢܘܢ |
| | om. | ܟܐܦܐ. | om. |
| 41 | ܚܙܐ ܠܫܡܥܘܢ ܐܚܘܗܝ ܒܗܘ<br>ܝܘܡܐ. ܘܐܡܪ ܠܗ ܐܚܝ | ܚܙܐ ܠܫܡܥܘܢ ܟܐܦܐ. ܘܐܡܪ<br>ܠܗ | ܚܙܐ ܠܘܩܕܡ ܠܫܡܥܘܢ<br>ܐܚܘܗܝ ܘܐܡܪ ܠܗ. |
| 42 | ܡܪܢ * * ܡܪܢ | ܫܡܥܘܢ. * * ܫܡܥܘܢ | ܫܡܥܘܢ. * * ܫܡܥܘܢ |
| | | a ܘܐܡܪ usque ad ܠܡܠܟܘܬܐ<br>cap. iii. 5, deest. | |
| III. 5 | ܠܡܠܟܘܬܗ | ܠܡܠܟܘܬܐ | ܠܡܠܟܘܬܐ |
| 6 | om. | ܡܛܠ ܕܡܢ ܒܣܪ ܡܠܝܢ. | om. |
| | ܡܛܠ ܕܐܠܗܐ ܪܘܚܐ ܗܘ ܗܘ ܚܝܐ | ܡܛܠ ܕܐܠܗܐ ܪܘܚܐ ܗܘ.<br>ܘܡܢ ܐܠܗܐ ܐܬܝܠܕ. | om. |
| 7 | ܘܠܐ ܬܬܕܡܪ ܕܐܡܪܬ ܠܟܘܢ<br>ܠܡܬܝܠܕܘ ܠܟܘܢ | ܘܠܐ ܬܬܕܡܪ ܕܐܡܪܬ ܠܟ. ܕܘܠܐ<br>ܗܘ ܠܟܘܢ ܠܡܬܝܠܕܘ<br>ܡܢ ܠܥܠ. | ܠܐ ܬܬܕܡܪ ܕܐܡܪܬ ܠܟ ܕܘܠܐ<br>ܠܟܘܢ ܠܡܬܝܠܕܘ ܡܢ<br>ܕܪܝܫ. |
| 8 | ܗ̈ܘ[1] | ܗܘ ܒܠܚܘܕ | om. |
| | ܠܐܝܟܐ ܐܙܠܐ ܗܟܢܐ ܐܝܬܘܗܝ ܐܦܢ<br>ܕܡܬܝܠܕܝܢ ܡܢ ܡܝܐ ܘܪܘܚܐ | ܠܐܝܟܐ ܐܙܠܐ. ܗܟܢܐ ܐܝܬܘܗܝ<br>ܟܠ ܐܢܫ ܕܡܬܝܠܕ ܡܢ<br>ܡܝܐ ܘܡܢ ܪܘܚܐ. | ܘܠܐܝܟܐ ܐܙܠܐ. ܗܟܢܐ ܐܝܬܘܗܝ<br>ܟܠܢܫ[2] ܕܡܬܝܠܕ ܡܢ ܪܘܚܐ. |
| 9 | ܐܡܪ ܠܗ ܢܩܘܕܝܡܘܤ | ܥܢܐ ܢܝܩܕܡܘܤ ܘܐܡܪ ܠܗ. | ܥܢܐ ܢܝܩܕܡܘܤ[3] ܘܐܡܪ ܠܗ. |
| 10 | ܐܡܪ ܠܗ ܡܪܢ * * ܕܐܝܣܪܐܝܠ | ܥܢܐ ܝܫܘܥ ܘܐܡܪ ܠܗ. * *<br>ܕܐܝܣܪܐܝܠ | ܥܢܐ ܝܫܘܥ ܘܐܡܪ ܠܗ. * *<br>ܕܐܝܣܪܐܝܠ |
| 11 | ܐܡܝܢ | ܐܡܝܢ ܐܡܝܢ | ܐܡܝܢ ܐܡܝܢ |

[1] Voc. ܗܘ in codice deletum, ut notat F. C. B.

[2] 40. ܟܠ ܐܢܫ.

[3] 40. ܢܝܩܘܕܡܘܤ.

| | Lewisianus | Curetonianus | Peshitto |
|---|---|---|---|
| III. 13 | ܘܠܐ * * ܗܘ ܕܐܝܬܘܗܝ ܡܢ<br>ܫܡܝܐ | ܠܐ * * ܗܘ ܕܐܝܬܘܗܝ ܗܘܐ<br>ܒܫܡܝܐ. | ܘܠܐ ** ܗܘ ܕܐܝܬܘܗܝ ܒܫܡܝܐ. |
| 14 | ܕܐܪܝܡ ܗܘܐ * * ܘܠܐ ܠܗ * *<br>ܒܪܗ ܕܐܢܫܐ | ܕܐܪܝܡ * * ܘܠܐ * * ܠܒܪܗ<br>ܕܐܢܫܐ. | ܕܐܪܝܡ * * ܗܟܢܐ * * ܒܪܗ<br>ܕܐܢܫܐ. |
| 15 | ܕܟܠ ܡܢ ܕܡܗܝܡܢ ܒܗ<br>ܠܐ ܢܐܒܕ ܐܠܐ ܢܗܘܘܢ ܠܗ<br>ܚܝܐ ܕܠܥܠܡ | ܕܟܠ ܐܢܫ ܕܡܗܝܡܢ ܒܗ<br>ܢܗܘܘܢ ܠܗ ܚܝܐ ܕܠܥܠܡ. | ܕܟܠܡܢ[1] ܕܡܗܝܡܢ ܒܗ ܠܐ<br>ܢܐܒܕ. ܐܠܐ ܢܗܘܘܢ ܠܗ ܚܝܐ<br>ܕܠܥܠܡ. |
| 16 | ܝܚܝܕܗ ܢܬܠ ܕܟܠ ܡܢ<br>ܕܢܗܝܡܢ ܒܗ ܠܐ ܢܐܒܕ ܐܠܐ<br>ܚܝܐ lacuna ܐܝܬ ܠܗ | ܝܚܝܕܝܐ ܝܗܒ. ܕܟܠ ܐܢܫ<br>ܕܡܗܝܡܢ ܒܗ ܢܗܘܘܢ<br>ܠܗ ܚܝܐ ܕܠܥܠܡ | ܝܚܝܕܝܐ ܢܬܠ. ܕܟܠ ܡܢ<br>ܕܡܗܝܡܢ ܒܗ ܠܐ ܢܐܒܕ. ܐܠܐ<br>ܢܗܘܘܢ ܠܗ ܚܝܐ ܕܠܥܠܡ. |
| 17 | om.<br>ܕܢܕܘܢܝܘܗܝ | ܠܥܠܡܐ (a)<br>ܕܢܕܘܢܝܘܗܝ | ܠܥܠܡܐ (a)<br>ܕܢܕܘܢܝܘܗܝ |
| 18 | ܘܡܢ ܕܠܐ ܡܗܝܡܢ ܒܗ ܕܝܢ<br>ܟܠ ܕܠܐ ܗܝܡܢ ܒܫܡܗ<br>ܕܒܪܐ ܝܚܝܕܝܐ | ܘܡܢ ܕܠܐ ܕܝܢ ܡܗܝܡܢ ܡܚܝܒ<br>ܗܘ. ܕܠܐ ܗܝܡܢ ܒܫܡܗ<br>ܕܒܪܗ ܕܐܠܗܐ ܝܚܝܕܝܐ. | ܘܡܢ ܕܠܐ ܡܗܝܡܢ. ܡܢ ܟܕܘ<br>ܕܝܢ ܗܘ. ܕܠܐ ܗܝܡܢ ܒܫܡܗ<br>ܕܝܚܝܕܝܐ ܒܪܗ ܕܐܠܗܐ. |
| 19 | ܗܢܘ ܕܝܢܐ ܕܐܬܐ ܢܘܗܪܐ<br>om.<br>ܕܢܘܗܪܐ ܡܛܠ ܕܒܝܫܝܢ<br>ܥܒܕܝܗܘܢ | ܗܢܐ ܗܘ ܕܝܢ ܕܝܢܐ ܕܢܘܗܪܐ ܐܬܐ<br>ܠܥܠܡܐ<br>ܕܢܘܗܪܐ. ܡܛܠ ܕܒܝܫܝܢ<br>ܗܘܘ ܥܒܕܝܗܘܢ. | ܗܢܘ ܕܝܢ ܕܝܢܐ. ܕܢܘܗܪܐ ܐܬܐ<br>om.<br>ܕܢܘܗܪܐ. ܐܝܟ ܕܗܘܘ<br>ܓܝܪ ܥܒܕܝܗܘܢ ܒܝܫܐ. |
| 20 | ܟܠ ܡܢ * * ܕܠܐ ܢܬܚܙܘܢ<br>ܥܒܕܘܗܝ | ܡܢ * * ܕܠܐ ܬܗܘܐ ܡܟܣܢܘܬܐ<br>ܠܥܒܕܘܗܝ. | ܟܠ * * ܕܠܐ ܢܬܟܣܘܢ<br>ܥܒܕܘܗܝ. |
| 21 | ܘܡܢ ܕܥܒܕ lacuna ܐܬܐ ܗܘ.<br>ܩܪܒ ܠܢܘܗܪܐ ܕܢܬܚܙܐ<br>ܥܒܕܘܗ | ܗܘ ܕܝܢ ܕܥܒܕ ܩܘܫܬܐ. ܐܬܐ<br>ܠܘܬ ܢܘܗܪܐ. ܕܢܬܚܙܘܢ<br>ܥܒܕܘܗܝ | ܗܘ ܕܝܢ ܕܥܒܕ ܫܪܪܐ. ܐܬܐ<br>ܠܘܬ ܢܘܗܪܐ ܕܢܬܝܕܥܘܢ<br>ܥܒܕܘܗܝ |
| 22 | ܘܡܢ ܒܬܪ ܗܠܝܢ ܐܬܐ ܠܗ<br>ܡܪܢ ܘܬܠܡܝܕܘܗܝ ܠܝܗܘܕ<br>ܘܬܡܢ ܥܒܕ ܗܘܐ. ܘܡܥܡܕ<br>ܥܡܗܘܢ | ܒܬܪ ܗܠܝܢ ܢܦܩ ܝܫܘܥ<br>ܘܬܠܡܝܕܘܗܝ ܠܐܪܥܐ ܕܝܗܘܕ.<br>ܘܬܡܢ ܡܬܗܦܟ ܗܘܐ<br>ܥܡܗܘܢ. ܘܡܥܡܕ ܗܘܐ. | ܒܬܪ ܗܠܝܢ: ܐܬܐ ܝܫܘܥ<br>ܘܬܠܡܝܕܘܗܝ ܠܐܪܥܐ ܕܝܗܘܕ.<br>ܘܬܡܢ ܡܬܗܦܟ ܗܘܐ<br>ܥܡܗܘܢ ܘܡܥܡܕ. |
| 23 | ܘܐܦ ** ܐܝܬ ܗܘܐ ܬܡܢ ܣܓܝܐܐ | ܐܦ ** ܣܓܝܐܐ ܐܝܬ ܗܘܘ ܬܡܢ. | ܐܦ ** ܐܝܬ ܗܘܘ ܬܡܢ ܣܓܝܐܐ. |
| 24 | ܡܛܠ ܕܠܐ ܢܦܠ ܗܘܐ ܥܕܟܝܠ<br>ܒܒܝܬ ܐܣܝܪܐ ܝܘܚܢܢ | ܠܐ ܓܝܪ ܥܕܟܝܠ ܒܒܝܬ ܢܦܠ<br>ܗܘܐ ܝܘܚܢܢ ܒܝܬ ܐܣܝܪܐ | ܠܐ ܓܝܪ ܥܕܟܝܠ ܢܦܠ ܗܘܐ<br>ܝܘܚܢܢ ܒܝܬ ܐܣܝܪܐ. |
| 25 | ܠܚܕ ܡܢ ܬܠܡܝܕܘܗܝ<br>ܕܝܘܚܢܢ ܥܡ ܝܗܘܕܝܐ | ܒܝܢ ܬܠܡܝܕܘܗܝ ܕܝܘܚܢܢ.<br>ܥܡ ܝܗܘܕܝܐ | ܠܚܕ ܡܢ ܬܠܡܝܕܘܗܝ<br>ܕܝܘܚܢܢ ܥܡ ܝܗܘܕܝܐ ܚܕ |

[1] 40. ܕܟܠ ܐܢܫ.

| | LEWISIANUS | CURETONIANUS | PESHITTO |
|---|---|---|---|
| III. | | | |
| 26 | ܘܣܓܝܐܐ | ܘܟܠܗܘܢ ܐܢܫܐ | ܘܣܓܝܐܐ |
| 27 | ܐܬܝܗܒ | ܝܗܒ | ܐܬܝܗܒ |
| 28 | ܕܐܡܪܬ ܕܐܢܐ ܠܐ * * ܕܡܢ<br>ܩܕܡܘܗܝ | ܕܐܢܐ ܐܡܪܬ ܕܠܐ * * ܩܕܡܘܗܝ. | ܕܐܡܪܬ ܕܐܢܐ ܠܐ * * ܕܩܕܡܘܗܝ. |
| 29 | ܡܛܠ ܕܡܢ ܕܐܝܬ ܠܗ ܟܠܬܐ<br>* * ܗܕܐ ܚܕܘܬܝ | ܡܢ ܕܐܝܬ ܠܗ ܓܝܪ ܟܠܬܐ * *<br>ܗܕܐ ܗܟܝܠ ܚܕܘܬܝ | ܡܢ ܕܐܝܬ ܠܗ ܟܠܬܐ * * ܗܕܐ<br>ܗܟܝܠ ܚܕܘܬܐ ܕܝܠܝ |
| 30 | ܗܟܝܠ ܠܗܘ ܗܘ ܘܠܐ ܠܡܪܒܐ | ܠܗܘ ܗܘ ܓܝܪ ܘܠܐ ܠܡܪܒܐ | ܠܗܿܘ ܗܘ ܘܠܐ ܗܘܐ[1] ܠܡܪܒܐ |
| 31 | ܡܛܠ ܕܗܘ ܕܐܝܟ ܕܡܢ ܠܥܠ<br>ܐܬܐ ܠܥܠ ܡܢ ܟܘܠ ܗܘ<br>ܘܐܝܠܐ ܕܡܢ ܐܪܥܐ ܗܘ ܒܐܪܥܐ<br>ܗܘ ܘܡܢ ܐܪܥܐ ܡܡܠܠ<br>ܘܐܝܠܐ ܕܡܢ ܫܡܝܐ ܐܬܐ<br>ܠܥܠ ܡܢ lacuna ܗܘ | ܗܘ ܓܝܪ lacuna ܠܥܠ ܐܬܐ<br>ܠܥܠ ܡܢ lacuna ܗܘ.<br>ܘܗܘ ܕܡܢ ܐ lacuna ܗܘ<br>ܡܢ ܐܪܥܐ ܗ lacuna ܐܪܥܐ<br>ܗܘ ܡܡ lacuna ܘܗܘ ܕܡܢ<br>ܫ lacuna ܐܬܐ.<br>om. ut videtur:<br>ܠܥܠ ܡܢ ܟܠ ܗܘ | ܗܿܘ ܓܝܪ ܕܡܢ ܠܥܠ ܐܬܐ<br>ܠܥܠ ܡܢ ܟܠ ܗܘ. ܘܗܿܘ<br>ܕܡܢ ܐܪܥܐ ܡܢ ܐܪܥܐ ܗܘ.<br>ܘܡܢ ܐܪܥܐ ܡܡܠܠ. ܗܘ<br>ܕܡܢ ܫܡܝܐ ܐܬܐ ܠܥܠ<br>ܡܢ ܟܠ ܗܘ. |
| 32 | lacunae | multae lacunae | |
| 33 | lacunae<br>ܕܫܪܝܪ ܐܠܗܐ ܗܘ | ܕܐܠܗܐ ܫ lacuna | ܕܐܠܗܐ ܫܪܝܪ ܗܘ. |
| 34 | ܡܛܠ ܕܐܝܠܐ ܕܐܠܗܐ ܫܠܚܗ<br>ܡܠܐ ܗܘ ܕܐܠܗܐ ܡܡܠܠ<br>ܕܠܐ ܗܘܐ ܓܝܪ ܒܟܝܠܗ ܝܗܒ<br>ܐܠܗܐ ܐܒܐ | ܐܝܠܐ ܓܝܪ lacuna ܫܕܪܗ ܡ̈ܠܘ<br>lacuna ܡܡܠܠ. ܠܐ lacuna<br>ܒܟܝܠܬܐ lacuna | ܐܝܠܐ ܓܝܪ ܕܐܠܗܐ ܫܕܪܗ ܡ̈ܠܐ<br>ܗܘ ܕܐܠܗܐ ܡܡܠܠ. ܠܐ<br>ܗܘܐ ܓܝܪ ܒܟܝܠܐ ܝܗܒ ܐܠܗܐ<br>ܪܘܚܐ. |
| 35 | ܐܠܐ ܠܒܪܗ lacuna ܘܝܗܒ ܟܠ<br>ܒܐܝܕܘܗܝ | ܐܒܐ ܠܒܪ lacuna ܪܚܡ ܗܘ<br>lacuna ܡܕܡ ܝܗ lacuna | ܐܒܐ ܡܚܒ ܠܒܪܐ. ܘܟܠ ܡܕܡ<br>ܝܗܒ ܒܐܝ̈ܕܘܗܝ. |
| 36 | | lacunae | |
| | ܘܐܝܠܐ * * ܦܐܪܐ<br>lin. non interr. | ܘܡܢ ܕ * * ܦܐܪܘܗܝ<br>○ ◉ ○ lin. interr. | ܘܡܢ * * ܦܐܪܘܗܝ<br>♦ lin. non interr. |
| IV. 1 | ܟܕ ܕܝܢ ܝܕܥ ܡܪܢ ܕܫܡܥܘ<br>ܦܪܝܫܐ lacuna ܕܐܬܠܡܝܕܐ<br>ܣܓܝܐܐ lacuna ܗܘܐ ܝܬܝܪ | lacuna ܝܕܥ ܕܝܢ ܝܫܘܥ<br>lacuna ܠܗ ܦܪܝܫܐ lacuna<br>lacuna ܕܐܬܠܡܝܕܘܗܝ ܘ<br>ܡܢ ܗܘܐ ܣܓܝ | ܝܕܥ ܕܝܢ ܝܫܘܥ ܕܫܡܥܘ<br>ܦܪ̈ܝܫܐ ܕܬܠܡܝ̈ܕܐ ܣܓܝ̈ܐܐ<br>ܥܒܕ: ܘܡܥܡܕ ܝܬܝܪ |

[1] 40 om. ܗܘܐ.

| | LEWISIANUS | CURETONIANUS | PESHITTO |
|---|---|---|---|
| IV. 2 | ܡܛܠ ܕܠܐ lacuna ܡܪܢ ܒܠܚܘܕ<br>ܡܥܡܕ | ܘܠܐ ܗܘܐ lacuna ܗܘ ܡܥܡܕ | ܟܕ ܠܐ ܗܘܐ ܗܘ ܝܫܘܥ ܡܥܡܕ |
| 3, 4 | lacunae multae | lacunae multae | |
| 5 | ܡܢ | ܚܝܐ ut videtur | om. |
| | | lacunae | |
| | ܗܘܐ | ܗܘܬ | om. |
| 6 | | lacunae | |
| | om. | ܕܝܢ | om. |
| | ܡܪܢ ܘܝܬܒ | lacuna ܠܗ ܝܬܒ | ܝܫܘܥ * * ܘܝܬܒ |
| 8 | ܥܠܠܘ ܗܘܘ ܠܗܘܢ ܠܗ ܠܒܪܐ | ܥܠܠܘ ܗܘܘ ܠܡܕܝܢܬܐ ܗܘ | 6, 7. ܥܠ ܡܥܝܢ. ܘܐܬܬ * * |
| 7 | ܡܪܢ * * ܫܥܐ ܫܬ ܘܐܬܬ * *<br>ܘܐܡܪ ܠܗ ܡܪܢ ܗܒ | ܝܫܘܥ * * ܐܝܟ ܫܥܐ ܫܬ.<br>ܘܐܬܬ ܗܘܬ * * ܐܡܪ ܠܗ̇<br>ܝܫܘܥ ܗܒ | ܘܐܡܪ ܠܗ̇ ܝܫܘܥ. ܗܒ<br>8. ܥܠܠܘ ܗܘܘ ܠܡܙܒܢܘܬܐ |
| 9 | ܗܐ ܐܢܬ ܝܗܘܕܝܐ ܐܢܬ ܐܢܬܐ * *<br>ܡܛܠ ܕܝܗܘܕܝܐ ܠܐ<br>ܡܬܚܫܚܝܢ | ܗܐ ܝܗܘܕܝܐ ܐܢܬ. * * ܕܐܢܐ ܐܢܬ<br>ܫܡܪܝܬܐ ܐܢܐ. ܝܗܘܕܝܐ<br>ܓܝܪ ܠܐ ܡܬܚܫܚܝܢ | ܐܝܟܢܐ ܐܢܬ ܝܗܘܕܝܐ ܐܢܬ: * *<br>ܘܡܢܝ ܐܢܬܬܐ ܫܡܪܝܬܐ. ܠܐ<br>ܓܝܪ ܡܬܚܫܚܝܢ ܝܗܘܕܝܐ |
| 10 | om. | ܝܫܘܥ. | ܝܫܘܥ |
| | ܡܢܐ ܗܘܝܐ ܡܘܗܒܬܐ * *<br>ܥܠܐ ܗܘܝܐ | ܡܢܐ ܗܘܝܐ ܡܘܗܒܬܗ * *<br>ܥܠܐ ܗܘܝܬ | ܡܢܐ ܗܘܝܐ ܡܘܗܒܬܐ * *<br>ܥܠܐ ܗܘܝܐ |
| 11 | om. | ܗܝ ܐܢܬܬܐ. ܡܪܝ | ܐܢܬܬܐ ܗܝ. ܡܪܝ: |
| | ܡܢ ܐܝܡܟܐ | ܐܝܡܟܐ | ܐܝܡܟܐ |
| 12 | ܒܢܘܗܝ ܐܢܘܢ | ܐܢܘܢ ܒܢܘܗܝ. | ܐܢܘܢ ܒܢܘܗܝ. |
| 13 | ܐܡܪ ܠܗ ܡܪܢ ܟܠ | ܐܡܪ ܠܗ̇ ܝܫܘܥ ܟܠ | ܥܢܐ ܝܫܘܥ ܘܐܡܪ ܠܗ̇. ܟܠ |
| 14 | om. | ܐܠܐ * * ܬܘܒ | om. |
| | ܕܝܗܒ ܐܢܐ | ܕܐܬܠ | ܕܝܗܒ ܐܢܐ |
| | ܕܕܒܪ | om. | ܕܢܒܥ |
| 15 | ܗܝ ܐܢܬܬܐ * * ܗܒ ܠܝ ܐܝܟܢܐ<br>ܡܢ ܗܠܝܢ | ܐܢܬܬܐ ܗܝ. * * ܗܒ ܠܝ ܡܢ<br>ܗܠܝܢ | ܐܢܬܬܐ ܗܝ. * * ܗܒ ܠܝ ܡܢ<br>ܗܠܝܢ |
| 16 | ܡܪܢ | ܝܫܘܥ | ܝܫܘܥ |
| 17 | ܡܪܢ | ܝܫܘܥ | ܝܫܘܥ. |
| 18 | ܡܛܠ ܕܫܦܝܪܐ | ܫܦܝܪܐ ܓܝܪ | ܫܦܝܪܐ ܓܝܪ |
| 19 | om. | ܗܝ ܐܢܬܬܐ. | ܗܝ ܐܢܬܬܐ. |
| | ܚܙܝܐ ܕܢܒܝܐ ܐܢܬ. | ܚܙܝܐ ܐܢܐ ܢܒܝܐ ܐܢܬ. | ܚܙܝܐ ܐܢܐ ܕܢܒܝܐ ܐܢܬ. |
| 20 | om. | ܕܝܢ | om. |

| | Lewisianus | Curetonianus | Peshitto |
|---|---|---|---|
| IV. 21 | ܡܪܝ * * ܗܝܡܢܝܢܝ. * * ܘܠܐ | ܝܫܘܥ. * * ܗܝܡܢܝܢܝ * * ܐܦܠܐ | ܝܫܘܥ. * * ܗܝܡܢܝܢܝ * * ܐܦ[1] ܠܐ |
| 22 | ܠܡܢܐ * * ܠܡܢܐ | ܠܡܕܡ * * ܠܡܕܡ | ܠܡܕܡ * * ܠܡܢܐ |
| 23 | ܗܘ | om. | om. |
| | ܐܦ ܓܝܪ ܗܠܝܢ ܐܢܘܢ ܣܓܘܕܐ<br>ܒܥܐ. | ܐܦ ܓܝܪ ܐܟܘ ܗܠܝܢ ܗܘ<br>ܣܓܘܕܐ ܒܥܐ. | ܐܦ ܓܝܪ ܕܐܟܘ ܗܠܝܢ ܗܘ<br>ܣܓܘܕܐ ܒܥܐ. |
| 24 | ܐܝܠܝܢ ܕܒܪܘܚܐ ܘܒܫܪܪܐ<br>ܣܓܕܝܢ ܠܗ. | ܐܠܗܐ ܓܝܪ ܪܘܚܐ ܗܘ. ܘܐܝܠܝܢ<br>ܕܣܓܕܝܢ ܠܗ ܒܪܘܚܐ.<br>ܘܠܡܣܓܕ ܠܗܘܢ ܘܠܐ<br>ܠܐܝܠܝܢ ܕܒܪܘܚܐ ܘܒܫܪܪܐ<br>ܣܓܕܝܢ ܠܗ. | ܪܘܚܐ ܗܘ ܓܝܪ ܐܠܗܐ. ܘܐܝܠܝܢ<br>ܕܣܓܕܝܢ ܠܗ: ܒܪܘܚܐ<br>ܘܒܫܪܪܐ ܘܠܐ ܕܢܣܓܕܘܢ. |
| 25 | ܐܡܪܐ * * ܗܘ ܡܫܝܚܐ ܐܬܐ<br>ܘܡܐ ܕܐܬܐ ܗܘ ܟܠ ܡܕܡ<br>ܢܠܦ | ܐܡܪܐ ܠܗ * * ܝܕܥܐ ܐܢܐ<br>ܕܡܫܝܚܐ ܐܬܐ. ܘܡܐ ܕܐܬܐ<br>ܗܘ ܡܚܘܐ ܠܢ ܟܠ<br>ܡܕܡ. | ܐܡܪܐ ܠܗ * * ܝܕܥܐ ܐܢܐ<br>ܕܡܫܝܚܐ ܐܬܐ. ܘܡܐ ܕܐܬܐ<br>ܗܘ ܡܠܦ ܠܢ ܟܠܡܕܡ. |
| 26 | ܡܪܝ * * ܕܡܡܠܠܐ | ܝܫܘܥ. * * ܕܡܡܠܠ ܐܢܐ | ܝܫܘܥ. * * ܕܡܡܠܠ ܐܢܐ |
| 27 | ܩܐܡ ܘܡܡܠܠ | ܡܡܠܠ ܗܘܐ. | ܡܡܠܠ. |
| | ܥܡܗ | ܥܡܗ | ܥܡ[2] ܐܢܬܬܐ: |
| 28 | ܫܒܩܬ * * ܘܐܙܠܬ | ܫܒܩܬܗ * * ܘܐܙܠܬ ܗܘܬ | ܘܫܒܩܬ * * ܘܐܙܠܬ |
| | om. | ܠܐܢܫܐ | om.[3] |
| 29 | ܬܘ * * ܠܡܢܐ | ܬܘ * * ܕܠܡܢܐ | ܬܘ * * ܠܡܢܐ |
| 30 | ܘܬܘ ܕܡܕܝܢܬܐ ܢܦܩ ܗܘܐ<br>ܠܘܬܗ | ܘܢܦܩܘ ܡܢ ܡܕܝܢܬܐ. ܘܐܬܝܢ<br>ܗܘܘ ܠܘܬܗ. | ܘܢܦܩܘ ܐܢܫܐ ܡܢ ܡܕܝܢܬܐ<br>ܘܐܬܝܢ ܗܘܘ ܠܘܬܗ. |
| 31 | ܘܒܥܝܢ ܗܘܘ ܠܬܠܡܝܕܘܗܝ<br>ܕܢܐܟܘܠ | ܠܬܠܡܝܕܘܗܝ ܕܝܢ ܒܥܝܢ ܗܘܘ<br>ܡܢܗ ܕܢܐܟܘܠ | ܒܥܝܢ ܗܘܘ ܡܢܗ ܬܠܡܝܕܘܗܝ<br>ܘܐܡܪܝܢ ܠܗ. ܪܒܢ ܠܥܣ. |
| 32 | ܕܐܢܬܘܢ ܠܐ ܝܕܥܝܢ ܐܢܬܘܢ ܠܗ | ܕܐܢܬܘܢ ܠܐ ܝܕܥܝܢ ܠܗ̇. | ܕܐܢܬܘܢ ܠܐ ܝܕܥܝܢ ܐܢܬܘܢ. |
| 34 | om. | ܗܘ ܝܫܘܥ. | ܝܫܘܥ. |
| | ܡܐܟܘܠܬܝ * * ܨܒܝܢܐ * *<br>ܘܐܫܠܡܝܘܗܝ ܠܥܒܕܗ. | ܡܐܟܘܠܬܝ * * ܨܒܝܢܗ * *<br>ܘܐܫܠܡܝܘܗܝ ܠܥܒܕܐ. | ܡܐܟܘܠܬܝ * * ܨܒܝܢܗ * *<br>ܘܐܫܠܡܝܘܗܝ ܠܥܒܕܗ. |
| 35 | ܐܢܬܘܢ (b) | om. | om. |
| | ܝܪܚܝܢ ܐܚܪܢܝܢ * * ܘܚܨܕܐ<br>ܐܪܒܥܐ ܕܚܨܕ ܘܥܒܕܝܢ | ܝܪܚܝܢ * * ܘܚܨܕܐ. ܕܐܪܒܥܐ<br>ܚܨܕ ܘܥܒܕܝܢ | ܝܪܚܝܢ * * ܘܚܨܕܐ ܐܪܒܥܐ<br>ܕܚܨܕܐ[4] ܘܥܒܕܝܢ[5] |

[1] 40. ܘܐܦ ܠܐ.    [2] 40. ܥܡܗ ܐܢܬܬܐ.    [3] 40 habet ܠܐܢܫܐ.    [4] 40. ܕܚܨܕ.
[5] 40. ܘܥܒܕܝܢ.

| | Lewisianus | Curetonianus | Peshitto |
|---|---|---|---|
| IV. 37 | ܘܐܚܪܢ ܚܨܕ܀<br>post ܚܨܕ deest usque ad v. 6 ܡܪܢ. | ܘܐܚܪܝܢ ܗܘ ܚܨܕ܀ | ܘܐܚܪܝܢ ܚܨܕ܀ |
| V. 6 | ܡܪܢ ܚܙܝܗ ܕܒܟܘܪܗܢܐ ܣܓܝܐܐ<br>ܐܝܬ ܠܗ ܕܐܘܪܡܐ | ܝܫܘܥ ܕܪܡܐ. ܚܙܝܗ ܕܙܒܢܐ<br>ܣܓܝܐܐ ܐܝܬ ܠܗ܀ | ܝܫܘܥ ܕܪܡܐ܆ ܘܚܙܝܗ ܕܙܒܢܐ<br>ܣܓܝܐܐ ܐܝܬ ܠܗ܀ |
| 7 | ܕܡܐ ܕܐܬܬܙܝܥܘ ܡܝܐ ܢܪܡܝܢܢܝ<br>* * ܐܠܐ ܥܕ ܐܢܐ ܐܬܐ ܐܚܪܝܢ | ܕܡܐ ܕܐܬܬܙܝܥܘ ܡܝܐ ܢܚܬܢܝ<br>* * ܘܥܕ ܐܢܐ ܐܬܐ ܐܚܪܢ | ܕܡܐ ܕܐܬܬܙܝܥܘ[1] ܡ̈ܝܐ ܢܪܡܝܢܢܝ<br>* * ܐܠܐ ܥܕ ܐܢܐ ܐܬܐ ܐܢܐ܆<br>ܐܚܪܝܢ |
| 8 | ܡܪܢ<br>om. | ܝܫܘܥ.<br>ܙܠ ܠܒܝܬܟ. | ܝܫܘܥ.<br>om. |
| 9 | ܘܒܪ ܫܥܬܐ * * ܘܩܡ ܫܩܠ<br>ܥܪܣܗ ܘܗܠܟ | ܘܒܪܗ ܒܫܥܬܐ * * ܘܗܠܟ. | ܘܒܪ ܫܥܬܗ * * ܘܩܡ ܫܩܠ<br>ܥܪܣܗ ܘܗܠܟ. |
| 10 | ܘܟܕ ܚܙܘܗܝ ܝܗܘܕܝܐ ܐܡܪܝܢ<br>ܠܗ ܠܐ ܫܠܝܛ<br>ܘܐܡܪ ܠܗܘܢ ܗܘ ܕܐܬܚܠܡ | ܐܡܪܝܢ ܠܗ ܝܗܘܕܝܐ. ܫܒܬܐ<br>ܗܝ ܠܐ ܫܠܝܛ<br>ܐܡܪ ܠܗܘܢ ܗܘ ܗܘ | ܘܐܡܪܝܢ[2] ܠܗ ܝܗܘܕܝܐ ܠܗܘ<br>ܕܐܬܐܣܝ. ܫܒܬܐ ܗܝ ܠܐ ܫܠܝܛ<br>ܗܘ ܕܝܢ ܥܢܐ ܘܐܡܪ ܠܗܘܢ. |
| 11 | ܗܘ ܡܢ ܕܐܚܠܡܢܝ | ܕܐܚܠܡܢܝ. | ܗܘ ܕܥܒܕܢܝ ܚܠܝܡܐ܃ |
| 12 | om. | ܐܡܪܝܢ ܠܗ ܡܢܘ ܗܘܐ ܓܒܪܐ<br>ܕܐܡܪ ܠܟ ܕܫܩܘܠ ܥܪܣܟ<br>ܘܗܠܟ. | ܘܫܐܠܘܗܝ ܡܢܘ ܓܒܪܐ[3] ܗܘ<br>ܕܐܡܪ ܠܟ ܕܫܩܘܠ ܥܪܣܟ<br>ܘܗܠܟ. |
| 13 | ܓܒܪܐ * * ܫܢܝ ܠܗ ܕܡܪܢ * *<br>ܡܢ ܟܢܫܐ. | ܕܐܬܐܣܝ * * ܗܘ ܓܝܪ ܝܫܘܥ<br>* * ܫܢܝ ܠܗ ܒܟܢܫܐ ܕܐܢܫܐ. | ܕܐܬܐܣܝ * * ܝܫܘܥ ܓܝܪ * *<br>ܒܟܢܫܐ ܣܓܝܐܐ |
| 14 | ܡܢ ܒܬܪ ܗܠܝܢ ܐܫܟܚܗ<br>ܡܪܢ * * ܕܠܡܐ ܢܗܘܐ ܠܟ<br>ܕܒܝܫ ܡܢ ܗܘ | ܒܬܪ ܗܠܝܢ ܐܫܟܚܗ ܗܘܐ<br>ܝܫܘܥ ܠܗܘ ܕܐܬܐܣܝ * *<br>ܕܠܡܐ ܢܓܘܥ ܠܟ ܕܒܝܫ<br>ܡܢ ܩܕܡܝܐ. | ܒܬܪ ܙܒܢ܆ ܐܫܟܚܗ ܝܫܘܥ<br>* * ܕܠܡܐ ܢܗܘܐ ܠܟ ܡܕܡ<br>ܕܒܝܫ ܡܢ ܩܕܡܝܐ. |
| 15 | ܗܘ ܓܒܪܐ * * ܕܐܚܠܡܗ | ܓܒܪܐ ܗܘ * * ܕܐܚܠܡܢܝ. | ܗܘ ܓܒܪܐ * * ܕܐܚܠܡܗ. |
| 16 | ܘܡܛܠ ܗܕܐ * * ܠܡܪܢ | ܘܡܛܠܬܗ * * ܠܝܫܘܥ. | ܘܡܛܠ ܗܕܐ * * ܠܝܫܘܥ |
| 17 | ܡܪܢ * * ܐܦ ܐܢܐ ܥܒܕ ܐܢܐ. | ܝܫܘܥ * * ܘܐܦ ܐܢܐ ܥܒܕܢܐ. | ܝܫܘܥ * * ܐܦ ܐܢܐ ܥܒܕ ܐܢܐ. |
| 18 | ܕܐܠܗܐ ܐܒܘܗܝ ܩܪܐ ܗܘܐ<br>ܘܡܫܘܐ ܗܘܐ ܢܦܫܗ | ܕܠܐܠܗܐ ܐܒܝ ܩܪܐ ܗܘܐ.<br>ܘܡܫܘܐ ܗܘܐ ܢܦܫܗ | ܐܠܗܐ ܐܒܘܗܝ[4] ܐܠܗܘܗܝ ܐܡܪ<br>ܗܘܐ. ܘܡܫܘܐ ܗܘܐ ܢܦܫܗ |
| 19 | ܡܪܢ ܐܡܝܢ * * ܡܕܡ ܡܢ | ܝܫܘܥ. ܐܡܝܢ ܐܡܝܢ * * ܡܕܡ | ܝܫܘܥ ܘܐܡܪ ܠܗܘܢ. ܐܡܝܢ |

[1] 40. ܕܐܬܬܙܝܥܘ. [2] 40. ܐܡܪܝܢ. [3] 40. ܗܘ ܓܒܪܐ. [4] 40. ܕܐܒܘܗܝ.

| | Lewisianus | Curetonianus | Peshitto |
|---|---|---|---|
| V. 19 | ܢܦܫܗ ܠܡܥܒܕ ܐܠܐ ܡܕܡ<br>ܕܚܙܐ ܠܐܒܘܗܝ lacuna ܥܒܕ<br>ܐܝܠܝܢ ܓܝܪ ܕܥܒܕ ܐܒܘܗܝ<br>ܗܠܝܢ ܐܦ ܒܪܐ ܐܟܘܬܗ ܥܒܕ | ܡܢ ܨܒܝܢܗ ܢܦܫܗ ܠܡܥܒܕ.<br>ܐܦܠܐ ܡܕܡ ܕܠܐ ܚܙܐ ܠܐܒܘܗܝ<br>ܕܥܒܕ. ܐܠܐ ܡܐ ܕܐܒܘܗܝ<br>ܥܒܕ ܘܐܦ ܒܪܐ ܒܗ<br>ܡܬܕܡܐ. | ܐܡܝܢ ** ܠܟܘܢ ܡܕܡ ܡܢ<br>ܨܒܝܢ ܢܦܫܗ. ܐܠܐ ܡܕܡ<br>ܕܚܙܐ ܠܐܒܐ ܕܥܒܕ: ܐܝܠܝܢ<br>ܓܝܪ ܕܐܒܐ ܥܒܕ: ܗܠܝܢ<br>ܐܦ ܒܪܐ ܐܟܘܬܗ ܥܒܕ. |
| 20 | ܪܚܡ ܠܒܪܗ | ܪܚܡ ܗܘ ܠܒܪܗ. | ܪܚܡ ܠܒܪܗ. |
| | om. | ܕܗܘ ܢܥܒܕ. | ܘܐܢܬܘܢ ܬܬܕܡܪܘܢ. |
| | ܘܕܢܚܙܐ ܡܢ ܗܠܝܢ lacunae | ܘܕܢܚܙܐ ܡܢ ܗܠܝܢ | om.[1] |
| 21 | lacunae | | |
| 23 | ܕܫܕܪܗ ܠܐܒܐ lacunae | ܠܐܒܐ ܕܫܕܪܗ ܡܝܩܪ. | ܡܝܩܪ ܠܐܒܐ ܕܫܕܪܗ ◆ |
| 24 | ܐܠܐ ܫܢܝ ܠܗ ܡܢ ܡܘܬܐ<br>ܠܚܝܐ | ܡܛܠ ܕܫܢܝ ܠܗ ܡܢ ܡܘܬܐ<br>ܠܚܝܐ. | ܐܠܐ ܫܢܝ ܠܗ ܡܢ ܡܘܬܐ<br>ܠܚܝܐ. |
| 25 | post ܐܡܝܢܐ deest usque ad v. 46 ܐܦ. | | |
| 46 | ܐܦ ** ܟܬܒ ܥܠܝ | ܘܐܦ ** ܟܬܒ ܗܘ ܥܠܝ. | ܐܦ ** ܟܬܒ ܥܠܝ. |
| 47 | om. | ܕܝܢ | om. |
| | ܒܟܬܒܘ ܕܝܠܗ | ܒܟܬܒܘ | ܠܟܬܒܘ ܕܝܠܗ |
| VI. 1 | ܐܙܠ ܠܗ ܡܪܢ ** ܕܛܒܪܝܘܣ | ܐܙܠ ܝܫܘܥ ** ܕܛܒܪܝܘܣ. | ܐܙܠ ܝܫܘܥ ** ܕܛܒܪܝܘܣ. |
| 3 | ܘܣܠܩ ܠܗ ܡܪܢ | ܘܣܠܩ ܗܘܐ ܝܫܘܥ | ܘܣܠܩ[2] ܝܫܘܥ |
| 4 | ܘܩܪܝܒ ܗܘܐ ܥܐܕܐ ܕܦܛܝܪܐ | ܘܩܪܝܒܐ ܗܘܬ ܦܨܚܐ ܥܐܕܐ | ܩܪܝܒ ܗܘܐ ܕܝܢ ܥܐܕܐ<br>ܕܦܨܚܐ |
| 5 | ܡܪܢ ** ܕܐܬܐ ܠܘܬܗ ܐܡܪ<br>** ܠܗܠܝܢ ܐܢܫܐ ܕܢܐܟܠܘܢ | ܝܫܘܥ. ** ܕܐܬܝܢ ܠܘܬܗ.<br>ܘܐܡܪ ** ܕܢܐܟܠܘܢ ܗܠܝܢ<br>ܐܢܫܐ. | ܝܫܘܥ ** ܕܐܬܐ ܠܘܬܗ: ܘܐܡܪ<br>** ܕܢܐܟܠܘܢ ܗܠܝܢ. |
| 8 | ܕܫܡܥܘܢ ܐܢܕܪܐܘܣ | ܐܢܕܪܐܘܣ ܫܡܥܘܢ ܗܘܐ. | ܐܢܕܪܐܘܣ |
| 9 | ܛܠܝܐ ܚܕ ܐܝܬ ܗܪܟܐ. **<br>ܐܠܐ ܠܗܠܝܢ ܠܟܠܗܘܢ<br>ܡܢܐ ܡܡܛܝܢ | ܐܝܬ ܗܪܟܐ ܛܠܝܐ ܘܐܝܬ ܥܡܗ<br>** ܐܠܐ ܗܠܝܢ ܡܢܐ ܡܡܛܝܢ<br>ܠܗܠܝܢ ܟܠܗܘܢ. | ܐܝܬ ܗܪܟܐ ܛܠܝܐ ܚܕ: ܕܐܝܬ<br>ܥܡܗ ** ܐܠܐ ܗܠܝܢ ܡܢܐ<br>ܐܢܝܢ[3] ܠܗܠܝܢ ܟܠܗܘܢ |
| | ܘ݀ lin. interr. | lin. non interr. | lin. non interr. |
| 10 | ܐܡܪ ܠܗܘܢ ܐܣܬܡܟܘ ܐܢܫܐ | ܐܡܪ ܗܘ ܝܫܘܥ. ܐܠܟܘ<br>ܐܣܬܡܟܘ ܐܢܘܢ ܠܐܢܫܐ | ܐܡܪ ܠܗܘܢ ܝܫܘܥ. ܥܒܕܘ<br>ܐܢܫܐ ܕܢܣܬܡܟܘܢ. |

[1] 40 habet ܘܕܢܚܙܐ ܡܢ ܗܠܝܢ ܥܒܕܐ ܗܘܐ ܡܫܠܡ ܠܗ ante ܘܐܢܬܘܢ ܬܬܕܡܪܘܢ.

[2] 40 Versus omnis, manu recentiori, in margine suppletus est.

[3] 40. ܐܝܢ.

| | Lewisianus | Curetonianus | Peshitto |
|---|---|---|---|
| VI. 10 | om. | ܥܣܒܐ ܣܓܝܐܐ. | om. |
| | ܒܗ ܒܐܬܪܐ ܐܡܪ ܠܗܘܢ ܐܠܗ<br>ܐܣܬܡܟܘ ܐܝܬܝܗ ܟܠ ܡܕܡ. | ܒܗ ܒܕܘܟܬܐ ܗܝ. ܘܐܣܬܡܟܘ<br>ܐܝܟ ܡܢܝܢܐ ܚܡܫܐ ܐ̄ܠܦܝܢ. | ܒܕܘܟܬܐ ܗܝ. ܘܐܣܬܡܟܘ<br>ܓܒܪܐ ܒܡܢܝܢܐ ܚܡܫܐ<br>ܐܠܦܝܢ. |
| 11 | ܘܟܕ ܐܣܬܡܟܘ ܐܢܘܢ ܢܣܒ<br>ܝܫܘܥ ܗܢܘܢ ܚܡܫܐ<br>ܠܚܡܝܢ ܘܐܘܕܝ ܘܒܪܟ<br>ܘܬܒܪ ܠܚܡܐ lacuna ܘܝܗܒ<br>ܠܬܠܡܝܕܘܗܝ lacuna | ܘܢܣܒ ܝܫܘܥ ܠܚܡܐ ܗܢܘܢ<br>ܘܒܪܟ. ܘܝܗܒ ܠܗܘܢ<br>ܠܡܣܬܡܟܢܐ. ܘܗܟܢܐ ܐܦ<br>ܡܢ ܢܘܢܐ ܟܡܐ ܕܨܒܘ. | ܘܢܣܒ ܝܫܘܥ ܠܚܡܐ. ܘܒܪܟ<br>ܘܦܠܓ ܠܗܘܢ ܠܡܣܬܡܟܐ.<br>ܘܗܟܢܐ ܐܦ ܡܢ ܢܘܢܐ ܟܡܐ<br>ܕܨܒܘ. |
| 12 | lacuna | | |
| | ܐܡܪ lacuna ܠܬܠܡܝܕܘܗܝ<br>* * ܕܐܝܬܪܘ ܕܡܕܡ ܠܐ ܢܐܒܕ | ܐܡܪ ܠܬܠܡܝܕܘܗܝ. * *<br>ܡܕܡ ܕܝܬܪܘ. ܕܠܘܩܒܠ<br>ܡܕܡ ܠܐ ܢܐܒܕ. | ܐܡܪ ܠܬܠܡܝܕܘܗܝ. * *<br>ܕܝܬܪܘ[1] ܕܠܐ ܢܐܒܕ ܡܕܡ |
| 13 | ܐܝܟ ܡܠܬܐ ܕܝܬܪܘ ܡܢܗܘܢ<br>ܩܘܦܝܢ ܡܠܝܢ ܕܗܘܝ ܣܓܝܐܐ<br>ܚܡܫ ܕܣܥܪܐ ܘܕܢܘܢܐ<br>ܬܪܝܢ ܢܘܢܝܢ | om.<br>ܩܘܦܝܢ ܕܩܨܝܐ. ܡܢ ܚܡܫܐ<br>ܠܚܡܝܢ ܕܣܥܪܐ. ܡܕܡ<br>ܕܝܬܪܘ ܡܢ ܗܢܘܢ ܕܐܟܠܘ. | om.<br>ܩܘܦܝܢ ܕܩܨܝܐ:[2] ܐܠܝܢ<br>ܕܝܬܪܘ ܠܗܘܢ ܕܐܟܠܘ ܡܢ<br>ܚܡܫܐ ܠܚܡܝܢ ܕܣܥܪܐ܀ |
| | ܗܘܘ ܗܘܘ ܕܡܢ ܣܥܪܐ ܕܐܟܠܘ<br>ܗܘܘ ܡܢ ܚܡܫܐ ܗܘܐ<br>ܐܠܦܝܢ ܓܒܪܐ | om. | om. |
| 14 | ܗܘ * * ܐܡܪܝܢ ܗܘܐ ܫܪܝܪܐܝܬ<br>ܢܒܝܐ | ܗܢܐ * * ܐܡܪܝܢ ܗܘܘ. ܫܪܝܪܐܝܬ<br>ܗܢܘ ܗܘ ܢܒܝܐ | om. * * ܐܡܪܝܢ ܗܘܘ ܫܪܝܪܐܝܬ<br>ܗܢܘ ܢܒܝܐ |
| 15 | ܘܐܬܝܕܥ ܗܘܘ ܕܢܚܛܦܘܢܗ<br>ܕܢܥܒܕܘܢܝܗܝ ܡܠܟܐ ܗܘܘ ܕܝܢ<br>ܝܫܘܥ ܝܕܥ * * ܘܥܪܩ ܠܗ<br>* * ܗܘ ܒܠܚܘܕܘܗܝ | ܘܝܕܥ ܗܘܐ ܝܫܘܥ ܕܥܬܝܕܝܢ ܗܘܘ<br>ܕܢܚܛܦܘܢܗ ܘܢܥܒܕܘܢܗ<br>ܡܠܟܐ. * * ܘܥܪܩ ܠܗ<br>ܠܛܘܪܐ * * ܒܠܚܘܕܘܗܝ. | ܝܫܘܥ ܕܝܢ ܝܕܥ ܕܥܬܝܕܝܢ<br>ܕܢܐܬܘܢ ܢܚܛܦܘܢܝܗܝ<br>ܘܢܥܒܕܘܢܝܗܝ ܡܠܟܐ܇<br>ܘܫܢܝ ܠܗ * * ܗܘ<br>ܒܠܚܘܕܘܗܝ܀ |
| 16 | ܘܟܕ ܗܘܐ * * ܢܚܬܘ<br>ܬܠܡܝܕܘܗܝ | ܟܕ ܗܘܐ ܕܝܢ * * ܢܚܬ ܗܘ<br>ܘܬܠܡܝܕܘܗܝ | ܘܟܕ ܗܘܐ * * ܢܚܬܘ<br>ܬܠܡܝܕܘ̈ܗܝ |
| 17 | ܠܡܥܪܒܗܘܢ ܡܛܠ ܕܢܣܒܘ<br>* * ܐܬܐ ܗܘܐ | ܕܡܥܒܪܐ ܕܡܥܪܒܗܘܢ. ܘܢܣܒܘ<br>* * ܐܬܐ | ܠܡܥܪܒܗܘܢ.[3] ܘܢܣܒܘ * *<br>ܐܬܝܢ ܗܘܘ |

[1] 40 omissum et eadem manu charactere minutiori suppletum.

[2] 40. ܩܨ̈ܝܐ.

[3] 40. ܠܡܥܪܒܗܘܢ.

| | LEWISIANUS | CURETONIANUS | PESHITTO |
|---|---|---|---|
| VI. 18 | ܘܐܬܬܥܝܪܬ ܥܠܝܗܘܢ ܝܡܐ<br>ܘܪܘܚܐ ܪܒܬܐ ܢܫܒܐ ܗܘܬ | ܘܪܘܚܐ ܢܫܒܐ ܗܘܬ ܠܗ.<br>ܥܠܝܗܝܢ. ܘܐܬܬܥܝܪܬ<br>ܥܠܝܗܘܢ ܝܡܐ. | ܝܡܐ ܕܝܢ ܐܙܕܥܩ ܗܘܐ<br>ܥܠܝܗܘܢ. ܡܛܠ ܕܪܘܚܐ<br>ܪܒܬܐ ܢܫܒܐ ܗܘܬ |
| 19 | ܘܟܕ lacuna ܚܡܫܐ ܐܣܛܕܘܬܐ<br>ܐܘ ܬܠܬܝܢ * * ܕܬܬܐ lacuna<br>ܥܠ ܝܡܐ lacuna ܠܘܬܗܘܢ<br>ܘܟܕ * * ܣܦܝܢܬܗܘܢ؛ lacuna<br>ܡܢ ܕܚܠܬܗܘܢ؛ | ܘܕܒܪܘ ܗܘܘ ܠܣܦܝܢܬܐ<br>ܐܣܛܕܘܬܐ ܥܣܪܝܢ ܘܚܡܫܐ<br>ܐܘ ܬܠܬܝܢ. * * ܚܙܘܗܝ ܠܝܫܘܥ<br>ܥܠ ܝܡܐ. ܘܟܕ * *<br>ܣܦܝܢܬܐ. ܕܚܠܘ. | ܘܕܒܪܘ ܐܝܟ ܐܣܛܕܘܬܐ[1]<br>ܥܣܪܝܢ ܘܚܡܫܐ ܐܘ<br>ܬܠܬܝܢ. * * ܚܙܘܗܝ ܠܝܫܘܥ<br>ܥܠ ܝܡܐ. ܘܟܕ * *<br>ܣܦܝܢܬܗܘܢ ܕܚܠܘ. |
| 20 | ܠܐ ܬܕܚܠܘܢ | om. | ܠܐ ܬܕܚܠܘܢ. |
| 21 | ܘܟܕ ܢܣܒܘܗܝ ܒܣܦܝܢܬܐ<br>ܒܥܓܠ ܣܦܝܢܬܐ ܗܝ ܗܘܬ | ܘܨܒܘ ܗܘܘ ܕܢܣܒܘܢܗ<br>ܒܣܦܝܢܬܐ. ܘܒܗ ܒܥܓܠ<br>ܗܝ ܣܦܝܢܬܐ ܡܛܬ ܗܘܬ | ܘܨܒܘ ܗܘܘ ܕܢܩܒܠܘܢܝܗܝ<br>ܒܣܦܝܢܬܐ. ܘܒܗ ܒܥܓܠ<br>ܣܦܝܢܬܐ ܗܝ: ܗܘܬ |
| 22 | lacunae<br>ܐܚܪܬܐ lacuna ܗܘܬ | <br>ܐܚܪܬܐ ܠܐ ܗܘܐ | <br>ܐܚܪܬܐ ܠܐ ܗܘܐ |
| 23 | lacunae<br>ܣܦܝܢܐ ܐܬܝ ܡܢ ܛܒܪܝܐ<br>ܐܬܪ lacuna | <br>ܐܬܝ ܣܦܝܢܐ ܐܚܪܢܝܬܐ ܡܢ<br>ܛܒܪܝܐ ܠܐܬܪ | <br>ܐܬܝ ܗܘܝ ܕܝܢ ܐܠܦܐ ܐܚܪܢܝܬܐ<br>ܡܢ ܛܒܪܝܐ: ܠܘܩܒܠ<br>ܕܘܟܬܐ |
| 24 | ܠܟܦܪܢܚܘܡ ܠܡܕܝܢܬܐ ܕܝܠܗ<br>om. | ܠܟܦܪܢܚܘܡ.<br>ܠܝܫܘܥ. | ܠܟܦܪܢܚܘܡ.<br>ܠܝܫܘܥ. |
| 25 | ܘܟܕ ܐܫܟܚܘܗܝ<br><br>lacunae | ܘܟܕ ܕܝܢ ܐܫܟܚܘܗܝ ܒܥܒܪܐ<br>ܕܝܡܐ. | ܘܟܕ ܐܫܟܚܘܗܝ ܒܥܒܪܐ ܕܝܡܐ |
| 26 | ܐܡܝܢ * * ܬܒܥܘܢܢܝ | ܐܡܝܢ ܐܡܝܢ * * ܒܥܝܬܘܢܢܝ. | ܐܡܝܢ ܐܡܝܢ * * ܕܒܥܝܢ<br>ܐܢܬܘܢ ܠܝ: |
| 27 | ܡܐܟܘܠܬܐ * * ܦܠܚܘ * *<br>ܕܝܗܒ ܠܟܘܢ ܒܪܗ ܕܐܢܫܐ | ܡܐܟܘܠܬܐ * * ܦܠܚܘ * *<br>ܕܒܪܗ ܕܐܢܫܐ ܢܬܠ ܠܟܘܢ. | ܡܐܟܘܠܬܐ * * om. * * ܕܒܪܗ<br>ܕܐܢܫܐ ܢܬܠ ܠܟܘܢ. |
| 29 | ܗܢܐ | ܗܢܐ ܗܘ | ܗܢܘ |
| 30 | om. | ܗܘܠܝ * * ܡܢܐ ܦܠܚ ܐܢܬ | om. * * ܡܢܐ ܥܒܕ ܐܢܬ. |
| 31 | om. | ܒܡܕܒܪܐ | ܒܡܕܒܪܐ. |
| 32 | om. | ܐܡܪ ܠܗܘܢ ܝܫܘܥ | ܐܡܪ ܠܗܘܢ ܝܫܘܥ. |

[1] 40. ܐܣܛܕܘܬܐ.

| | LEWISIANUS | CURETONIANUS | PESHITTO |
|---|---|---|---|
| VI. 32 | ܐܒܝ ܗܘ ܢܬܠ * * ܕܫܪܪܐ | ܐܠܐ ܢܬܠ * * ܕܩܘܫܬܐ | ܐܒܝ ܝܗܒ * * ܕܩܘܫܬܐ |
| 33 | ܐܝܬܘܗܝ ܕܢܚܬ * * ܘܚܝܐ ܝܗܒ | ܢܚܬ * * ܘܚܝܐ ܗܘ ܘܡܬܠܗܘܢ | ܐܝܬܘܗܝ : ܗܘ ܕܢܚܬ * * ܘܝܗܒ ܚܝܐ |
| 34 | ܒܟܠܙܒܢ * * ܡܢ ܗܢܐ ܠܚܡܐ | ܒܟܠ ܙܒܢ * * ܠܚܡܐ ܗܢܐ | ܒܟܠܙܒܢ[1] * * ܠܚܡܐ ܗܢܐ. |
| 35 | om. | ܝܫܘܥ | ܝܫܘܥ. |
| | ܡܢ * * ܠܥܠܡ | ܡܢܗ * * ܡܬܬܠܡܘܢ | ܡܢ * * ܠܥܠܡ. |
| 36 | ܕܚܙܝܬܘܢܝ | ܕܚܙܝܬܘܢ ܐܢܬܘܢ | ܕܚܙܝܬܘܢܢܝ. |
| 37 | ܟܘܠ * * ܐܒܐ * ܠܐ ܐܦܩܗ | ܟܠ * * ܐܒܝ * * ܠܐ ܐܦܩܝܘܗܝ | ܟܠ * * ܐܒܝ * * ܠܐ ܐܦܩܗ ܠܒܪ. |
| 38 | ܕܐܒܝ ܕܫܕܪܢܝ | ܕܐܒܐ ܕܫܕܪܢܝ | ܕܡܢ ܕܫܕܪܢܝ. |
| 39 | ܗܢܘ ܕܡܢ ܟܠ ܡܐ ܕܝܗܒ ܠܝ ܠܐ ܐܘܒܕ ܐܦܠܐ ܡܕܡ ܐܠܐ ܐܩܝܡܝܘܗܝ | ܗܢܘ ܕܨܒܝܢܗ ܕܡܢ ܕܫܕܪܢܝ ܕܟܠ ܡܕܡ ܕܝܗܒ ܠܝ ܠܐ ܐܘܒܕ ܡܢܗ ܡܕܡ ܐܠܐ ܐܩܝܡܝܘܗܝ | ܕܟܠ ܕܝܗܒ ܠܝ ܠܐ ܐܘܒܕ ܡܢܗ. ܐܠܐ ܐܩܝܡܝܘܗܝ ܒܝܘܡܐ ܐܚܪܝܐ. |
| 40 | ܡܛܠ ܕܗܢܘ ܨܒܝܢܗ lacuna ܕܡܗܝܡܢ ܒܒܪܐ * * ܘܐܩܝܡܝܘܗܝ | ܗܢܘ ܓܝܪ ܨܒܝܢܗ ܕܐܒܝ ܕܟܠ ܐܢܫ ܕܚܙܐ ܠܒܪܐ ܘܡܗܝܡܢ ܒܗ * * ܘܐܢܐ ܐܩܝܡܝܘܗܝ | ܗܢܘ ܓܝܪ ܨܒܝܢܗ ܕܐܒܝ. ܕܟܠ ܕܚܙܐ ܠܒܪܐ ܘܡܗܝܡܢ ܒܗ: * * ܘܐܢܐ ܐܩܝܡܝܘܗܝ |
| 41 | ܥܠ ܕܐܡܪ | ܥܠܘܗܝ ܕܐܡܪ | ܥܠܘܗܝ: ܕܐܡܪ |
| 42 | ܘܐܡܪܝܢ ܗܐ ܠܐ ܗܘܐ ܝܫܘܥ ܒܪ ܝܘܣܦ ܘܐܢܚܢ ܝܕܥܝܢ * * ܕܡܢ ܫܡܝܐ ܢܚܬ | ܘܐܡܪܝܢ ܗܘܘ ܠܐ ܗܘܐ ܗܢܐ ܝܫܘܥ ܒܪܗ ܕܝܘܣܦ ܘܐܢܚܢ ܝܕܥܝܢ ܐܢܚܢ * * ܕܐܢܐ ܡܢ ܫܡܝܐ ܢܚܬܬ | ܘܐܡܪܝܢ ܗܘܘ. ܠܐ ܗܘܐ ܗܢܐ ܝܫܘܥ ܒܪ ܝܘܣܦ:[2] ܗܘ ܕܚܢܢ ܝܕܥܝܢ * * ܕܡܢ ܫܡܝܐ ܢܚܬܬ. |
| 43 | om. | ܝܫܘܥ | ܝܫܘܥ |
| 44 | om. | ܓܝܪ | om. |
| 45 | ܟܘܠ ܡܢ ܕܫܡܥ ܡܢܗ. | ܟܘܠ ܡܢܗ ܕܫܡܥ ܗܘܟܠ om. | ܟܠ ܡܢ ܕܫܡܥ ܗܟܝܠ ܡܢܗ |
| 46 | ܗܘ ܚܙܐ ܠܐܠܗܐ ܐܒܐ | ܗܘ ܗܘ ܚܙܐ ܠܐܒܐ | ܗܘ ܗܘ ܚܙܐ ܠܐܒܐ |
| 47 | ܕܡܢ | ܕܟܠ ܡܢ | ܕܡܢ |
| | om. | ܕܠܥܠܡ | ܕܠܥܠܡ. |
| 48 | om. | ܕܢܚܬ ܡܢ ܫܡܝܐ | om. |
| 49 | ܡܢܢܐ ܒܚܘܪܒܐ | ܠܚܡܐ ܒܡܕܒܪܐ | ܡܢܢܐ ܒܡܕܒܪܐ |

[1] 40. ܒܟܠ ܙܒܢ.

[2] 40. ܒܪܗ ܕܝܘܣܦ.

| | Lewisianus | Curetonianus | Peshitto |
|---|---|---|---|
| VI. 50 | | ܕܝܢ | ܕܝܢ |
| | ܕܢܐܟܘܠ ܐܢܫ ܡܢܗ ܘܠܐ ܢܡܘܬ | ܕܢܐܟܘܠ ܐܢܫ ܡܢܗ ܘܢܡܘܬ | ܕܢܐܟܘܠ ܐܢܫ ܡܢܗ ܘܠܐ ܢܡܘܬ. |
| 51 | ܘܡܢ | ܕܡܢ | ܘܐܢ ܐܢܫ |
| | lacuna; ܗܢܐ deest, ut videtur. | ܗܢܐ | ܗܢܐ |
| 52 | ܘܐܡܪܝܢ | ܘܐܡܪܝܢ ܗܘܘ | ܘܐܡܪܝܢ. |
| 53 | ܘܐܡܪ * * ܐܡܪ ܐܢܐ ܠܟܘܢ ܕܐܢ ܠܐ | ܐܡܪ * * ܐܡܪ ܐܢܐ ܠܟܘܢ. ܕܐܠܐ | ܘܐܡܪ * * ܐܡܪ ܐܢܐ ܠܟܘܢ: ܕܐܢ [1] ܠܐ |
| 54 | ܡܢ ܕܐܟܠ ܕܝܢ ܦܓܪܝ ܘܫܬܐ ܕܡܝ * * ܐܩܝܡܝܘܗܝ | ܘܡܢ ܕܐܟܠ ܦܓܪܝ ܘܫܬܐ ܕܡܝ. * * ܐܩܝܡܝܘܗܝ | ܕܐܟܠ ܕܝܢ ܡܢ ܦܓܪܝ ܘܫܬܐ ܡܢ ܕܡܝ: * * ܐܩܝܡܝܘܗܝ |
| 55 | ܡܐܟܘܠܬܐ | ܡܟܘܠܬܐ | ܡܐܟܘܠܬܐ. |
| 56 | ܡܢ * * ܒܝ ܗܘ | ܡܢܗ * * ܒܝ ܡܩܘܐ | ܡܢ * * ܒܝ ܡܩܘܐ |
| 57 | ܡܛܠ ܐܒܝ ܡܢ ܕܐܟܠ ܦܓܪܝ ܢܗܘܐ ܚܝ ܡܛܠܬܝ | ܡܛܠ ܐܒܐ. ܡܢ ܕܐܟܠܢܝ ܢܗܘܐ ܚܝ ܡܛܠܬܝ. | ܡܛܠ ܐܒܐ. ܘܡܢ ܕܐܟܠܢܝ * * ܢܚܐ ܒܕܝܠܝ.[2] |
| 58 | ܡܢ * * ܕܐܟܠ | ܡܢܗ * * ܕܐܟܠ | ܡܢ ܕܐܟܠ |
| 59 | ܒܟܦܪܢܚܘܡ ܒܟܢܘܫܬܐ ܟܕ ܡܠܦ ܗܘܐ | ܒܟܢܘܫܬܐ. ܟܕ ܡܠܦ ܒܟܦܪܢܚܘܡ. | ܒܟܢܘܫܬܐ ܟܕ ܡܠܦ ܒܟܦܪܢܚܘܡ. |
| 60 | om. | ܟܕ ܫܡܥܘ. | ܕܫܡܥܘ |
| | ܕܩܫܝܐ ܗܝ ܗܕܐ ܡܠܬܐ ܡܢ | ܩܫܝܐ ܗܝ ܡܠܬܐ ܗܕܐ. ܡܢܘ | ܩܫܝܐ ܗܝ ܡܠܬܐ ܗܕܐ. ܡܢܘ |
| 61 | ܕܪܛܢܝܢ ܗܘܘ | ܕܪܛܢܝܢ | ܕܪܛܢܝܢ |
| | om. | ܥܠ ܗܕܐ. | ܥܠ ܗܕܐ |
| 62 | ܠܐܬܪܗ | ܠܐܬܪܗܘܢ | ܠܐܬܪܗ |
| 63 | ܪܘܚܐ ܗܘ ܕܡܚܝܐ ܦܓܪܐ ܐܝܟܘ ܕܝܢ ܐܡܪܝܬ ܐܝܟܘ ܦܓܪܐ ܡܕܡ ܠܐ ܡܘܬܪ * * ܕܡܠܠܬ * * ܘܚܝܐ | ܪܘܚܐ ܗܝ ܕܡܚܝܐ ܐܘ ܦܓܪܐ ܠܐ ܡܕܡ ܐܘܬܪ. * * ܕܐܢܐ ܡܠܠܬ * * ܘܚܝܐ ܐܢܘܢ. | ܪܘܚܐ ܗܝ ܕܡܚܝܐ. ܦܓܪܐ ܠܐ ܡܘܬܪ ܡܕܡ. * * ܕܐܢܐ ܡܠܠܬ * * ܘܚܝܐ ܐܢܘܢ. |
| 64 | om. | ܐܢܫܝܢ | om. |
| 65 | ܐܠܐ | ܐܠܐ ܐܢ | ܐܢ [3] ܠܐ |
| 66 | ܡܛܠܗܕܐ | om. | ܡܛܠܗܕܐ. |
| | om. | ܡܢ ܠܘܬܗ. | ܠܒܣܬܪܗܘܢ. |
| 67 | om. | ܝܫܘܥ | ܝܫܘܥ |

[1] 40. ܕܐܠܐ.  [2] 40. ܡܛܠܬܝ.  [3] 40. ܐܠܐ.

| | Lewisianus | Curetonianus | Peshitto |
|---|---|---|---|
| VI. 69 | ܐܚܝܐ | ܘܚܝܐ | ܘܚܝܐ |
| | ܡܫܝܚܐ | om. | ܡܫܝܚܐ |
| 70 | om. | ܝܫܘܥ. | ܝܫܘܥ. |
| | ܘܐܦ ܡܢܟܘܢ | ܘܗܘ ܐܦ ܡܢܟܘܢ | ܘܡܢܟܘܢ |
| 71 | ܣܟܪܝܘܛܐ ܡܛܠ ܕܗܘ ܗܘ * *<br>ܠܡܫܠܡܢܘܬܗ | ܥܠ ܝܗܘܕܐ ܐܣܟܪܝܘܛܐ.<br>ܗܘ ܓܝܪ * * ܠܡܫܠܡܢܘܬܗ: | ܥܠ ܝܗܘܕܐ ܣܟܪܝܘܛܐ.<br>ܗܘ ܓܝܪ * * ܠܡܫܠܡܢܘܬܗ: |
| VII. 1 | ܡܢ ܒܬܪ * * ܡܛܠ ܕܠܐ ܨܒܐ<br>ܗܘܐ ܠܡܗܠܟܘ ܒܓܠܝܐ<br>ܒܝܗܘܕ | ܒܬܪ * * ܠܐ ܓܝܪ ܐܝܬ ܗܘܐ ܠܗ<br>ܫܘܠܛܢܐ ܠܡܗܠܟܘ<br>ܒܝܗܘܕ. | ܒܬܪ * * ܠܐ ܓܝܪ ܨܒܐ ܗܘܐ<br>ܠܡܗܠܟܘ ܒܝܗܘܕ: |
| | lin. non interr. | ⊙ ○ ⊙ lin. interr. | . lin. non interr.[1] |
| 2 | ܘܒܗܘ ܙܒܢܐ ܩܪܝܒ ܗܘܐ | ܘܩܪܝܒ ܗܘܐ | ܘܩܪܝܒ ܗܘܐ |
| 3 | ܘܩܪܒܘ ܐܚܘܗܝ ܠܝܫܘܥ<br>ܘܐܡܪܘ ܠܗ | ܘܐܡܪܘ ܗܘܘ ܠܗ ܐܚܘܗܝ. | ܘܐܡܪܘ ܠܗ ܐܚܘܗܝ ܠܝܫܘܥ. |
| | om. | ܘܐܙܠ | ܘܐܙܠ |
| 4 | ܒܓܠܝܐ ܘܨܒܐ ܗܘ | ܒܓܠܝܘܬ ܘܨܒܐ | ܒܓܠܝܐ: ܘܨܒܐ ܗܘ |
| 6 | ܙܒܢܐ ܕܝܠܝ ܠܐ ܡܛܐ ܥܕܟܝܠ<br>* * ܕܟܠ ܙܒܢ ܗܘ. | ܥܕܟܝܠ ܙܒܢܐ ܕܝܠܝ ܠܐ ܡܛܐ.<br>* * ܕܟܠܙܒܢ ܡܛܝܒ ܗܘ. | ܙܒܢܐ ܕܝܠܝ ܥܕܟܝܠ ܠܐ<br>ܡܛܐ.**ܒܟܠܙܒܢ[2] ܡܛܝܒ. |
| 7 | ܣܢܐ ܥܠܡܐ | ܣܢܐ ܠܟܘܢ ܥܠܡܐ. | ܠܝ ܕܝܢ ܣܢܐ. |
| 8 | ܠܥܐܕܥܐ * * ܣܠܩܝܢ<br>ܠܥܐܕܥܐ ܗܢܐ * * ܥܕܟܝܠ | ܠܥܐܕܥܐ ܗܢܐ. * * ܣܠܩ ܐܢܐ<br>ܠܥܐܕܥܐ. * * ܥܕܟܝܠ ܕܝܠܝ. | ܠܥܐܕܐ ܗܢܐ * * ܣܠܩ ܐܢܐ<br>ܗܫܐ ܠܥܐܕܐ ܗܢܐ. * *<br>ܕܙܒܢܐ ܕܝܠܝ |
| 9 | ܐܡܪ ܗܠܝܢ | ܗܠܝܢ ܐܡܪ. | ܗܠܝܢ ܐܡܪ |
| 10 | ܘܡܢ ܒܬܪ ܕܣܠܩܘ * * ܣܠܩ<br>ܐܦ ܗܘ * * ܒܓܠܝܐ ܐܠܐ<br>ܒܟܣ ... lacuna | ܘܟܕ ܣܠܩܘ * * ܐܦ ܗܘ<br>ܣܠܩ * * ܠܐ ܒܓܠܐ ܐܠܐ<br>ܒܟܣܝܘܬ. | ܟܕ ܕܝܢ ܣܠܩܘ * * ܐܦ ܗܘ<br>ܣܠܩ. * * ܒܓܠܐ ܐܠܐ ܐܝܟ<br>ܕܒܟܣܝܐ. |
| 11 | ܘܝܗܘܕܝܐ * * ܒܥܝܢ ܒܥܐܕܥܐ<br>* * ܐܝܟܐ | ܝܗܘܕܝܐ ܕܝܢ * * ܒܥܐܕܥܐ.<br>* * ܐܝܟܘ | ܝܗܘܕܝܐ ܕܝܢ * * ܒܥܐܕܐ.<br>* * ܐܝܟܘ |
| 12 | ܘܪܛܢܐ ܣܓܝܐܐ ܗܘܐ ܡܛܠܬܗ<br>ܒܟܢܫܐ ܗܘ ܣܓܝܐܐ ܕܡܛܠ<br>ܗܘܐ ܠܥܐܕܥܐ * * ܕܛܒ<br>ܗܘ * * ܠܐ ܗܘܐ ܛܒ | ܘܪܛܢܐ ܣܓܝܐܐ ܐܝܬ ܗܘܐ<br>ܥܠܘܗܝ ܒܟܢܫܐ. * * ܕܛܒܐ<br>ܗܘ. * * ܠܐ ܗܘܐ ܛܒܐ. | ܘܪܛܢܐ ܣܓܝܐܐ ܡܛܠܬܗ ܐܝܬ<br>ܗܘܐ ܒܟܢܫܐ. * * ܕܛܒ ܗܘ:<br>* * ܠܐ. |

[1] 40 lin. interr.

[2] 40. ܒܟܠ ܙܒܢ.

| VII. | LEWISIANUS | CURETONIANUS | PESHITTO |
|---|---|---|---|
| 13 | ܡܛܠ ܕܕܚܠܝܢ ܗܘܘ ܡܢ ܝܗܘܕܝܐ | ܡܛܠ ܕܕܚܠܬܐ ܕܝܗܘܕܝܐ ◦ ◦ | ܡܛܠ ܕܚܠܬܐ ܕܝܗܘܕܝܐ. |
| | lin. non interr. | lin. interr. | lin. non interr. |
| 16 | ܥܢܐ ܝܫܘܥ ܘܐܡܪ ܠܗܘܢ | ܐܡܪ ܠܗܘܢ ܝܫܘܥ. | ܥܢܐ ܝܫܘܥ ܘܐܡܪ. |
| 17 | ܡܢ * * ܝܘܠܦܢܐ * * ܘܐܢ ܡܢ ܪܥܝܢܐ ܢܦܫܝ ܡܡܠܠ ܐܢܐ. | ܘܡܢ * * ܝܘܠܦܢܐ[1] * * ܐܘ ܐܢܐ ܡܢ ܪܥܝܢܐ ܢܦܫܝ ܡܡܠܠ ܐܢܐ. | ܡܢ * * ܝܘܠܦܢܝ * * ܐܘ ܐܢܐ ܡܢ ܪܥܝܢܐ ܢܦܫܝ ܡܡܠܠ ܐܢܐ. |
| 18 | om. | ܓܒܪ | om. |
| | ܠܫܘܒܚܗ * * ܘܥܘܠܐ ܒܠܒܗ ܠܝܬ | ܕܫܘܒܚܗ * * ܘܥܘܠܐ ܠܝܬ ܒܗ. | ܠܫܘܒܚܗ * * ܘܥܘܠܐ ܒܠܒܗ ܠܐ ܐܝܬ. |
| 19 | ܘܚܕ ܡܢܟܘܢ ܠܐ ܥܒܕ ܐܢܘܢ ܦܘܩܕܢܘܗܝ | ܘܠܐ ܐܢܫ ܡܢܟܘܢ ܢܛܪ ܦܘܩܕܢܗ. | ܘܠܐ ܐܢܫ ܡܢܟܘܢ ܢܛܪ ܢܡܘܣܐ. |
| 20 | ܠܡ ܡܢܐ ܒܥܝܢ ܐܢܬܘܢ * * ܩܛܠܢܝ * * ܡܢ | ܠܡ ܠܡܢܐ ܒܥܝܢ ܐܢܬܘܢ * * ܠܡܩܛܠܢܝ * * ܡܢܘ | ܡܢܐ ܒܥܝܢ ܐܢܬܘܢ * * ܩܛܠܢܝ * * ܡܢܘ |
| 21 | ܠܟܠܟܘܢ | ܠܟܠܟܘܢ. | om. |
| 23 | ܐܢ ܓܒܪ ܐܢܫ * * ܒܫܒܬܐ ܕܢܡܘܣܐ ܡܛܠ ܕܠܐ * * ܡܫܬܪܐ ܐܢܬܘܢ ܕܟܠܗ ܒܪ ܐܢܫܐ | ܘܐܢ ܒܪܢܫܐ * * ܒܫܒܬܐ ܕܠܐ * * ܠܟܠܗ ܦܠܓܝܢ ܐܢܬܘܢ ܕܟܠܗ ܒܪܢܫܐ | ܘܐܢ ܒܪܢܫܐ[2] * * ܒܫܒܬܐ ܕܢܡܘܣܐ: ܡܛܠ ܕܠܐ * * ܠܟܠܗ ܦܠܓܝܢ ܐܢܬܘܢ ܕܟܠܗ ܒܪܢܫܐ |
| 25 | ܗܢܐ ܕܒܥܝܢ | ܗܢܐ ܗܘ ܕܒܥܝܢ | ܗܢܘ ܗܘ ܕܒܥܝܢ |
| 26 | ܒܓܠܝܐ ܘܐܢܫ * * ܝܕܥܝܢ ܫܪܝܪܐܝܬ * * ܕܗܢܘ | ܒܓܠܐ ܩܐܡ ܘܡܡܠܠ. ܘܐܢܫ * * ܫܪܝܪܐܝܬ ܝܕܥܘ * * ܕܗܢܘ ܗܘ | ܓܠܝܐܝܬ ܡܡܠܠ ܘܡܕܡ ܠܐ ܐܡܪܝܢ * * ܝܕܥܘ * * ܕܗܢܘ ܫܪܝܪܐܝܬ |
| 27 | ܝܕܥܝܢ ܐܢܚܢ | ܝܕܥܝܢ ܠܗ | ܝܕܥܝܢܢ[3] |
| 28 | ܩܥܐ ܝܫܘܥ ܟܕ ܡܠܦ ܗܘܐ ܒܗܝܟܠܐ * * ܘܐܢܬܘܢ ܠܐ ܝܕܥܝܢ | ܝܫܘܥ ܩܥܐ ܒܗܝܟܠܐ. ܟܕ ܡܠܦ * * ܗܘ ܐܢܐ ܕܐܢܬܘܢ ܠܐ ܝܕܥܝܢ | ܝܫܘܥ ܩܥܐ ܟܕ ܡܠܦ ܒܗܝܟܠܐ * * ܗܘ ܕܐܢܬܘܢ ܠܐ ܝܕܥܝܢ |
| 29 | ܓܒܪ * * ܡܛܠ ܕܠܘܬܗ ܗܘܝܬ. ܘܗܘ ܫܕܪܢܝ. | ܕܡܢ * * ܕܠܘܬܗ ܐܢܐ. ܘܗܘ ܫܕܪܢܝ. | ܕܡܢ * * ܕܡܢ ܠܘܬܗ ܐܢܐ ܘܗܘ ܫܕܪܢܝ. |
| 31 | ܣܓܝܐܐ ܕܝܢ ܗܝܡܢܘ ܒܗ ܡܢ ܗܘ ܟܢܫܐ * * ܡܫܝܚܐ ܡܐ ܕܐܬܐ ܠܡܐ * * ܐܬܘܬܐ ܕܥܒܕ | ܘܣܓܝܐܐ ܡܢ ܟܢܫܐ ܗܝܡܢܘ ܗܘܘ ܒܗ. * * ܡܐ ܕܐܬܐ ܡܫܝܚܐ ܕܠܟܝܐ * * | ܣܓܝܐܐ ܕܝܢ ܡܢ ܟܢܫܐ ܗܝܡܢܘ ܒܗ * * ܡܫܝܚܐ ܡܐ ܕܐܬܐ: ܠܡܐ * * |

[1] Sic Cureton. codex legit ܝܘܠܦܢܐ. [2] 40. ܒܪ ܐܢܫܐ. [3] 40. ܝܕܥܝܢ ܠܗ.

| VII. | LEWISIANUS | CURETONIANUS | PESHITTO |
|---|---|---|---|
| 31 | ܗܢܐ ܡܫܝܚܐ ·ܗ̇ܘ· | ܗܠܝܢ ܐܬܘܬܐ ܕܥܒܕ ܗܢܐ ܥܒܕ. | ܗܠܝܢ ܐܬܘ̈ܬܐ ܕܥܒܕ ܗܢܐ ܥܒܕ. |
| | lin. interr. | lin. non interr. | lin. non interr. |
| 32 | ܪ̈ܒܝ ܟܗܢܐ ܘܦܪ̈ܝܫܐ ܕܪܛܢܝܢ ܐܢܫܐ ܘܫܕܪܘ ܕܚܝܠܐ ܕܢܐܚܕܘܢܝܗܝ | ܦ̈ܪܝܫܐ ܕܪܛܢܝܢ ܥܠܘܗܝ ܐܢܫܐ. ܘܫܕܪܘ ܪ̈ܒܝ ܟܗܢܐ ܘܦ̈ܪܝܫܐ ܕܢܐܚܕܘܢܝܗܝ. | ܦ̈ܪܝܫܐ ܠܟܢܫܐ ܕܡܬܪܛܢܝܢ ܥܠܘܗܝ ܗܠܝܢ. ܘܫܕܪܘ ܗܢܘܢ ܘܪ̈ܒܝ ܟܗܢܐ ܕܝܗܘ̈ܕܝܐ ܕܢܐܚܕܘܢܝܗܝ◊[1] |
| 33 | ܐܡܪ ܠܗܘܢ ܝܫܘܥ | ܘܐܡܪ ܝܫܘܥ | ܘܐܡܪ ܝܫܘܥ |
| | om. | ܙܒܢܐ | ܙܒܢܐ |
| | ܘܐܙܠܢܐ | ܘܐܙܠ ܐܢܐ ܠܗ | ܘܐܙܠ ܐܢܐ |
| 34 | ܘܠܐܬܪ * * ܠܐ ܡܫܟܚܝܢ | ܘܠܐܬܪ * * ܐܢܬܘܢ ܠܐ ܡܫܟܚܝܢ | ܘܐܝܟܐ * * ܠܐ ܡܫܟܚܝܢ ܐܢܬܘܢ |
| 35 | ܒܝܢܬܗܘܢ ܠܢܦܫܗܘܢ** ܘܠܐ (a) | ܥܡ ܚܕ̈ܕܐ. * * ܕܠܐ (a) | ܠܢܦܫܗܘܢ: * * ܠܐ |
| 36 | ܘܡܢܐ ܗܝ ܡܠܬܐ * * ܕܐܙܠ ܐܢܐ ܘܠܐ ܡܫܟܚܝܢ ܐܢܬܘܢ ܠܗ. ܘܕܐܡܪ ܕܠܐܬܪ ܕܐܢܐ ܐܙܠܐ | ܐܘ ܡܢܐ ܗܝ ܡܠܬܐ ܗܕܐ * * ܕܬܒܥܘܢܢܝ ܘܠܐ ܬܫܟܚܘܢܢܝ. ܘܠܐܬܪ ܕܐܢܐ | ܡܢܐ ܗܝ ܗܕܐ ܡܠܬܐ * * ܕܬܒܥܘܢܢܝ ܘܠܐ ܬܫܟܚܘܢܢܝ. ܘܐܝܟܐ ܕܐܢܐ ܐܢܬܘܢ. |
| | lin. non interr. | ⊙ ○ ⊙ lin. interr. | ◊ lin. interr. |
| 37 | | post ܠܘܬܝ incipit ScB., vide Praef. vii. | |
| 38 | ܕܟܬܒܐ | [ܕ]ܟܬܒܐ | ܕܟܬܒܐ |
| 39 | ܕܥܬܝܕܝܢ * * ܕܢܩܒܠܘܢ * * ܡܛܠ ܕܠܐ ܡܟܝܠ ܗܘܐ ܝܫܘܥ ܡܫܬܒܚ | ܕܥܬܝܕܝܢ ܗܘܘ * * ܕܢܩܒܠܘܢ ܗܘܘ * * ܡܛܠ ܕܠܐ ܡܟܝܠ ܗܘܐ ܕܝܗܒܐ ܠܗܘܢ ܡܠܬܐ ܡܫܒܚܐ ܝܫܘܥ. | ܕܥܬܝܕܝܢ ܗܘܘ * * ܕܢܩܒܠܘܢ * * ܡܛܠ ܕܠܐ ܥܕܟܝܠ ܐܫܬܒܚ ܗܘܐ ܝܫܘܥ. |
| 40 | ܐܢܫܐ ܕܝܢ | ܘܐܢܫܐ | ܣܓܝܐܐ ܕܝܢ |
| | om. | ܩܠܗܘܢ ܐܡܪܝܢ ܗܘܘ ܕܫܪܝܪܐܝܬ ܗܢܐ ܗܘ ܢܒܝܐ. | ܡܢܗܘܢ ܐܡܪܝܢ ܗܘܘ. ܗܢܘ ܫܪܝܪܐܝܬ ܢܒܝܐ. |
| | ܐܡܪܝܢ ܗܘܘ ܫܪܝܪܐܝܬ ܗܢܐ ܡܫܝܚܐ ܗܘ | ܐܚܪ̈ܢܐ ܐܡܪܝܢ ܗܘܘ ܗܢܐ ܗܘ ܡܫܝܚܐ. | ܐܚܪ̈ܢܐ ܐܡܪܝܢ ܗܘܘ ܗܢܘ ܡܫܝܚܐ. |
| 41 | ܘܐܚܪ̈ܢܐ ܐܡܪ̈ܝܢ | ܐܚܪ̈ܢܐ ܐܡܪܝܢ ܗܘܘ | ܐܚܪ̈ܢܐ ܐܡܪܝܢ |
| 42 | ܠܘܐ ܡܫܝܚܐ ܘܡܢ ܓܠܝܠܐ ܠܡܐ ܡܬܝܠܕܐ * * ܐܬܐ | ܠܘܐ. ܘܡܢ ܓܠܝܠܐ ܠܡܐ ܡܬܝܠܕܐ * * ܐܬܐ ܡܫܝܚܐ. | ܘܡܢ ܓܠܝܠܐ ܠܡܐ ܡܬܝܠܕܐ * * ܐܬܐ ܡܫܝܚܐ. |

[1] 40. ܕܢܐܚܕܘܢܝܗܝ.

| | Lewisianus | Curetonianus | Peshitto |
|---|---|---|---|
| VII. 44 | ܐܢܫܝܢ * * ܠܡܐܚܕܗ ܘܠܐ ܐܢܫ ܡܫܡܫ ܗܘܐ ܠܡܫܪܡܝܗ | ܡܢܗܘܢ * * ܕܢܐܚܕܘܢܗ. ܐܠܐ ܠܐ ܐܢܫ ܐܘܫܛ | ܡܢܗܘܢ * * ܕܢܐܚܕܘܢܝܗܝ. ܐܠܐ ܠܐ ܐܢܫ ܐܘܫܛ |
| 45 | ܘܐܬܘ ܠܘܬ ܗܢܘܢ ܡܠܟܐ ܘܠܘܬ ܦܪܝܫܐ * * ܟܗܢܐ ܘܦܪܝܫܐ * * ܐܡܪܝܢ ܠܗܘܢ | ܠܘܬ ܪܒܝ ܟܗܢܐ ܘܦܪܝܫܐ. * * ܗܢܘܢ ܦܪܝܫܐ. * * ܐܡܪܝܢ ܠܗܘܢ. | ܠܘܬ ܪܒܝ ܟܗܢܐ ܘܦܪܝܫܐ. * * ܟܗܢܐ. * * ܐܡܪܝܢ ܠܗܘܢ. |
| 46 | ܡܡܬܘܡ * * ܕܡܡܠܠ | ܡܢ ܡܬܘܡ * * ܕܡܡܠܠ | ܡܡܬܘܡ[1] * * ܕܡܡܠܠ[2] |
| 47 | ܠܗܘܢ ܦܪܝܫܐ ܠܡܛܥܝܐ ܗܢܘܢ ܠܡܐ ܐܦ * * ܛܥܝܬܘܢ ܠܟܘܢ | ܠܗ[ܘܢ] ܦܪܝܫܐ. ܕܠܡܐ [ܐܦ] * * ܛܥ[ܝܬ]ܘܢ ܐܢܬܘܢ; | ܠܗܘܢ ܦܪܝܫܐ. ܠܡܐ ܐܦ * * ܛܥܝܬܘܢ. |
| 48 | ܡܢܘ * * ܪܫܐ * * ܗܝܡܢܘܢ | ܡܢ * * ܪܫܐ * * ܗܝܡܢܘܗ | ܠܡܐ ܐܢܫ * * ܪܫܐ[3] * * ܗܝܡܢ ܒܗ |
| 49 | ܥܡܐ | ܟܘܢܫܐ | ܠܥܡܐ ܗܢܐ |
| | om. | ܕܠܝܛܝܢ ܐܢܘܢ. | ܠܝܛܝܢ ܐܢܘܢ܀ |
| 50 | ܢܝܩܕܡܘܣ ܗܘ ܕܐܬܐ | ܢܝܩܕܡܘܣ ܗܘ ܕܐܬܐ | ܢܝܩܕܝܡܘܣ[4] ܚܕ ܡܢܗܘܢ ܗܘ ܕܐܬܐ |
| 51 | ܠܢܡܘܣ ܐܘܪܚܐ ܕܠܡܐ ܕܝܢ ܒܪܢܫܐ ܡܠܐ ܕܢܫܡܥ | ܕܠܡܐ ܠܢܡܘܣ ܐܘܪܚܐ ܕܝܢ ܠܒܪܢܫܐ ܡܠܐ ܢܫܡܥ | ܕܠܡܐ ܢܡܘܣܢ ܕܝܢ ܡܚܝܒ ܠܒܪܢܫܐ. ܐܠܐ ܐܢ ܢܫܡܥ |
| 52 | ܐܡܪܝܢ ܠܗ ܠܡܐ | ܐܡܪܝܢ ܕܠܡܐ | ܥܢܘ ܘܐܡܪܝܢ ܠܗ. ܠܡܐ |
| | ·ܘ̣̇· ·ܘ̣̇· lin. interr. | punctum, lin. non interr. | punctum, lin. non interr. |
| VIII. 12 | ܐܡܪ * * ܒܚܫܘܟܐ * * ܠܗ ܢܘܗܪܐ ܕܚܝܐ | ܐܡܪ ܗܘܐ * * [ܒ]ܚܫܘܟܐ. * * [ܠ]ܗ ܢܘܗܪܐ ܘܚܝܐ. | ܘܐܡܪ. * * ܒܚܫܘܟܐ. * * ܠܗ ܢܘܗܪܐ ܕܚܝܐ. |
| 13 | ܦܪܝܫܐ ܕܐܢܬ * * ܡܣܗܕ ܘܠܐ ܗܘܬ ܫܪܝܪܐ ܣܗܕܘܬܟ | ܦܪܝܫܐ ܐܢܬ * * ܡܣܗܕ ܐܢܬ. ܠܐ ܗܘܬ ܫܪܝܪܐ ܣܗܕܘܬܟ. | ܦܪܝܫܐ. ܐܢܬ * * ܡܣܗܕ ܐܢܬ. ܣܗܕܘܬܟ ܠܐ ܗܘܬ ܫܪܝܪܐ܀ |
| 14 | ܐܦܢ ܐܢܐ ܡܣܗܕ ܐܢܐ * * ܕܝܕܥܢܐ ܐܝܡܟܐ ** ܘܠܐܝܟܐ * * ܘܐܢܬܘܢ ܠܐ ܐܝܡܟܐ ܐܬܝܬ. ܘܠܐ ܠܐܝܟܐ ܐܙܠ | ܠܝ ܐܢܐ ܡܣܗܕܢܐ * * ܕܝܕܥ ܐܢܐ ܡܢ ܐܝܡܟܐ[ܐ] * * ܘܠܐܝܟܐ * * ܐܢܬܘܢ ܕܝܢ ܠܐ ܝܕܥܝܢ ܐܢܬܘܢ ܠܐ ܡܢ ܐܝܡܟܐ ܐܬܝܬ ܘܠܐ ܠܐܝܟܐ ܐܙܠ. | ܐܦܢ ܐܢܐ ܡܣܗܕ ܐܢܐ ** ܕܝܕܥ ܐܢܐ ܡܢ ܐܝܡܟܐ * * ܘܠܐܝܟܐ * * ܐܢܬܘܢ ܕܝܢ ܠܐ ܝܕܥܝܢ ܐܢܬܘܢ ܡܢ ܐܝܡܟܐ ܐܬܝܬ ܘܠܐ ܠܐܝܟܐ ܐܙܠ ܐܢܐ. |
| 15 | ܐܝܟ ܕܒܣܪܐ * * ܐܢܐ ܠܐܢܫ | ܐܝܟ ܕܒܣܪ ܐܢܫܐ * * ܘܐܢܐ ܠܐܢܫ | ܦܓܪܢܐܝܬ * * ܐܢܐ ܠܐܢܫ |
| 16 | ܘܐܢ ܕܝܢ | ܘܐܢ ܕܝܢ ܐܢܐ. | ܘܐܢ ܕܝܢ[5] |
| 17 | ܘܒܐܘܪܝܬܟܘܢ * * ܫܪܝܪܐ ܗܝ | ܘܐܦ ܒܐܘܪܝܬܟܘܢ * * ܫܪܝܪܐ ܗܘ. | ܘܒܢܡܘܣܟܘܢ * * ܫܪܝܪܐ ܗܝ. |

[1] 40. ܡܢ ܡܬܘܡ. [2] 40. ܕܡܠܠ ut videtur. [3] 40. ܪ̈ܫܐ.
[4] 40. ܢܝܩܕܡܘܣ. [5] 40 addit ܐܢܐ.

| | Lewisianus | Curetonianus | Peshitto |
|---|---|---|---|
| VIII. 18 | ܘܐܒܐ | ܘܐܒܝ | ܘܐܒܝ |
| 19 | ܐܝܟܐ | ScB., vide Praef. vii. ܐܝܟܘ | ܐܝܟܘ |
| | | Reliqua cod. Curetoniani fragmenta. | |
| XIV. 10 | om. | ܠܐ ܗܘܐ ܡܢ ܪ̈ܥܝܢܝ ܢܦܩܢ<br>ܡܡܠܠܬܐ ܥܡܟܘܢ ܐܠܐ<br>ܐܒܝ ܕܒܝ ܗܘ ܥܒܕ ܥܒ̈ܕܐ<br>ܗܠܝܢ | ܘܡܠܐ ܐܠܝܢ ܕܐܢܐ ܡܡܠܠ<br>ܐܢܐ. ܡܢ ܢܦܫܝ ܠܐ ܡܡܠܠ<br>ܐܢܐ. ܐܒܝ ܕܝܢ ܕܒܝ ܥܡܪ:<br>ܗܘ ܥܒܕ ܥܒ̈ܕܐ ܗܠܝܢ. |
| 11 | om. | ܗܝܡܢܘܢܝ ܕܐܢܐ ܒܐܒܝ ܐܢܐ<br>ܘܐܒܝ ܒܝ ܗܘ ܘܐܢ ܒܝ ܠܐ<br>ܡܗܝܡܢܝܢ ܐܢܬܘܢ ܐܦ<br>ܡܛܠܬܗܘܢ. ܕܥܒ̈ܕܐ<br>ܗܝܡܢܘ. | ܗܝܡܢܘ ܕܐܢܐ ܒܐܒܝ ܘܐܒܝ ܒܝ.<br>ܘܐܢ[1] ܠܐ ܐܦ ܡܛܠ ܥܒ̈ܕܐ<br>ܗܝܡܢܘ. |
| 12 | ܐܡܝܢ ܐܡܪ lacuna ܕܡܢ<br>ܕܡܗܝܡܢ lacuna ܥܒ̈ܕܐ<br>ܐܠܝܢ lacuna ܥܒܕܢܐ ܗܘ<br>lacuna ܘܕܝܬܝܪܢ ܡܢ<br>lacuna | ܐܡܝܢ ܐܡܝܢ ܐܡܪܢܐ ܠܟܘܢ<br>ܕܡܢ ܕܡܗܝܡܢ ܒܝ ܥܒ̈ܕܐ<br>ܐܠܝܢ ܕܐܢܐ ܥܒܕܢܐ ܐܦ ܗܘ<br>ܢܥܒܕ ܘܕܝܬܝܪܢ ܡܢ<br>ܗܠܝܢ ܥܒ̈ܕܐ<br>lacuna usque ad v. 15 ܬܛܪܘ | ܐܡܝܢ ܐܡܝܢ ܐܡܪ ܐܢܐ ܠܟܘܢ:<br>ܕܡܢ ܕܡܗܝܡܢ ܒܝ. ܥܒ̈ܕܐ<br>ܐܠܝܢ ܕܐܢܐ ܥܒܕ ܐܢܐ ܐܦ<br>ܗܘ ܢܥܒܕ. ܘܕܝܬܝܪܢ ܡܢ<br>ܗܠܝܢ |
| 15 | . . ܛܪܘ. | ܬܛܪܘ | ܬܛܪܘ. |
| 16 | ܘܢܬܠ * * ܦܪܩܠܛܐ<br>lacunae | ܕܢܬܠ * * ܦܪܩܠܛܐ | ܦܪܩܠܛܐ[2] ܢܬܠ |
| 17 | lacuna ܫܪܪܐ ܕܥܠܡܐ<br>lacunae<br>ܕܠܘܬܟܘܢ ܥܡܪܐ . . . ܥܡܟܘܢ<br>ܬܗܘܐ | ܪܘܚܐ ܕܫܪܪܐ ܗܝ ܕܥܠܡܐ<br>ܘܠܘܬܟܘܢ ܥܡܪܐ ܘܒܟܘܢ ܗܝ | ܪܘܚܐ ܕܫܪܪܐ. ܗܘ ܕܥܠܡܐ<br>ܕܠܘܬܟܘܢ ܥܡܪ ܘܒܟܘܢ ܗܘ. |
| 18 | ܐܫܒܩܟܘܢ<br>ܐܠܐ ܐܬܐ ܠܘܬܟܘܢ<br>ܩܠܝܠ ܐܚܪܢ ܘܥܠܡܐ ܠܐ ܚܙܐ | ܐܫܒܘܩܟܘܢ<br>om.<br>ܗܐ ܩܠܝܠ ܐܚ... lacuna ܐ<br>ܠܐ ܚ....<br>lacuna usque ad 21 ܠܗܘܢ | ܫܒܩ ܐܢܐ ܠܟܘܢ<br>ܐܬܐ ܐܢܐ ܓܝܪ ܠܘܬܟܘܢ<br>ܩܠܝܠ ܐܚܪܝܢ: ܘܥܠܡܐ ܠܐ<br>ܚܙܐ |

[1] 40. ܘܐܠܐ.    [2] 40. ܦܪܩܠܝܛܐ.

| XIV. | LEWISIANUS | CURETONIANUS | PESHITTO |
|---|---|---|---|
| 21 | ܘܡܢ ܕܪܚܡ ܠܝ ܘܐܦ ܗܘ<br>ܢܬܪܚܡ ܡܢ ܐܒܝ ܘܐܦ ܐܢܐ<br>ܐܪܚܡܝܘܗܝ ܘܐܚܘܝܘܗܝ ܢܦܫܝ | ܘܡܢ ܕܪܚܡ ܠܝ ܢܪܚܡܝܘܗܝ<br>ܐܒܝ. ܐܦ ܐܢܐ ܐܪܚܡܝܘܗܝ.<br>ܘܐܚܘܝܘܗܝ ܢܦܫܝ. | ܗܘ ܕܝܢ ܕܪܚܡ ܠܝ. ܢܬܪܚܡ<br>ܡܢ ܐܒܝ. ܘܐܢܐ ܐܪܚܡܝܘܗܝ<br>ܘܐܚܘܝܘܗܝ ܢܦܫܝ. |
| 22 | ܬܐܘܡܐ ** ܡܪܢ ܕܥܬܝܕ ܐܢܬ<br>ܠܡܚܘܝܘ ܠܢ ܢܦܫܟ ܘܠܐ<br>ܗܘܐ ܠܥܠܡܐ ܡܚܘܐ ܐܢܬ<br>ܢܦܫܟ | ܝܗܘܕܐ ܬܐܘܡܐ * * ܡܪܢ ܕܠܡ<br>ܥܬܝܕ ܐܢܬ ܠܡܚܘܝܘ<br>ܢܦܫܟ ܘܠܐ ܠܥܠܡܐ. | ܝܗܘܕܐ ܠܐ ܗܘܐ ܣܟܪܝܘܛܐ. **<br>ܡܪܢ ܠܡ ܥܬܝܕ ܐܢܬ<br>ܠܡܚܘܝܘ ܢܦܫܟ ܘܠܐ ܗܘܐ<br>ܠܥܠܡܐ. |
| 23 | ܕܠܝ ܪܚܡ * * ܘܡܠܬܝ ܢܛܪ<br>ܐܒܝ ܘܐܢܐ ܠܘܬܗ ܢܥܒܕ. | ܕܪܚܡ ܠܝ * * ܘܡܠܬܝ ...ܢܛ<br>ܐܢܐ. ܘܐܒܝ lacuna ܐܚܒ<br>lacuna usque ad 26 ܐܒܝ | ܕܪܚܡ ܠܝ.** ܘܡܠܬܝ ܢܛܪ:[1]<br>ܘܐܒܝ ܠܘܬܗ ܥܒܕܝܢܢ.[2] |
| 26 | ܗܘ ܢܠܦܟܘܢ ܟܠ ܡܕܡ.<br>ܗܘ ܢܥܗܕܟܘܢ ܟܠ ܡܐ<br>ܕܐܡܪ ܐܢܐ | ܗܘ ܢܠܦܟܘܢ ܟܠ ܡܕܡ<br>ܕܐܡܪܬ ܠܟܘܢ. | ܗܘ ܢܠܦܟܘܢ ܟܠܡܕܡ.[3]<br>ܘܢܥܗܕܟܘܢ ܟܠ ܡܐ ܕܐܡܪ<br>ܐܢܐ |
| 27 | ܫܒܩܢܐ * * ܡܘܗܒܬܐ * * ܠܐ<br>ܐܝܟܢܐ * * ܡܘܗܒܬܐ | ܫܒܩ ܐܢܐ * * ܝܗܒ ܐܢܐ * *<br>ܠܐ ܗܘܐ ܐܝܟܢܐ * * ܝܗܒ ܐܢܐ | ܫܒܩ ܐܢܐ * * ܝܗܒ ܐܢܐ * *<br>ܠܐ ܗܘܐ ܐܝܟܢܐ * * ܐܢܐ[4] ܝܗܒ<br>ܐܢܐ |
| 28 | ܕܐܢܐ ܐܡܪܬ lacuna ܘܐܬܐ ܐܢܐ<br>lacuna ܗܘܝܬܘܢ ܚܕܝܢ<br>ܐܝܬܘܢ ܕܐܙܠ ܐܢܐ ܠܘܬ ܐܒܝ<br>ܕܗܘ ܡܢܝ ܘܗܫܐ ܗܐ | ܕܐܡܪܬ ܠܟܘܢ ܕܐܙܠ ܐܢܐ ܘܐܬܐ<br>ܐܢܐ ܠܘܬܟܘܢ. ܐܠܘ ܪܚܡܬܘܢ<br>ܗܘܝܬܘܢ ܠܝ ܚܕܝܢ<br>ܗܘܝܬܘܢ ܕܐܙܠ ܐܢܐ ܠܘܬ<br>ܐܒܝ ܕܗܘ lacuna ܗܫܐ ܗܐ<br><br>Reliquum deest. | ܕܐܢܐ ܐܡܪܬ ܠܟܘܢ: ܕܐܙܠ ܐܢܐ<br>ܘܐܬܐ ܐܢܐ ܠܘܬܟܘܢ. ܐܠܘ<br>ܪܚܡܬܘܢ ܗܘܝܬܘܢ ܠܝ:<br>ܚܕܝܢ[5] ܗܘܝܬܘܢ ܕܐܙܠ ܐܢܐ<br>ܠܘܬ ܐܒܝ. ܕܐܒܝ ܪܒ ܗܘ<br>ܡܢܝ. ܘܗܫܐ ܗܐ |

[1] 40. ܢܛܪ ܗܘ.
[2] 40. ܥܒܕܝܢܢ ܚܢܢ.
[3] 40. ܟܠ ܡܕܡ ܘܗܘ ܢܥܗܕܟܘܢ.
[4] 40 om. ܐܢܐ.
[5] 40. ܚܕܝܢ.